KB164617

실험실의 쥐

실험실의 쥐

LAB RATS

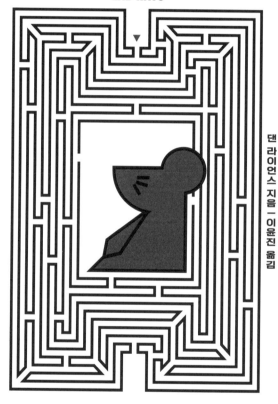

댄 라이언스 지음 ― 이윤진 옮김

프런티어

나의 가장 친한 친구 사샤, 소냐, 폴에게
사랑을 가득 담아

모든 시대에는 그 시대만의 미망이 있다.
욕심과 충동과 모방의 힘에 미혹되어
특정 사고와 행동과 망상에 빠지는 것이다.

찰스 맥케이, 《대중의 미망과 광기》

LAB RATS 실험실의 쥐 — 차례

3부
경영에 관한 너무나도 당연한 이야기들

새로운 직장에 온 것을 환영합니다

우리 회사를 알게 된 당신은 운이 좋은 사람입니다. 물론 우리는 당신이 누구인지 관심 없습니다. 우리는 직업 안정을 보장하지 않으며, 당신의 경력 개발에 도움이 될 어떤 프로그램도 제공하지 않습니다. 당신은 경력을 쌓는 것이 아니라 단기간 복무하는 것입니다.

우리는 당신을 정규직보다 계약직으로 분류하고 싶습니다. 그렇게 해야 건강보험이나 퇴직연금을 제공하지 않아도 되기 때문입니다. 우리는 가능한 한 적은 임금을 지급할 것입니다.

우리는 다양성을 신경 쓰지 않습니다. 그러니 만약 당신이 아프리카나 라틴계 미국인이라면 지원할 필요 없습니다.

당신이 하는 일은 스트레스가 심할 것입니다. 끊임없는 압박 속에 장시간 일하고 사생활은 없을 것입니다. 당신은 관찰과 감시를 당할 것입니다. 우리는 당신의 이메일과 채팅 메시지를 읽고 데이터화하여 당신의 성과를 측정할 것입니다.

우리는 당신이 오래 버티길 기대하지 않습니다. 우리의 목표는 당신이 탈진할 때까지 혹사하는 것입니다. 당신의 관리자는 자신이 무슨 일을 하는지 모를 것입니다. 그들도 혹사당하고 있을 테니까요.

당신이 여성이라면 성추행을 당할 확률이 높습니다. 그렇다 해도 인사팀은 당신을 돕지 않을 것이고, 불만을 제기하면 해고될 겁니다. 만약 당신이 임신하거나 40대가 되면 역시 해고될 겁니다. 심지어 일을 잘하고 있어도 마찬가지일 것입니다. 아무런 이유 없이 해고될 겁니다.

우리는 탁아 시설을 제공하지 않습니다. 대신 탁구대와 간식, 맥주는 언제든 제공합니다.

오리 만들기

2017년 6월 어느 수요일 아침, 나는 캘리포니아 멘로파크에 있었다. 어설픈 유럽풍 커피숍에서 줄리아라는 여성과 함께 작은 테이블을 사이에 두고 레고블록으로 오리를 만들면서.

화창하고 따뜻한 날이다. 늦은 아침의 산들바람이 야외 테이블마다 펼쳐놓은 색색의 파라솔을 펄럭이게 한다. 실내에 자리한 손님은 대개 젊은 기술 전문가들로, 메뉴를 살펴보거나 노트북을 들여다보고 있다. 보이지 않는 스피커에서 재즈 음악이 흘러나온다. 창가 테이블에 앉아 플라스틱 장난감을 만지작거리는 흰머리가 성성한 두 사람을 신경 쓰는 사람은 아무도 없다.

줄리아와 나는 이날 처음 만났다. 그녀는 얼굴이 동그란 50대 여성으로, 활발하고 상대방을 편안하게 하는 미소를 짓는다. 줄리아는 큰 캔버스 가방 가득 레고블록을 가져와 테이블 위에 쏟아놓았다. 우리가 소소한 이야기를 나누는 동안 그녀는 블록을 이리저리 붙였다가 뗐다가 하면서 가지고 논다. 아메리카노를 마시고 놀랄 만큼 맛있는 아몬드 크루아상을 먹으면서 나도 서툴게 레고블록을 만지

작거리기 시작한다.

몇 년 전 나는 보스턴에 있는 실리콘밸리 스타일의 스타트업에서 잠시 일했다. 정말이지 재난 같은 경험이었다. 이후 HBO의 코미디 드라마 〈실리콘밸리〉의 작가로 일했으며, 드라마를 기획하는 데 바탕이 된 캘리포니아로 돌아왔다. 향수가 아니라 조사 때문이다. 지난 2년 동안 나는 가능한 한 많은 사람과 이야기를 나누고자 했다. 현대 직장을 더 잘 이해하고, 오늘날 직장이라는 곳이 이토록 많은 사람을 불행하게 만드는 이유를 알고 싶어서다.

그간의 조사 결과를 바탕으로 내가 내린 결론은, 이상한 워크숍들이 직장생활의 불행을 더한다는 것이다. 거기서 사람들은 자기 계발과 변화에 관한 노골적이고 터무니없는 헛소리에 질린다. 이것이 내가 이 커피 데이트를 하러 온 이유다.

줄리아의 직업은 기업 워크숍을 운영하는 것인데, 이제껏 내가 들어본 것 중 가장 이상한 방식으로 진행한다. 워크숍에서 그녀는 사무직 노동자들에게 레고블록을 가지고 놀 것을 요청한다. 비유가 아니라 실제 레고블록 말이다. 이 프로그램의 활용법을 가르치는 사람들은 매우 '진지'하다. 명칭도 문자 그대로 '레고 시리어스 플레이 (Lego Serious Play, LSP)'라고 하는데, 줄리아는 LSP 워크숍 운영 인증을 받은 수천 명 가운데 한 사람이다. 유니레버나 존슨앤드존슨, 구글 같은 거대 기업들이 이 프로그램을 채택했다.

처음 레고 워크숍에 관해 들었을 때 나는 농담이라고 생각했다. 에드워드라는 기업 강사와 대화를 나누고 있었는데 그가 말했다.

"레고 자격증이 있는 내 친구를 한번 만나봐요."

"네? 무슨 자격증이라고요?" 내가 물었다.

"레고 말이에요. 레고블록." 그는 레고 트레이닝이 직장생활에 정말 도움이 된다고 주장했다. "정말 효과가 있어요. 레고는 버팀목 같은 거예요. 사람들이 일에 대해 느끼는 여과되지 않은 감정을 말하도록 도움을 주죠. 학대당한 아이가 인형을 통해 이야기하는 것과 같아요. 사람들은 레고블록을 통해 자기 이야기를 합니다."

맙소사. 나는 눈을 감고 가엾은 직장인들이 레고블록을 앞에 두고 하소연하는 모습을 그려보았다. 자신의 속마음을 뉴에이지 돌팔이 의사들에게 털어놓는 것이다. 만약 내가 그런 일을 겪는다면 인생을 통틀어 최악 아니면 최고의 경험이 될 것 같았다. 어쩌면 둘 다일 수도.

에드워드가 친구의 이름과 연락처를 알려주었다. 곧장 나는 남부 캘리포니아에 사는 세계 최고의 레고 트레이너 중 한 사람과 통화했다. 그가 줄리아를 연결해주었는데, 내가 있는 곳에서 몇 킬로미터 떨어진 실리콘밸리에 산다고 했다.

줄리아를 처음 봤을 때 나는 약간 실망했다. 완전히 괴짜이거나 사기꾼을 만나리라고 생각했고, 사실 반쯤은 그러길 기대하며 이 자리에 왔기 때문이다. 안타깝게도 줄리아는 어느 쪽도 아니다. 그녀는 매우 밝고 정말 성실하며 잘 웃는 사람이었다. 공학 석사 학위가 있고 20년 동안 몇몇 중요한 조직에서 소프트웨어를 개발한 경력도 있다. 나는 그녀가 마음에 들었고, 그녀를 비웃거나 놀리고 싶지 않았다. 하지만 뭐랄까, 이렇게 커피숍에서 레고블록을 가지고 노는 건 썩 내키지 않는 일이다.

"레고는 사람들이 말할 수 있게 해줍니다."

줄리아가 뇌 과학에 관해 이야기하면서 LSP의 작동 방식을 설명했다. 실제로 대뇌 피질이나 뇌의 변연계 같은 것과 관련된 LSP 연구에 관심을 기울이는 학자들도 있다. 줄리아는 LSP가 특히 소프트웨어 개발자들에게 유용하다고 말한다. 내향적인 경향의 프로그래머들이 이야기할 수 있는 '안전한 공간'을 만들어주기 때문이란다. 또한 레고 워크숍은 경쟁적이고 조급하며 공격적인 성향인 A형 행동유형(성격심리학의 행동유형 분류 중 하나. 그 외 느긋하고 여유로운 행동을 보이는 사람을 B형, A형과 비슷하지만 분노를 표출하지 않는 사람을 C형이라고 한다-옮긴이)의 최고 경영진이 고압적이고 어리석게 구는 것을 멈추게 하고, 심지어 전체 조직을 변화시키는 촉매제 역할을 할 수 있다고 그녀는 주장한다.

나는 인사팀이 왜 이런 프로그램에 반하는지 알 것 같다. '인사 담당자'란 한때는 사무실 관리자를 듣기 좋게 부르던 말이었지만, 지금 그들은 MBA를 취득하고 '최고인사책임자'로 불린다. 그들은 '기업의 변화를 추진'하는 '전략적 인재 관리자'로서 '미래 인력을 구축'하는 일을 한다. 그들 대부분은 편도체(amygdala)와 항문 사마귀(anal wart)도 구분하지 못하지만 유행하는 신경과학에는 사족을 못 쓰고, 직원들의 뇌 회로를 재구성할 수 있어 보이면 그것이 무엇이든 달려든다. LSP는 바로 그런 일을 할 수 있다고 약속하며, 충분히 과학적으로 보이는 문헌으로 그럴듯하게 포장돼 있다. 나에게 이런 트레이닝은 전기 충격 요법과 집단 치료가 교차하는 곳에 장난감이라는 모욕이 더해진, 눈 뜨고 꾸는 악몽처럼 보이지만 줄리아는 그런 것이 아니라고 강조한다.

단 몇 년 만에 LSP는 급성장하는 산업이 됐다. LSP 컨설팅과 LSP 콘퍼런스도 있다. 사람들은 LSP 관련 책을 쓰고, LSP 백서를 내고, LSP 웹사이트에 LSP 기사를 올린다. 심지어 LSP 마스터 트레이너 세계연맹도 있다. LSP라는 개념은 1990년대에 스위스에서 심리학과 교육학 이론에 기반을 두고 연구하던 두 명의 경영학 교수가 창안했다. 시간이 지나면서 사람들이 뇌 과학 이론을 추가했다. 그런 가운데 1만 명 이상이 공인 레고 퍼실리테이터 자격을 취득했고, 레고 워크숍에 참여한 사람은 10만 명이 넘을 것으로 추정된다.

LSP는 유행하는 또 다른 기업 트레이닝 방법인 애자일(agile)에 접목돼 성장해왔다. 애자일은 비즈니스 업계에서 엄청난 인기를 얻으며 거의 종교 같은 것으로 진화했다. 각종 콘퍼런스, 컨설팅, 트레이닝, 전문가, 수천 권의 책과 더불어 애자일은 그 자체가 거대한 산업이 됐다. 몇 년 전부터는 많은 애자일 강사가 LSP 자격증을 취득하기 시작했다. LSP와 애자일을 뒷받침하는 개념이 상호보완적이기 때문이다. 이것이 줄리아가 이 분야에 흥미를 갖게 된 이유다. 그녀는 컴퓨터 엔지니어로 경력을 시작하여 10년 전에 코딩을 가르치는 프로그래밍 코치로 전환했다. 그러려면 애자일 자격증을 취득해야 했다. 그리고 얼마 후 자신의 도구 가방에 LSP 자격증을 추가했다.

그녀의 가방에는 신경 언어 프로그래밍(Neuro-Linguistic Programming, NLP) 자격증도 들어 있다. NLP는 1970년대에 캘리포니아대학교에서 형태주의를 사랑하는 히피 심리학자들이 만들어낸 일종의 뉴에이지 정신치료 요법이다. 비평가들은 사이비 과학이라고 주장하지만, 일부는 NLP가 최면술처럼 마인드 컨트롤을 할 수 있다고 믿는다. 키워드를 입력하고 피실험자의 눈동자 움직임을 연구하며 '앵커링(anchoring)'이라는 기법을 이용한다. 변화심리학으로 유명한 토니 로빈스(Tony Robbins)도 NLP를 활용하는 것으로 보인다. 영국의 유명한 최면술사이자 TV 프로그램 〈마인드 컨트롤〉로 스타가 된 데런 브라운(Derren Brown)은 대화만으로 사람들을 조종하는 영상을 만든다.

줄리아는 애자일, 레고, NLP 트레이닝 외에 최면술도 공부했다고 한다. 황홀할 지경이다. 내가 고등학생이었을 때 최면술사가 학생 네 명을 무대 위로 불러 닭울음 소리를 내게 한 적이 있다. 나는 그 기분이 궁금해서 한 번쯤 최면에 걸려보고 싶었다. 마침 줄리아가 그 기술을 익혔다고 하니 절호의 기회인 듯하다.

"나에게 최면을 걸 수 있습니까? 지금 당장? 내가 이 탁자 아래로 들어가게 만들 수 있어요?"

"물론이죠. 사람들은 언제든 무아지경에 빠져듭니다. 예를 들면, 운전할 때마다 그런 상태를 경험하지 않나요?"

"그렇긴 하죠. 그런데 내가 말하는 최면술은 거꾸로 셋을 세거나 손가락을 튕기거나 얼굴 앞에서 시계를 흔들거나 하는 것들이에요."

줄리아는 그렇게 극적인 행동을 할 필요가 없다면서 그저 말로 해도 된다고 한다.

"엄마가 아이에게 하는 말을 생각해보세요. 아이가 넘어져서 무릎을 다쳐 울면 엄마가 달래주죠. 이때 엄마는 가장 강력한 최면 주문 가운데 하나를 사용합니다. 아이를 안고 낮은 목소리로 이렇게 말합니다. '괜찮아질 거야. 괜찮아질 거야.' 그러면 아이는 통증을 느끼지 않습니다. 고통이 사라지는 거죠."

"그러면 그것도 최면술인가요?"

줄리아가 고개를 끄덕인다. 나는 실망한 표정을 짓지 않으려고 애쓴다. 우리는 여전히 작은 테이블을 사이에 두고 앉아 있다.

"괜찮아질 거예요." 그녀가 다시 말한다. "괜찮아질 거예요."

그녀의 목소리에 숨소리가 섞여 있고 어조는 달래는 듯하다. 그녀는 말을 반복할 때마다 억양을 조금씩 바꾼다.

"괜찮을 거예요."

나는 눈길을 돌렸지만, 그녀는 계속한다. 목소리가 점점 더 부드러워진다.

"괜찮을 거예요. 괜찮아질 거예요."

"그래요!"

내가 약간 큰 소리로 대답한다. 나는 믿을 수 없을 정도로 최면에 걸리기 쉬운 사람인 듯하다. 이렇게 30초만 더 있으면 내가 테이블 위로 올라가 닭 흉내를 내게 될까 봐 겁이 난다. 만약 이곳이 사람들이 오가는 카페가 아니라 둘만 있는 장소였다면 최면을 걸게 했을 것이다. 대신 나는 레고 얘기로 돌아갔다.

"좋아요. 해볼게요."

이렇게 말하면서 나는 눈을 몇 번 껌뻑인다. 이 여자가 내게 거는 주술이 무엇이든 떨쳐버릴 수 있을 것처럼 말이다. 줄리아는 이미 나를 몽롱한 상태에 빠지게 했는지도 모른다. 우리가 자리에 앉아 담소를 시작하자마자 NLP 마인드 컨트롤 기법을 나에게 썼을 수도 있겠지. 내가 그걸 무슨 수로 알겠는가.

줄리아가 작은 비닐백에서 여섯 개의 레고블록을 꺼낸다. 빨간색이 두 개, 노란색이 네 개인데 그중 하나에는 양쪽에 눈이 달려 있다.

"오리를 만들어보세요." 그녀가 말한다. "30초 드릴게요."

▲ ▲ ▲

나는 잠시 여섯 개의 블록을 쳐다보았다. 머릿속에 떠오르는 오리 이미지는 욕조에서 가지고 노는, 꽥꽥 소리가 나는 노란색 오리였다. 어떻게든 나는 이 직사각형 레고블록 여섯 개를 가지고 고무 오리 모양을 만들어야 한다.

머리 부분은 정해져 있다. 다른 부분은 어떻게 해야 하나? 빨간색 블록 두 개는 여섯 개의 작고 둥근 돌기가 있는 납작한 모양이다. 하나를 모자처럼 오리 머리 위에 올려놔야 할까? 나는 큐브 같은 퍼즐을 싫어한다. 아무리 집중해도 잘 되지 않아 결국 식식거리게 되기 때문이다. 되는 대로 마구 움직여보거나 애초에 항복해버린다. 아마도 그럴 때 나는 우리 집 고양이가 TV 화면을 보면서 작은 새들이 어떻게 저 상자 안으로 들어갔는지 궁금해할 때와 같은 표정일 것이다.

시간이 가고 있다. 나는 붙였다 뗐다를 반복하며 허둥거린다. 줄리아는 알 수 없는 표정으로 불상처럼 조용히 앉아 있다. 물론 그녀는 답을 알고 있다. 지금까지 수백 명, 어쩌면 수천 명이 이 문제를 풀려고 애쓰는 모습을 지켜봤을 것이다. 나는 몇 퍼센트의 사람이 성공했을지 궁금하다. 나는 그중 어디쯤 속할까?

이 퍼즐은 일종의 지능 검사일 것이다. 만약 그렇다면 나는 점수가 아주 낮은 축에 속하겠지. 아니면 성격 같은 걸 드러내는 로르샤흐 테스트(Rorschach test)일 수도 있겠다. '이 남자는 이런 유형이군.' 줄리아는 이렇게 생각하고 있으리라. 회사에서 직원들을 평가하고 쭉정이와 알곡을 구분하기 위해 이 오리 퍼즐을 활용할 수도 있을 것이다. 문제를 잘 푼 사람은 승진 대상자가 되고, 나 같은 나머지 90퍼센트는 해고자 목록에 올라가겠지.

패닉 상태에서 나는 새로운 조합을 시도한다. 이것도 들어맞지 않는다. 나는 블록을 부수고 다시 시작한다. 어린아이라면 할 수 있을 텐데. 이번에도 제대로 되지 않는다.

줄리아가 숨을 크게 쉬었다. 내 생각에 30초가 다 됐다는 신호 같다. 나는 재빨리 블록 네 개로 오리를 만들고 두 개는 테이블 위에 남겨두었다.

"미안해요. 내가 할 수 있는 건 이게 전부네요."

그녀는 내가 만든 오리를 집어 들고 살펴보았다. 나는 블록을 네 개만 썼고, 게다가 머리가 옆으로 돌아갔다. 줄리아는 머리를 부드럽게 빼내 정면을 보도록 다시 꽂았다.

"미안해요." 나는 머뭇거리며 다시 말했다. "긴장했나 봐요. 블록을 모두 사용하는 방법이 있겠지만 제게는 보이지 않네요. 혹시 시간이 더 있었다면……."

"왜 여섯 개를 모두 사용해야 한다고 생각하세요?" 줄리아가 물었다. "나는 몇 개의 블록을 사용해야 한다고 말한 적이 없어요. 오리를 만들라고만 했죠."

그녀는 마치 '괜찮아'라고 말하는 것처럼 미소를 지어 보였다.

오리 만들기는 LSP 목록 가운데 가장 잘 알려진 문제이고, 사람들은 제각각 다른 오리를 만든다는 것이 교훈이라고 했다. 이 오리는 퍼즐도, 어려운 문제도, 지능 검사도 아니다. 이 오리는 당신의 마음으로 난 창이다. 나는 왜 모든 블록을 사용해야 한다고 가정했을까? 왜 이것이 퍼즐이거나 지능 검사라고 생각했을까? 왜 실패하는 것이 그토록 두려웠을까? 인정하기 싫지만 1분도 안 되는 시간 동안 여섯 개의 플라스틱 블록을 가지고 이 여자는 나를 생선 손질하듯 파악했고, 나의 신경증이 드러나게 했다.

"그렇다면 블록 두 개를 조립해서 오리라고 해도 된다는 건가요?"

"물론이죠."

"아니면 블록 하나를 건네면서 '자, 내 오리예요'라고 해도 된다는 건가요?"

"어떻게 만들든지 그게 당신의 오리예요. 그것이 '당신'이 오리를 만드는 방법입니다. 그리고 당신의 오리는 다른 모든 사람의 오리와는 다릅니다. 그리고 사실, 이건 오리가 아니에요. 그렇지 않나요? 모두 오리를 '표현'한 것이고 오리에 대한 '비유'죠."

나는 그녀의 말을 인정하기로 했다. 그녀는 모든 것에 대한 답을 가지고 있다. 레고에 대한 그녀의 믿음을 흔들 방법은 없다. 게다가 그녀는 자신이 다른 사람을 돕고 있다고 진심으로 믿고 있을 것이다. 많은 사람이 교회에 다니면서 무언가를 얻지만 나는 그들의 믿음을 시기하지 않는다.

레고 워크숍은 직장에 생기고 있는 난센스의 한 사례일 뿐이다. 많은 애자일 강사가 찰흙으로 무언가를 만드는 워크숍을 진행한다. 서로 다른 색깔의 모자를 쓰고 역할 놀이를 하는 '여섯 색깔 사고 모자'라는 방법도 있다. 테니스공을 옆 사람에게 전달하여 양동이 안에 가장 빨리 넣는 팀별 놀이를 하기도 한다. 유튜브에서 검색해보면, 충분히 지각 있는 성인들이 직장에서 실제로 이런 게임을 하는 동영상을 종종 볼 수 있다.

왜 그럴까? 왜 직장이 유치원과 유사 종교의 성격이 뒤섞인 곳이 됐을까? 왜 요즘 사무실은 몬테소리 유치원처럼 보이는 실내장식을 할까? 왜 요즘 회사에서는 직원을 어린애처럼 다룰까?

나는 회사가 겁을 먹었기 때문이라고 본다. 우리는 산업 전체가 붕괴하는 혼돈의 시대에 살고 있다. 제4차 산업혁명 시기로 접어들어 급격한 변화에 직면해 있다. 세계경제포럼 회장 클라우스 슈밥 (Klaus Schwab)은 그 변화가 "인류가 지금껏 경험해보지 못한 것"이라고 주장했다. 세계에서 가장 크고 영향력 있는 기업들조차 생존을 위협받는다. 역사가 오래되고 덩치 큰 기업들도 살아남기 위해 진화하고 DNA를 바꿔야 한다. 이는 곧 사람을 대체하거나 변환해야 한다는 걸 의미한다. 기업이 우리의 뇌를 연구해 회로를 다시 설계하려고 애쓰는 것도 이 때문이다.

그렇다면 이 모든 심리적 자극이 우리에게 어떤 영향을 미칠까? 문제는 이런 실험들이 그저 무의미하거나 엉뚱한 행동으로 그치지 않는다는 것이다. 실제로 이런 일들은 많은 사람에게 스트레스를 줄 수 있다. 특히 50대 이상 직장인에게 이런 워크숍은 이미 회사에서 밀려나고 있다는 두려움을 준다. 젊은 직장인들도 싫어하기는 마찬가지다.

"사이비 종교에 들어온 것 같습니다." 부서에서 실시한 레고 워크숍에 온종일 참여했던 한 30대 소프트웨어 프로그래머의 말이다. "사람들이 규칙을 따르도록 주입하는 것이 목적인 것 같았습니다."

당신은 조작된 심리와 상황의 영향으로 스스로를 의심하고, 일종의 정신병을 공유하며, 사이비 종교집단에서 나타나는 집단 망상에 빠져든다. 당신은 이런 워크숍이 무의미하고 레고 때문에 바뀌는 사람은 없다는 것을 안다. 하지만 직장을 잃지 않으려면 동의하는 척 해야 한다. 당신은 업무에서 성과를 내야 한다. 그뿐 아니라 자신이 신경제(new economy: 첨단 기술과 정보통신 산업이 주도하는 경제-옮긴이)가

요구하는 인재상에 부합하는, 유연하고 적응력 있으며 변화에 개방적이고 적극적으로 참여하며 역동적인 직원임을 경영진에게 보여주어야 한다. 기본적으로 회사는 조직 행동에 관한 대규모 실험을 진행한다. 회사는 당신에게 몇 가지 이론을 시험해보려 한다. 모두 상자 안에 넣고 여러 가지 자극에 어떻게 반응하는지 보려고 이리 찌르고 저리 찌른다.

당신의 사무실은 돌팔이 의사들이 운영하는 심리학 실험실이 됐다. 당신은 오리가 아니다. 실험실의 쥐다.

레고블록과 함께한 커피 데이트는 직장이 어떻게 바뀌고 있고, 더 중요하게는 '왜' 바뀌고 있는지 알아내려는 나의 탐구 여정에 하나의 이정표가 됐다. 이 탐구는 나를 미국과 유럽의 콘퍼런스로 이끌었고, 더욱 인간 친화적인 사무실을 만들기 위해 연구하는 사무가구 제조 업체 스틸케이스(Steelcasen)로 이끌었다. 그간 나는 수많은 사람과 대화를 나눴다. 인류학자와 건축가, 심리학자, 사회학자, 경영 컨설턴트, 경영 코치, 경영 전문가, 경제학자, 엔지니어, 여러 분야의 박사들, 다양성 옹호자들, 변호사, 벤처캐피털리스트, 경영학 교수, 애자일 코치, 레고 트레이너 등 분야도 다양하다. 그중에는 성난 노동자 계층이 자신과 같은 부자들에 반대하며 폭력적인 혁명을 일으킬까 봐 두려워하는 억만장자도 한 사람 있었다.

이 여정을 거쳐 오는 동안 나는 노동자의 불행에 대해 실리콘밸리가 상당한 비난을 받아야 마땅하다고 믿게 됐다. 단적인 이유 한 가지는 새로운 사무실 자동화 기술이 대부분 실리콘밸리에서 개발됐기 때문이다. 또한 지금 실리콘밸리는 칩과 소프트웨어를 만드는 것 외에 회사를 세우고 경영하는 방법에 대한 급진적이고 새로운 아이디어를 발명함으로써 기업이라는 개념 자체를 새로 만들고 있다. 불행하게도, 대부분은 참으로 끔찍한 아이디어다.

이 책의 2부에서는 노동자의 불행을 키우는 네 가지 기술 관련 경향을 살펴볼 것이다. 그 네 가지 요인은 다음과 같다.

- 돈: 우리는 이전 세대보다 훨씬 적은 돈을 벌고 있다. 미국만 해도 노동자들이 강탈당하는 돈은 연간 수조 달러에 달한다. 그리고 이런 도둑질은 항상 기술의 도움을 받아왔다. 자세한 숫자는 6장에서 소개한다.

- 불안정: 우리는 직장을 잃을까 봐 끊임없이 두려워하며 산다. 고용주, 특히 실리콘밸리의 기업이 노동자와 '새로운 협약(new compact)'을 체결하기 때문이다. 직장은 이제 더는 경력의 출발점이 아니다. 당신은 단지 단기간의 '복무 협약(tour of duty)'을 맺을 뿐이다. 이에 대해서는 7장을 보라.

- 변화: 새로운 기술, 새로운 방법론, 우리가 일하는 장소와 방법에 관한 이상하고 새로운 계약 등 우리는 수시로 형태를 바꾸는 업무 현장에 압도당한다. 8장에서는 지속되는 낮은 수준의 변화에 노출되면 우울증과 불안감이 유발된다는 연구 결과를 보게 될 것이다. 이런 환경에서는 사랑하는 사람의 죽음이나

전투 현장을 경험했을 때와 비슷한 고통을 겪는다.

- 비인간화: 옛날 옛적에는 우리가 기술을 이용했지만, 지금은 기술이 우리를 이용한다. 우리는 기계에 의해 고용되고, 기계의 관리를 받으며, 심지어 기계에 의해 해고된다. 우리는 관찰되고 평가되며 끊임없이 감시당한다. 9장에서 설명하듯이 우리는 최대한 기계처럼 되길 강요받는다.

좋은 소식은 나의 탐구 여정 중에 노동자에게 고통을 주고 사회에 피해를 주는 이 변화에 반대하는 사람들도 만났다는 것이다. 오클랜드, 시카고, 뉴욕, 보스턴, 그 밖의 여러 곳에서 사업가들이 직원의 요구를 최우선으로 하는 회사를 만들고 있다. 이런 회사는 보수가 좋다. 때로는 필요 이상으로 많은 급여를 지급한다. 또한 좋은 복지 혜택을 제공하고 일과 생활의 균형을 권장한다. 이들의 목표는 가능한 한 많은 사람에게 좋은 일자리, 지속 가능한 일자리를 제공하는 것이다. 놀랍지 않은가! 이 이야기는 3부에서 만날 수 있다.

나는 우리가 결단을 내려야 하는 중요한 전환점에 도달했다고 믿었기에 이 책을 썼다. 우리는 미래가 어떤 모습이어야 할지 결정해야 한다. 기술 중심 세상 또는 인간 중심 세상 가운데 어떤 세상을 바라는가. 실리콘밸리가 제시하는 기술 중심의 길을 고수한다면, 일단은 현재 가진 것보다 더 많은 것을 얻게 될 것이다. 당연하게도 소득 불균형이 심화되고 더 많은 비참함이 따라올 수밖에 없다. 그와 반대로, 우리는 길을 바꿔 새로운 자본주의를 받아들일 수도 있다.

직원의 존엄성이 인정받고 노동자가 자신의 노동으로 창출한 부의 합당한 몫을 받는 인간 중심의 미래를 만들 수 있다. 물론 나는 인간 중심 세상을 지지한다.

이 혼란스러운 상황에서 빠져나갈 방법을 고민하기 전에, 어떻게 이런 상태에 빠지게 됐는지부터 생각해보자.

LAB RATS

1 ▼

미로에
갇힌
비참한
사람들

○ **1장** ○

불행한 천국

내가 레고블록으로 오리를 만들게 된 여정은 2013년에 시작됐다. 그때 나는 쉰두 살이었고 내 의지와는 상관없이 언론계를 떠나야 했다. 구체적으로 말하면, 기술 전문 기자로 일하던 시사 주간지 〈뉴스위크〉에서 해고됐다. 아무런 예고 없이 일어난 일이었다. 6월의 어느 금요일 아침, 편집장이 전화해서 "그만하면 됐다"라고 말했다. 그게 전부였다. 퇴직금도 없었다. 졸지에 해고를 당한 나는 무척 혼란스러웠다. 언론사들이 무너지고 있었기에 직장을 구할 수 없을까 봐 전전긍긍했다. 이제 어떻게 해야 하지? 우리 부부에게는 쌍둥이 자녀가 있는데, 당시 일곱 살이었다.

몇 달이 지난 후, 나는 과감히 달라지기로 했다. 언론계를 떠나 마케팅 전문가로 변신하기로 마음먹은 것이다. 몇몇 기술 회사에 지원했고, 미국 동부 케임브리지에 있는 허브스팟(HubSpot)이라는 소프트웨어 스타트업에서 일자리 제안이 왔다. 나는 부푼 희망을 안고 입사했다. MIT 졸업생 두 명이 정말 잘 팔리는 소프트웨어 제품을 개발해 공동으로 창업한 회사였다. 그런데 이들은 훨씬 더 야심 찬 일을 진행하고 있었다. 지난 100년간 기업에서 사용해온 전술과 전략을 모두 버리고 회사를 운영하는 방법을 모든 측면에서 다시 검토하고자 했다. 세상이 바뀌었으니 회사도 달라져야 하지 않겠는가. 두 사람은 신경제에 적합한 현대적 기업을 창조할 수 있으리라고 믿었다.

이런 이유로 허브스팟은 일종의 조직 행동 실험실이 됐다. 대부분 대학을 갓 졸업한 젊은이들을 채용하여 자유로운 업무 환경을 제공한 다음, 설명이나 지시는 거의 없이 스스로 일을 해내도록 했다. 직원들의 평균 연령이 스물여섯 살이었다. 직원들은 활기차고 기운이 넘쳤으며 긍정적인 생각과 새로운 아이디어로 가득 차 있었다. 사무실에는 모름지기 스타트업이라면 갖추어야 할 물건들이 보란 듯이 자리 잡고 있었다. 폭신한 빈백 소파가 곳곳에 놓였고, 캔디 디스펜서가 한쪽 벽면을 다 채우다시피 했으며, 맥주가 가득한 냉장고와 탁구대가 있었다.

직원들은 원하는 시간에 원하는 장소에서 일할 수 있었다. 어떤 여자 직원은 저스틴 팀버레이크의 미국 콘서트 투어를 따라다니면서 1년 동안 기차와 호텔 방에서 일했다. 또한 무제한의 휴가와 회사가 전액 부담하는 최고 수준의 건강보험 혜택도 주어졌다. 공동창업자 가운데 한 사람은 낮잠을 잘 수 있는 수면실을 만들었고, 다른 사람은 회의에 테디베어 인형을 가지고 왔다. 엉뚱해 보이는 팀 빌딩 활동도 했다. 예컨대 '겁 없는 금요일' 프로그램에 참여한 직원들은 회의실에서 엎드려 그림을 그리며 하루를 보냈다.

이 조직은 점차 광신적인 종교집단처럼 변해갔다. 하버드대학교에 들어가는 것보다 허브스팟에 입사하는 것이 더 어렵다는 말이 생겨났다. 회사는 자체적으로 사용하는 특별한 언어도 만들었다. 직원들을 자신이 가진 슈퍼파워로 세상을 바꾸는 '록스타'나 '닌자'라고 불렀다. '하나에 하나를 더해 셋을 만들라'고도 했고, 고객에게 '딜라이션(delightion)'을 제공하기 위해 거의 종교적인 열정으로 헌신하라고도 했다. 딜라이션은 회사에서 만든 단어로 고객의 기대를 뛰어넘는 행동을 통해 고객을 기쁘게(delight) 한다는 의미였다. 우리는 소프트웨어 사업을 하는 것이 아니라 '딜라이션' 비즈니스를 하는 것이었다.

물론 유치했지만, 신경 쓰지 않았다. 내가 맡은 일은 어렵지 않았고 시간도 잘 갔다. 유연한 업무 조건과 탕비실의 공짜 간식, 수면실에 있는 그물침대도 마음에 들었다. 무엇보다 앞으로 고용 불안을 걱정하지 않아도 된다는 점에서 안도했다. 회사가 급속히 성장하는 바람에 계속 직원을 채용했기 때문이다. 지난 10년 동안 나는 끊임없는 일자리 불안 속에서 살아왔다. 잡지사에 있을 때는 다음번 해고 시즌이 걱정됐고, 그 시기가 지나야 잠시 마음을 놓을 수 있었다. 그런데 이곳에서는 내 자리가 보장된 것 같았다. 적어도 나는 그렇게 생각했다. 하지만 몇 개월 만에 나는 현실을 알게 됐다. 전에 몸담았던 그 어떤 추락하는 잡지사들보다 이처럼 빨리 성장하는 스타트업의 직업 안정성이 더 낮다는 사실을 말이다. 이직률이 무척 높았고 특히 영업과 텔레마케팅 부서는 심각했다.

하지만 회사는 높은 이직률을 문제로 생각하지 않았다. 오히려 자랑스러워했고 명예 훈장처럼 여겼다. 그러면서 최고 중의 최고만 살아남을 수 있는 '높은 성과를 추구하는 기업 문화'라고 떠벌였다. 더 이상한 것은 회사가 직원을 해고하는 것을 '졸업'이라고 불렀고, 직원들에게 아무개 씨가 곧 '졸업'할 것이고 '슈퍼파워'를 새로운 모험에 적용할 수 있으니 얼마나 멋진 일이냐는 내용의 이메일을 보낸다는 것이다.

이런 이메일은 사람들의 머릿속을 마구 헤집어놓았다. 그 일이 언제 자신에게 닥칠지 알 수 없었기 때문이다. 밝고 쾌활한 겉모습과 달리 많은 사람이 속으로는 불안하고 두려워했으며, 불행할 뿐 아니라 엄청난 스트레스에 시달렸다. 동료들이 주차장으로 가서 차에 숨어 흐느껴 울거나 공황발작을 일으켜 나에게 전화하는 일을 이전에는 단 한 번도 겪은 적이 없었다. 기사를 작성하고 뉴스를 보도하는 곳은 항상 치열하고 고달프기 마련이었고 언론 분야가 무너지기 시작하면서 더 심해졌지만, 내가 기자로 일하는 동안 동료들이 이처럼 고통스러워하는 것을 본 적은 없었다.

머지않아 나도 '졸업'을 향해 가는 궤도에 오르게 됐다. 회사를 떠날 무렵에는 안도감마저 들었다. 스타트업 세계에 있는 사람들이 하는 말에 따르면 나는 '그들 기업 문화에 적합하지 않은 사람'이었다. 마지막 몇 달 동안 상사는 나에게 보잘것없고 굴욕감이 드는 업무를 맡겼으며, 그 일조차 내가 제대로 해내지 못한다고 말했다. 동료들이 나를 좋아하지 않기 때문에 만회해야 한다고도 했다. 나는 이 모든 일을 하나의 게임처럼 생각하려고 노력했지만, 심리적인 스트레스를 감당하기 힘들었다. 점점 불안과 우울 속으로 빠져들었다. 가끔은 잠을 한숨도 잘 수 없었다. 밤새워 뒤척이면서 자신감 넘치고 안정적이며 능력을 인정받던 나라는 사람이 어쩌다가 작은 일에도 벌벌 떨고 자기혐오에 빠진 만신창이가 됐는지 생각했다. 평소에는 잠자는 것 외에 아무것도 할 수 없었다. 집에 오면 저녁을 먹고 곧장 침대로 갔다.

나는 거의 2년을 버텼지만, 자존심만 누더기가 된 채 그곳을 떠났다. 나에 대한 상사의 생각이 옳고, 나는 신경제에서 성공할 만한 자격을 갖추지 못했다는 생각도 들었다. 큰 기대를 안고 이 회사에 들어왔고 한편으로는 여러 혜택에 현혹되기도 했다. 그리고 스타트업처럼 새로운 기업은 인간 중심적인 새로운 업무수행 방식을 개발하고 진보적이며 지원을 아끼지 않는 조직일 거라고 마음대로 믿은 구석도 있었다. 그런데 결국엔 정반대의 생각을 하면서 회사를 나왔다. 현대의 직장은 지난 시대의 회사들보다 훨씬 더 열악하다. 디지털 시대 노동력 착취의 현장이다. 100년 전에 존재했던 잔혹하기 그지없는 방직공장이나 봉제공장과 다를 바 없다.

'졸업'을 당한 나는 내 경험을 책으로 쓰기로 마음먹었다. 몇 년 동안 신경제를 극찬하는 기사를 쓰던 사람이 어떻게 그 신경제 속으로 과감히 뛰어들었는지, 그간 믿었던 것이 대부분 틀렸다는 것을 어떻게 깨닫게 됐는지 설명하고 싶었다. 그래서 탄생한 책이《천재들의 대참사: 스타트업의 잘못된 모험》이다. 사실 나는 기업 문화에 관해 쓰려고 한 게 아니었다. 단지 한 별난 50대 저널리스트가 사이비 종교집단 같은 기술 스타트업 마케팅 부서에서 열정 넘치는 밀레니얼 세대와 부대끼며 일하는 동안, 스스로 변신하려고 노력(했지만 실패)한 이야기를 담은 재미있는 회고록을 쓰고 싶었다.

그런데 책이 출간되자 놀라운 일이 벌어졌다. 《천재들의 대참사》를 읽고 자신의 이야기를 간절히 나누고 싶어 하는 독자들이 메일을 보내온 것이다. 수백 통의 감동적인 편지가 꼬리에 꼬리를 물고 이어졌다. 직장에서 '나이 때문에 밀려난' 중년들의 편지가 많았지만, 밀레니얼 세대가 보낸 편지도 엄청났다. 사무실엔 공기를 빵빵하게 채워 넣은 바운시 캐슬도 있고 게임을 즐기며 맥주를 마실 수 있는 놀이기구도 갖춰져 있었지만, 똑똑하고 젊은 사람들도 나이 든 사람들만큼이나 그 멋진 신세계에 환멸을 느꼈다.

매일같이 나는 책의 어떤 부분은 웃음이 절로 나고, 어떤 부분은 자신의 상황과 너무 비슷하다고 말하는 사람들의 편지를 받았다. 기술 분야에서 일하는 사람들의 편지가 가장 많았지만 디자인 회사나 통신 회사, 광고대행사, 바이오테크 회사, 심지어 시장조사기관에서 일하는 사람들의 이야기도 있었다. 편지는 세계 곳곳에서 도착했다. 심지어 인도, 영국, 프랑스, 아일랜드, 북유럽 국가들처럼 아직 책이 출판되지 않은 곳에서도 왔다. 이라크에 사는 한 남성은 모술에서 격렬한 전투가 벌어지던 당시 영혼이 파괴되는 것 같은 직장생활을 견디고 있었는데 내 책을 읽으면서 치유가 됐다고 했다.

이렇게 많은 사람이 내 책을 읽고 친구들에게 소개하고, 내 연락처를 찾는 수고를 마다하지 않고 자신의 경험을 편지로 써서 보내는 것은 고마운 일이었다. 하지만 우울한 일이기도 했다. 시간이 지날수록 나는 다음과 같이 다양한 버전의 이야기를 들을 수 있었다. 사람들은 어떤 업무를 위해 채용됐지만 출근해서 다른 일을 해야 한다는 것을 알게 됐다. 새 직장 때문에 집을 팔고 새로운 지역으로 이사했지만, 고작 몇 주 또는 몇 달 만에 해고되어 임시직 일을 찾아야 했다. 고용은 됐지만 담당 업무가 불명확했고, 업무 지침을 요청하면 지시가 필요한 사람은 현대 직장에 적합하지 않다는 말을 들었다. 이들은 '자기 주도적'이어야 했다. 위계질서나 체계가 없는 수평적 조직이라는 것이 그들을 미치게 했다.

그들의 관리자는 젊고 경험이 적고 트레이닝이 부족하거나 때로는 트레이닝을 전혀 받지 못한 사람들이었다. 젊은 상사는 그들에게 일자리가 안정적이지 않고 권한이 없으며 이유 없이 언제든지 해고될 수 있다고 말했다. 그들은 성격 검사를 받고 팀 빌딩 활동에 내몰렸다. 세뇌의 대상이 되거나 '기업 문화'에 관한 개념을 강제로 주입당했다. 성공이 다른 사람들과 잘 어울리는 능력에 달려 있다고 말하면서 '동료들이 당신을 좋아하지 않는다'는 피드백을 전해주었다. 그들은 일을 제대로 하지 못한다는 말을 들었지만, 이유와 내용은 알 수 없었다.

그들은 점검과 감시를 당하고 관찰과 평가를 받았다. 나이와 인종, 성별에 따른 편견과 차별을 경험했으며 성적인 괴롭힘도 당했다. 어떤 사람들은 동료들에게 외면과 배척을 당했고, 또 어떤 사람들은 실내 스카이다이빙이나 볼룸댄스, 공중그네 타기 같은 '강제적인 오락' 활동을 즐길 것을 강요받았다. 한 젊은 여성은 '충분히 신나 하지 않는다'는 상사의 평가를 받고 해고됐다. 극심한 심리적 압박에 노출된 탓에 일부는 병을 얻거나 일부는 직장을 그만뒀다. 나머지 사람들은 계속 힘들게 버텼지만 어쨌든 결국 해고됐다.

몇 주 동안 나는 이 편지들을 쉬지 않고 읽었다. 어떤 편지는 일종의 스톡홀름 증후군(Stockholm syndrome: 인질이 인질범에게 동화되어 그의 편을 드는 현상-옮긴이)을 묘사한 것 같았다. 벗어나야 한다는 것을 알면서도 학대받는 상황에 계속 남아 있었다.

"아직도 그곳에 대한 악몽을 꿉니다. 거기서 나는 내가 멍청하지 않다는 것을 증명하려고 발버둥 치고 있어요. 그 멍청이들에게 말이에요!"

베아트릭스(가명이다)는 프로그디자인(Frog Design)에서 보낸 시간을 이렇게 회고했다. 프로그디자인은 샌프란시스코에 있는 유망 기업으로 신경제의 힙한 회사를 대표하는 곳이다. 베아트릭스는 MBA 학위 소지자로 이 회사에 들어왔을 때 30대 후반이었고 스타트업과 다국적 기업에서 10년을 일한 경력이 있었다. 이전 직장에서는 모든 일이 순조로웠지만, 프로그에서는 아무것도 제대로 할 수 없었다. 그녀는 긴 이메일에 자신의 마음을 쏟아놓았다(그리고 이 책에 그 내용을 쓸 수 있도록 허락해주었다).

— 상사가 나를 창문 없는 회의실로 부르더니 익명으로 받은 팀원들

의 피드백 내용을 알려주었습니다. 사람들은 내 태도('거만하고 거리를 둔다')와 지능지수('IQ가 아주 낮은 것 같다')를 평가했더군요. 업무평가에는 이런 내용이 있었어요. '(베아트릭스가) 우리 기업 문화를 이해하지 못하는 건지 아니면 그냥 멍청한 건지 알 수 없다.' 그리고 '동료들이 이런 내용을 쓸 필요가 없도록' 내가 업무 성과를 개선해야 한다고도 했어요. 최악은 내가 그들이 옳다고 생각하게 됐다는 것입니다. 그들이 말한 것처럼 내가 정말 형편없었을지도 모른다고 말이죠. 나는 자제할 수 없을 정도로 몹시 흥분했고, 스트레스에 시달렸으며, 울기도 하고 자기 연민에 빠졌어요. 하지만 그러는 동안에도 회사를 그만둘 배짱은 없었어요. 어떻게든 잘해보려고 무진 애를 썼어요.

무슨 이유인지 베아트릭스의 상사는 그녀를 해고하지 않았다. 그들은 일종의 심리 싸움에 갇혀 있었다. 베아트릭스는 자신의 가치를 증명해 상사의 인정을 받고자 노력했고, 상사는 반복해서 그녀가 여전히 부족하다고 말했다. 그녀는 남편 외에는 누구에게도 이런 이야기를 하지 않았다. 친구들이 아는 한 그녀는 세상에서 가장 힙한 회사에서 멋진 일자리를 구했기 때문이다. 직장생활이 어떤지 물으면 그녀는 좋다고 대답하고 화제를 바꿨다.

— 마치 현실이 뒤집힌 것 같았어요. 집에는 사랑하는 남편과 아이들이 있고 가족과 친구들은 나를 좋은 엄마, 좋은 아내, 좋은 직장에

다니는 성공한 사람으로 생각했어요. 하지만 직장에서 나는 거의 벌레 취급을 받았어요.

베아트릭스의 상사는 정말 이상한 활동을 시키곤 했다. 하루는 팀원을 모두 회의실에 소집하더니 서로를 비판할 거라고 말했다. 팀장의 지시에 따라 모두 둥그렇게 서서 왼쪽 사람의 등을 보도록 몸을 돌렸다. 그런 다음 자기 앞에 있는 사람에 대해 단어 하나를 써서 그것을 그 사람의 등에 붙였다.

— 그리고 나서는 한 사람씩 자기가 써서 붙인 단어를 읽고 그것에 관해 설명해야 했어요. 이를테면 당신은 가만히 서 있고, 뒤에 있는 사람이 당신에 대해 안 좋은 것을 모두 말하는 거예요. 당신은 거기 서서 듣기만 해야 해요. 게다가 모든 동료들 앞에서 말입니다.

놀랍게도 베아트릭스는 프로그를 4년이나 다녔다. 회사를 그만둘 무렵에는 거의 매일 공황발작에 시달렸다. 지금도 그녀는 샌프란시스코 3번가에 있는 그 회사 건물을 운전해서 지나갈 때 여전히 공황 상태가 된다. 시내에 나갈 때 그 근처를 피해 가도록 계획을 세울 정도로 심각하다. 베아트릭스는 2013년에 회사를 그만둔 뒤로 일을 하지 않고 있다. 그녀는 이제 40대다. 그녀의 말에 따르면, 샌프란시스코에서는 사실상 취업을 할 수 없는 나이이다.

내가 받은 편지와 들은 이야기 중에는 괴상하고 교묘하게 심리전을 벌이는 관리자가 자주 등장했다. 어떤 사람들은 자신이 소시오패스의 심기를 건드렸다고 확신했다. 한 여성은 거의 10년 전에 잠깐 같이 일했던 상사의 소식을 여전히 듣고 있다고 말했다. 회사에 엄청난 손해를 끼쳤을 뿐 아니라 자신과 동료들을 못 살게 굴었던 그 상사는 이 직장 저 직장을 옮겨 다니면서 여전히 사람들을 괴롭히고 있다. 그의 괴롭힘은 너무나 교묘해서 그 대상이 되는 사람은 결국 자신에 대한 신뢰를 잃고 자학하게 된다고 한다. 그는 계속 도시를 옮겨 다니며 새로운 희생자를 찾는 연쇄 살인자 같았다.

내가 사는 곳에서 3,200킬로미터나 떨어진 곳에 사는 한 남성은 허브스팟에서 나를 괴롭혔던 관리자가 10년 전에 같은 방법으로 자신을 괴롭혔다는 내용의 편지를 보냈다.

"확실히 저는 당신이 겪은 일의 테스트 버전이었어요."

30대 중반의 마케팅 담당자인 에이드리언(역시 가명이다)은 소프트웨어 스타트업에 출근한 첫날, 자신을 안 좋게 생각하는 직장 상사가 한 말을 들려주었다. 그 부서의 누구도 그를 좋아하지 않는다는 것이었다. 상사는 이렇게 말했다.

"당신을 인터뷰한 사람들은 모두 당신이 거만하고 자만심에 차 있다고 생각했어요. 나도 그렇게 생각하고요."

모든 사람이 반대했지만, 최고마케팅책임자가 직원들의 의견을 무시하고 그를 채용했다는 것이다.

"그러니 당신은 완전히 밑바닥에서 시작한다는 것만 알아두세요. 알아서 바닥을 탈출하고 다른 사람들을 자기편으로 만들어야 할 겁

니다.˝

에이드리언은 상사가 사실을 말하는 건지, 그저 긴장감을 줘서 열심히 일하도록 자극하려고 심리적으로 몰아세우는 건지 알 수 없었다. 하지만 결국 그런 것은 중요하지 않았다. 그는 겨우 9개월을 버텼다.

뉴욕에 사는 마틴과 린다는 좋은 교육을 받은 20대 부부로 스타트업에서만 일했다. 처음엔 여러 혜택과 재미있어 보이는 회사 분위기에 끌렸지만, 결국 매번 디지털 노동 착취 현장에 갇힐 뿐이었다. 관리자들에게 괴롭힘을 당했고 극심한 스트레스 속에서 장시간 일해야 했다. 무의미한 일을 하면서 형편없는 급여를 받았고 승진이나 발전의 기회는 없었다. 린다는 이렇게 말했다.

"기술 회사에서 일하는 제 친구들은 모두 기본적으로 행복하지 않습니다. 항상 한쪽 발을 문밖에 두고 기회를 보고 있죠."

홍보 분야에서 일하는 한 50대 남성은 힙한 밀레니얼 세대 직원들로 가득한 광고대행사에 들어갔지만, 겨우 4개월 만에 그곳에서 벗어나야 했던 경험을 들려주었다.

"이제껏 일했던 어떤 직장보다 스트레스를 더 많이 받았어요. 그 영향이 제 가족에게까지 미쳤어요."

그와 마찬가지로 스트레스에 시달리던 한 동료는 그곳을 "외상 후 스트레스 장애(PTSD)를 유발하는 곳"이라고 표현했다고 한다. 두 사람은 수십 년 동안 아무 문제 없이 홍보 분야에서 일했지만, 이 직장에서는 왜 늘 전쟁터에 있는 기분인지 알 수 없었다.

나처럼 이 사람들도 그저 힘든 직장에 들어갔거나 고약한 상사를 만났다고 느낀 것이 아니었다. 그들은 사람들이 아무 이유 없이 자신에게 주먹을 휘두르는 일종의 대체 현실(alternate reality)에 발을 들여놓았다고 생각했다. 그들은 무기력해져서 아무것도 할 수 없어 혼란스러웠고, 희생양이 된 것 같은 기분이 들었다고 설명했다. 스스로 정신이 온전한지 의문을 갖거나 자신의 가치를 의심했다고도 했다. 사람들은 '그곳에서 그들이 자신에게 한 일'에 대해 이야기했다. 사람들은 회사를 그만두거나 해고됐다고 말하는 대신 어떻게 '탈출'했는지를 들려주었다. 그 이야기는 마치 학대 생존자나 광신적 종교 집단에서 구출된 사람들의 증언처럼 들렸다.

심지어 어떤 사람들은 내가 스타트업에 있을 때 그랬던 것처럼, 자신이 다니는 회사는 회사가 아니라 어떤 장기적인 심리학 실험의 일부라고 상상하기도 했다. 예일대학교의 밀그램 실험이나 스탠퍼드 감옥 실험의 기업 버전처럼 여겼다. 1961년에 진행된 밀그램 실험은 권위적 인물에 대한 복종을 연구한 것이었다. 심리학자 스탠리 밀그램(Stanley Milgram)이 피실험자에게 벽 반대편에 있는 '학생'에게 점점 더 강한 전기 충격을 가하도록 지시했고, 많은 사람이 이 지시를 따랐다. 학생 역할을 맡은 사람이 비명을 지르고 애원하고 벽을 두드려도 멈추지 않았다. 1971년에 진행된 스탠퍼드 감옥 실험에서는 스물네 명의 대학생에게 반은 교도관, 반은 죄수 역할을 맡기고 가짜 교도소에 보낸 다음 다른 사람에게 행사할 수 있는 권한이 주어지면 어떤 일이 일어나는지 관찰했다. 그런데 시작한 지 6일

만에 실험을 갑자기 끝내야 했다. 교도관들이 죄수들에게 소름 끼치는 심리적 가혹 행위를 하게 되었기 때문이다.

직장이 심리학 실험실일 수 있다는 생각이 내게는 실제 의미가 있었다. '겁 없는 금요일'이라는 생뚱맞은 프로그램, 테디베어 인형을 들고 다니는 회사 경영자를 누구도 놀릴 수 없다는 사실, 누군가를 '졸업'시키는 것이 기분 좋은 일인 양 호도하는 이유를 설명할 수 있기 때문이다. 어쩌면 MIT나 하버드대학교의 심리학자들 중 누군가는 복종과 통제의 한계에 관해 연구하고 싶을 것이다.

사람들은 월급을 계속 받기 위해 자신의 인격이 짓밟히는 것을 얼마나 견디고, 자신의 존엄성을 얼마나 희생할 수 있을까? 레고블록으로 오리를 만들게 해볼까? 우스꽝스러운 모자를 씌울까? 동료가 아무 이유 없이 해고당할 때 침묵할까, 아니면 자신의 목소리를 낼까? 불만을 표현하거나 참여를 거부하기 전에 직원들은 어리석고 잔인한 행동을 어느 정도까지 참아낼까? 놀랍게도, 어리석음과 잔인함이라는 모순적으로 보이는 두 단어가 공존하는 것이 신경제 직장의 전형적인 특징이 됐다.

바로 이 점에서 나는 직장인들이 '실험실의 쥐' 같다고 생각하게 됐으며, 다른 사람들도 같은 생각을 한다는 것을 발견했다. 에모리대학교의 신경심리학자 그레고리 번스(Gregory Berns)는 〈뉴욕타임스〉에 기고한 글에서 이렇게 썼다.

"직장이 점점 더 스키너 상자처럼 되고 있다."

스키너 상자는 1930년대에 심리학자 스키너(B. F. Skinner)가 고안한 것으로, 상자 안에서 특정한 장치를 당기면 먹이를 얻고 불빛이 깜빡이면 바닥을 통해 전기 충격을 받는다는 것을 쥐에게 학습시키는 실험 장치다. 번스는 두려움이 어떻게 의사결정을 해치는지에 관한 연구를 수행했는데, 이 연구는 사람들을 MRI 기계 속에 넣고 발에 전기 충격을 주는 방식으로 진행됐다.

새로운 종류의 고통

나는 《천재들의 대참사》를 쓸 때 내 경험이 예외적이라고 생각했다. 하지만 나와 비슷한 일을 겪었다고 말하는 사람들이 끊임없이 나타났다. 단지 스타트업에서만 일어나는 일도 아니고 기술 분야에서만 생기는 일도 아니었다. 다양한 산업과 세계 많은 나라에서 벌어지고 있었다.

1980년대 이후 영국과 독일에서는 직업 만족도가 꾸준히 하락했다. 미국의 연구조사기관 콘퍼런스보드(Conference Board)에 따르면, 미국에서 직업에 만족한다고 응답한 노동자의 비율은 1987년 61.1퍼센트에서 2016년 50.8퍼센트로 떨어졌다. 직업 만족도가 1980년대 수준으로 돌아갈 가능성은 '매우 희박'한 것으로 나타났다. 또한 2000년부터 직원 참여도를 조사해온 갤럽에 따르면, 전 세계적으로 노동자의 13퍼센트만이 업무에 열정적이고 회사에 헌신적인 것으로 조사됐다. 갤럽은 이를 '일에 몰입'한다고 표현했다. 미국의 상황은 그나마 나은 편이어서 노동자의 32퍼센트가 일에 몰입한다고 응답했지만, 한편으로 이것은 노동자의 3분의 2 이상은 그렇지 않다는 얘기다. 더 심각한 사실은 노동자 다섯 명 가운데 한 명꼴로 '업무를 적극적으로 회피'하고 있고, 이들은 조직에 해로울 수 있다는 것이다. 그들은 사내를 돌아다니며 동료에게 불평을 늘어놓고, 심지어 고객을 쫓아버리기도 한다.

2014년에 구직 사이트 몬스터(Monster)가 실시한 조사에 따르면, 노동자의 61퍼센트가 업무 관련 스트레스 때문에 몸이 아팠던 경험이 있고, 절반 가까이가 그런 이유로 결근한 적이 있다고 대답했다. 응답자의 7퍼센트는 업무 관련 스트레스가 원인이 되어 입원까지 한 적이 있는 것으로 나타났다.

스탠퍼드대학교 경영대학원의 제프리 페퍼(Jeffrey Pfeffer) 교수에 따르면 내가 스타트업에서 경험했던 불안과 우울, 짜증은 이제 새로운 일상이 됐다. 그는 노동자의 불행에 관한 자신의 연구를 인용하면서 '인간다움이 사라졌다'고 강조했다. 회사는 파티를 열고 간식이나 탁구대를 제공할지 몰라도, 직업 안정성처럼 매슬로의 욕구 5단계(1단계: 생리적 욕구, 2단계: 안전에 대한 욕구, 3단계: 애정과 소속에 대한 욕구, 4단계: 자기존중의 욕구, 5단계: 자아실현의 욕구로 분류된다-옮긴이)에서 아래쪽에 있는 것들을 박탈하고 있다. 페퍼 교수는 《월급 받느라 죽는다(Dying for a Paycheck)》라는 책을 통해 "(회사가) 관리 방안을 마련하지 않아도 되는 한, 직원들이 병에 걸리거나 목숨을 잃는 것을 일상적으로 허용한다"라고 주장했다.

— 직장 내 스트레스는 (…) 대부분 일자리에서 계속 심각해지고 있고, 신체적·정신적 부담이 그 어느 때보다 높은 상태다.

나는 내 경험을 책으로 쓰면서 뜻하지 않게 더 큰 담론 속에 빠져들었다. 직장 내 스트레스에 관한 연구를 찾아 읽고 현장의 학자들과 대화하기 시작했다. 최근 이 분야의 연구자들은 직장 내 스트레스의 갑작스러운 증가에 주목해왔고, 그 위급함을 알리려 노력해왔다. 영국 포츠머스대학교의 게리 리스(Gary Rees) 교수는 파리에서 열린 콘퍼런스에서 한 경영자가 자신의 가장 큰 걱정거리가 "직장 내 자살, 업무 때문에 발생하는 자살"이라고 하는 말을 듣고 이 변화를 처음 인식했다. 리스 교수의 연구에 따르면, 노동자들은 심각한 스트레스에 시달리며 자신의 한계를 뛰어넘도록 내몰린다.

"이제는 자살이 일의 결과물이 된 회사들이 있습니다"라고 리스 교수는 말했다. "업무의 강도가 높아졌습니다. 따라서 기대 수준도 높아졌어요. 회사는 직원 복지에 관여하기를 꺼립니다. 그저 자기 회복력이 있고 스트레스를 피하거나 떠안고 일할 사람을 채용하길 바랄 뿐이죠."

2007년에 심리학자 미첼 쿠지(Mitchell Kusy)와 엘리자베스 홀로웨이(Elizabeth Holloway)는 직장 내 따돌림과 무례함에 관한 조사를 수행하면서 매우 놀라운 사실을 발견했다. 우선 응답률이 무척 높았다 (42퍼센트). 더 중요한 것은 많은 사람이 누가 시키지도 않았는데 자신이 겪은 괴롭힘에 대해 길게 덧붙여 썼다는 것이다. 홀로웨이 박사는 기억을 되살렸다.

"여백 없이 72페이지가 꽉 채워져 있었습니다. 사람들은 이 조사를 귀찮게 여기지 않았어요. 오히려 자기 이야기를 할 기회로 봤죠. 38년간 연구조사를 해왔지만, 정말 특별한 경험이었어요."

마찬가지로 특별한 일은 응답자의 94퍼센트가 썩은 사과처럼 해를 끼치는 사람과 일한 경험이 있다고 대답한 것이었다. 쿠지 박사는 이렇게 말했다.

"충격적이었습니다. 우리는 50퍼센트 정도일 거로 생각했거든요. 더 놀라운 것은 이 문제가 만연해 있다는 것과 이 문제를 다루는 방법을 아는 조직이 거의 없다는 것입니다. 만약 인구의 94퍼센트에게 영향을 미치는 어떤 문제가 있다면, 당연히 그것을 처리하는 시스템도 있으리라고 생각할 겁니다. 하지만 그런 건 없었습니다."

그들은 이 연구의 결과를《썩은 사과: 당신과 조직을 미치게 만드는》라는 책에 담았다.

심리학자 게리 나미에(Gary Namie)는 따돌림이 학교에서 학생들이 겪는 것처럼 직장에서 어른들이 겪는 큰 문제가 됐고, "분명히 전염성이 있다"라고 말했다. 그가 2014년에 진행한 연구조사에서 응답자의 27퍼센트가 직장에서 따돌림을 경험했고, 37퍼센트는 동료가 따돌림을 당하는 것을 목격했다고 대답했다. 나미에 교수는 따돌림을 당하는 스트레스는 육체적 질병과 심지어 뇌 손상의 원인이 될 수 있다고 주장했다.

2017년 미국 랜드연구소와 하버드 의과대학의 연구자들이 3,000

명의 노동자를 대상으로 실시한 연구에서 다섯 명 가운데 한 명은 '월 단위'로 언어 폭력과 위협, 모욕이나 성희롱을 당하는 것으로 나타나 충격을 주었다. 하버드 의과대학의 보건의료정책학 부교수이자 이 연구에 참여한 니콜 매스타스(Nicole Maestas)는 "이렇게 높은 수치가 나올지 몰랐습니다. 직장은 많은 사람에게 부담스럽고 고압적인 곳입니다"라고 말했다.

역설적으로, 스트레스를 가장 많이 받는 이들 가운데 다수가 정보경제에서 성공을 누릴 것으로 보이는 사람들이다. 이들은 소프트웨어 개발자나 엔지니어, 크리에이티브 아티스트, 커뮤니케이터들로 손 대신 두뇌로 일하고, (아직은) 기계로 대체할 수 없거나 개발도상국의 저임금 노동자들에게 아웃소싱할 수 없는 부가가치가 높은 일을 한다. 그들은 교육 수준이 높고 인터넷에 정통하며 대개 소득도 매우 높다. 그리고 흔히 사람들이 '좋은' 직장이라고 생각하는 곳에서 일한다. 멋진 실내 디자인에 밝고 개방된 업무 공간에서 인체공학적 책상을 사용하고 고급스러운 간식을 먹으며 하루를 보낸다.

그들은 업튼 싱클레어(Upton Sinclair)의 소설 《정글(The Jungle)》에 등장하는 도살장에서 착취당하는 노동자도 아니고, 발 디딜 틈 없는 셔츠 공장에 빼곡히 들어선 재봉사도 아니며, 진폐증으로 죽어가는 탄광의 광부도 아니다. 시끄럽고 불결한 조립 라인에서 단순 작업을 쉴 새 없이 반복하지도 않는다.

그렇지만 이들은 고통받고 있다. 그것은 새로운 종류의 고통이고, 말로 설명하거나 눈으로 확인하기도 어렵다. 정신적인 고통이기 때문이다. 하지만 다음 두 가지 통계를 생각해보자.

- 미국 국립보건통계센터에 따르면, 지난 30년간 미국에서 항우울제 사용이 여섯 배 증가했다.
- 같은 기관에 따르면, 지난 20년간 미국의 자살률이 치솟아 가장 높은 수준을 기록했다. 최근 가장 큰 자살률 증가는 45~64세 연령대에서 나타났다. 로버트우드존슨재단의 연구에 따르면, 자살의 주된 원인은 직장과 개인의 재무상태에 대한 고통 증가인 것으로 나타났다.

지금 이런 일이 일어나고 있다는 것은 말이 되지 않는다. 스웨덴의 경제역사학자이자 《진보》의 저자인 요한 노르베리(Johan Norberg)에 따르면, 지난 20년간 세계의 빈곤은 50퍼센트가량 감소했다. 인터넷은 새로운 아이디어의 폭발적 증가와 전례 없는 부의 창출을 가져왔다. 일상생활이 때로는 마법처럼 느껴진다. 스마트폰의 반짝이는 화면을 손가락으로 톡톡 두드리면 몇 분 만에 자동차와 운전기사를 부를 수 있다. 그 차를 타고 가면서 같은 스마트폰으로 아마존에서 무엇이든 살 수 있고 구글에서는 세상의 모든 정보에 접근할 수 있다.

우리 할아버지 세대는 상상조차 할 수 없었던 의료 절차가 지금은 일상처럼 실행된다. 우리는 100년 전에 살았던 사람들보다 60퍼센트 더 오래 산다. 또한 더 나은 영양분을 섭취하고, 더 깨끗한 물을 마시며, 더 나은 교육을 받는다. 인공지능과 로봇공학, 유전체학의 획기적인 발전 덕분에 세상은 곧 더욱더 놀라운 곳이 될 것이다. 실리콘밸리의 기술 전문가들은 인류에게 알려진 모든 질병을 정복하겠다고 맹세했다. 어떤 사람은 인류가 죽음 자체를 정복해 불멸에 이르는 문턱에 서 있다고 믿는다.

하지만 자살률은 기록적이고 사람들은 하루를 버티기 위해 신경 안정제를 잔뜩 털어 넣는다. 어떤 사람들은 모든 활동을 회피한다. 미국에서 마약성 진통제 중독과 약물 과용으로 인한 사망이 전염병 수준에 도달했다. 일본에서는 50만 명 이상이(특히 젊은 층이 압도적으로 많다) 인생을 포기하고 '히키코모리'로 살아간다. 집 밖으로 나가길 거부하고 사회적 접촉을 피하는 은둔형 외톨이 말이다.

우리는 인터넷 시대의 기적과 놀라움에 집중하는 경향이 있다. 미래학자 아서 C. 클라크(Arthur C. Clarke)가 말한 것처럼 "마술과 구분할 수 없는" 새로운 발명과 발전한 기술에 주목한다. 하지만 기술 주도적 진보에는 어두운 면도 있다. 지난 10년간 나는 실리콘밸리와 샌프란시스코에 드리워진 어두운 그림자를 지켜봤다. 한때 번영하는 중산층을 지지하던 이 지역이 지금은 제3세계의 바나나공화국(banana republic: 서구 자본에 예속된 중남미 국가들을 가리킨다-옮긴이)을 닮아가고 있다. 지배 계급은 터무니없이 부유하고 최하층 계급은 광범위하게 증가해, 두 계급의 중간층이 매우 빈약해졌다. 샌프란시스코는 한때 예술가와 히피가 모여들고 게이 커뮤니티로 활기찬 도시였지만 지금은 전기 스쿠터를 타고 돌아다니는 한심한 테크 브로(tech bro: 기술 산업에 종사하는 부유한 청년-옮긴이)들이 넘치는 곳이 됐다. 테크 브로들은 노숙자가 증가하는 것을 불평하지만, 이처럼 많은 사람이 거리로 내몰린 주택 위기는 정작 자신들이 불러온 것이다.

"샌프란시스코가 너무 변해서 알아볼 수 없게 됐어요."

60대의 한 여성 기술 전문가가 집을 팔고 다른 도시로 떠난 이유를 이렇게 설명했다. 무엇이 그토록 싫었을까? 그녀는 짧고도 분명하게 대답했다.

"탐욕이요."

테크 브로들은 용병처럼 돈 버는 데만 관심이 있을 뿐 자신들이 샌프란시스코를 망치고 있다는 사실은 전혀 모른다. 그들은 더욱더 많은 힘을 얻고, 기술 산업을 넘어 문화 전반에 걸쳐 영향력을 휘두르고 있다. 여기에는 업무 현장을 재구성하고, 그 운영 방법을 통제하는 데 힘을 행사하는 것도 포함된다. 그러나 테크 브로들이 우리의 미래를 설계하도록 맡겨두어서는 안 된다.

2장

실리콘밸리의 신흥 재벌들

샌프란시스코와 새너제이 사이 약 80킬로미터에 걸쳐 뻗어 있는 지역은 살기 좋고 일하기 좋은 곳이었다. 그중에서도 최고는 휴렛팩커드(HP)가 있는 곳이었다. 저널리스트 데이비드 제이컵슨(David Jacobson)은 1980년대 스탠퍼드 동문회보에 이곳에 자리 잡는 것을 '실리콘밸리의 황금률'이라고 소개하기도 했다.

휴렛팩커드의 공동창업자 빌 휴렛(Bill Hewlett)과 데이브 패커드(Dave Packard)는 'HP 방식'이라고 알려진 인간 중심 기업 문화를 만들었다. HP는 격식에 얽매이지 않는 편안한 분위기였고 임직원이 서로 이름을 불렀다. 근무 시간은 유연했고 출퇴근 시간을 기록하지 않았다. 두 창업자는 회사를 가족처럼 생각해야 한다고 믿었다. 그들은 직원들을 신뢰하고 존중했다. 그리고 회사는 단지 돈을 벌거나 투자자에게 수익을 가져다주는 것 이상을 해야 한다는 신념이 있었다. 그들은 직업 안정성을 중요하게 생각했고, 직원을 해고하지 않으려 노력했으며, 지역 사회의 선한 기업 시민이었다. 모든 직원이 보너스를 받고 이익 분배에 참여했다. 상사들은 '현장 경영'에 전념

했다. 톰 피터스(Tom Peters)가 오늘날 경영서의 고전으로 일컬어지는 《초우량 기업의 조건》에서 HP를 분석하며 '기업은 이렇게 일해야 한다'고 열변을 토했던 바로 그 방식이다. 1970년대에 HP는 실리콘밸리만이 아니라 그 외 지역의 많은 기업이 모방하고 싶어 하는 번영하는 조직이었다.

HP에서 엔지니어로 일했던 애플의 공동창업자 스티브 워즈니악은 그 시절을 이렇게 회고했다.

"우리에게는 훌륭한 동지애가 있었습니다. 모두 정말 행복했죠. 대부분 사람이 그 회사를 일하기에 가장 훌륭한 곳이라고 말했습니다."

1970년대는 실리콘밸리에 또 다른 요소를 가져왔다. 카운터컬처(counter culture: 기존 세대가 강조하던 물질주의를 거부하고 기존 권위에 대항하는 반문화-옮긴이)를 이상적인 가치로 생각하는 것이었다. '사람들에게 힘을(Power to the people)'은 1960년대의 슬로건이었지만, 1970년대에 개인용 컴퓨터(PC) 혁명을 이끌었던 사람들의 모토이기도 하다. 빅브러더가 통제하는 메인프레임 컴퓨터를 공유하는 대신 모든 사람이 자기만의 컴퓨터를 가질 수 있었다. 사실 이것은 사회에 크나큰 영향을 미치는 무척 급진적인 생각이었다.

애플의 공동창업자인 스티브 잡스와 워즈니악은 장발의 히피 해커였고, 컴퓨터 애호가를 위한 아마추어 키트를 조립하여 자신이 쓸 첫 번째 PC를 만들었다. 워즈니악은 사람을 먼저 생각하는 'HP 방식'에 푹 빠졌다. 잡스는 환각제를 복용하고 종종 맨발로 돌아다니며 공동체에서 생활하는 히피였다. 켄 키시(Ken Kesey: 1960년대 미국 히피 문화에 큰 영향을 준 미국의 소설가, 대표작으로 《뻐꾸기 둥지 위로 날아간 새》가 있다-옮긴이) 등의 무리와 어울려 다니며 환각제 사용을 지지했던 스튜어트 브랜드(Stewart Brand)에게 영향을 받았다. 브랜드는 잡지 〈홀어스카탈로그〉를 창간하고 최초의 온라인 커뮤니티 가운데 하나인 웰(WELL)을 공동 설립했다. 이 커뮤니티의 회원 중에는 록 밴드 그레이트풀 데드(Grateful Dead)의 작사가이자 네티즌의 권리를 위한 비영리단체 전자프론티어재단을 공동 설립한 존 페리 발로(John Perry Barlow)가 있었다. 바야흐로 자유, 개인 해방, 시민 평등권, 개인 존중 같은 카운터컬처의 가치들이 실리콘밸리의 문화를 형성했다.

내가 이전 버전의 실리콘밸리를 처음 접한 것은 1980년대 후반 산타크루즈의 한 소프트웨어 회사를 방문했을 때였다. 그 회사의 엔지니어들은 덥수룩한 수염에 머리를 길게 기르고 반바지와 홀치기 염색으로 무늬를 만든 셔츠를 입고 있었다. 저녁에는 커다란 삼나무 욕조에 느긋하게 몸을 담그거나 와인을 마시고 마리화나를 피우며 시간을 보냈다. '캘리포니아 회사'는 이처럼 여유로운 히피 해커들이 일하는 방식을 설명하기 위해 사용하는 용어였다.

그러나 노천탕에서 어울리던 시절은 오래전에 지나갔다. 새로운 세대의 기술 회사는 압력솥처럼 변했다. 우버의 직원들은 긴 근무 시간과 폭력적인 관리자, 성추행 문제에 대해 불만을 제기해왔다. 우버에서 일했던 한 엔지니어는 입사한 지 5개월 만에 스스로 목숨을 끊었다. 남편을 잃은 아내는 업무 스트레스가 자살의 원인이라고 말했다. 또 아마존의 직원들은 불가능한 마감 시간을 맞추려고 며칠을 잠도 못 자고 일한 경험을 들려주었다. (해고로 가는 첫 단계인) '성과 개선 계획(performance improvement plan, PIP)' 대상자가 된 한 '아마봇 (Amabot: 아마존의 노동자들은 자신들을 이렇게 부른다)'은 동료들에게 짧은 글을 전송한 다음 자살을 시도하며 건물에서 뛰어내렸다.

사람이 달라졌기 때문에 기술 업계도 변했다. 2001년 닷컴 붕괴 후 몇 년 만에 시작된 두 번째 인터넷 호황기에 실리콘밸리는 새로운 종류의 사람들을 유인했다. 괴짜 같은 엔지니어 대신 이전 세대라면 월스트리트로 진출해 채권 중개인이 됐을 법한, 빨리 부자가 되고 싶어 하는 사기꾼 같은 젊은이들을 끌어들였다. 이전에 기술 분야의 제왕은 HP의 휴렛과 패커드나 마이크로소프트의 빌 게이츠, 애플의 잡스와 워즈니악처럼 새로운 제품을 발명하고 회사를 세우는 마법사들이었다. 하지만 이제는 앤드리슨호로위츠 (Andreessen Horowitz)의 마크 앤드리슨(Marc Andreessen)이나 클래리엄캐피털(Clarium Capital)과 파운더스펀드(Founders Fund)의 피터 틸 (Peter Thiel), 그레이록벤처스(Greylock Ventures)의 리드 호프먼(Reid Hoffman) 같은 벤처캐피털리스트들이 실세다.

이들은 기술 회사를 운영하지 않으며, 단지 투자자일 뿐이다. 그렇지만 이들의 직업은 화려하게 그려지고 실리콘밸리의 거물급 유명인으로 평가된다. 미국의 기술 전문 매체 〈와이어드〉가 앤드리슨을 표지 인물로 싣고 '미래를 만드는 사람'이라고 소개한 적도 있다. 대학을 졸업하고 미국 서부로 이동하는 젊은이들은 더는 차세대 스티브 잡스가 되길 바라지 않는다. 그들은 차세대 마크 앤드리슨이 되길 희망한다.

실리콘밸리는 벤처캐피털리스트와 엔젤투자자들이 잭폿을 터트리길 바라며 모든 슬롯머신에 무턱대고 돈을 쏟아붓는 카지노가 됐다. 차이점이라면 슬롯머신에서 운이 좋았던 도박꾼은 그곳을 걸어 나오며 자신을 천재라고 확신하지 않는다는 것이다. 이제 기술 분야의 블로거들은 기술 대신 벤처 거래에 관한 글을 쓴다. 어떤 기업이 가치평가에서 얼마만큼의 투자금을 모았는지가 궁금한 것이다. 실리콘밸리는 돈에 집착하게 됐고, 실제로 많은 돈이 모여들고 있다. 2017년 미국에서 벤처캐피털리스트들은 스타트업에 840억 달러를 쏟아부었다. 미국 벤처캐피털협회에 따르면 1995년도 투자 금액의 10배다.

이 돈은 모두 어디로 갔을까? 과연 투자 가치가 있는 아이디어가 지금 10배나 될까? 물론 그렇지 않을 것이다. 하지만 벤처캐피털리스트들은 자신들이 가진 수십억 달러로 무엇이든 해야 한다. 그래서 계속 스타트업에 돈을 쑤셔 넣고 푸아그라를 얻기 위해 기르는 거위처럼 계속 몸집을 키운다. 벤처캐피털리스트 에일린 리(Aileen Lee)가 '유니콘(unicorn)'이라는 용어를 처음 사용한 것이 2013년의 일이다. 유니콘은 10억 달러 이상의 기업가치가 있는 비상장 회사를 가리키며, 그만큼 드물다는 뜻이 담겨 있다. 그런데 2017년이 되자 유니콘 기업이 300개 가까이로 늘었다. 유니콘은 곳곳에 있고 샌프란시스코의 베이 에어리어를 쑥대밭으로 만들었다.

두 번째 인터넷 붐은 미국에서도 올리가르히(oligarch: 소련 해체 후 등장한 러시아의 신흥 재벌-옮긴이)라는 새로운 사회계급을 만들어냈다. 사회성이 부족하고 공감 기능이 손상된 몇 명의 태양왕이 사업을 넘어 정치와 문화 전반으로 영향력을 확장했다. 미국의 문화 및 패션 잡지 〈배너티페어〉가 선정하는, 비즈니스와 미디어 분야에서 영향력이 큰 100명의 인물 명단이 있다. 2017년에는 그중 40명이 기술 전문가였다. 안타깝게도 이들 새로운 올리가르히 가운데 다수는 반노동자, 심지어 반인간적 세계관을 가진 것이 확실해 보인다.

이 명단의 1위는 아마존의 창업자이자 최고경영자 제프 베조스가 차지했다. 그는 1,400억 달러의 재산을 보유하고 있으며 이것은 (인플레이션을 반영하지 않은 절대 금액 기준으로) 지금까지 누구도 축적하지 못한 가장 큰 규모의 부다. 어떤 사람들은 베조스를 영웅으로 생각하지만, 그의 부는 엄청난 스트레스를 견디며 끔찍한 근무 조건 속에서 피땀 흘려 일하고 때로는 수입이 너무 적은 나머지 푸드 스탬프(food stamp: 미국 저소득층을 위한 식비 지원 제도-옮긴이)를 받을 만큼 착취당하는 물류창고 노동자들의 등골 위에 구축된 것이다. 2018년 베조스가 상을 받기 위해 베를린을 방문했을 때, 수백 명의 독일 아마존 노동자가 이의를 제기하는 시위를 벌였다. 노조의 리더는 "우리의 고용주는 노동관계를 미국식으로 바꾸고 19세기로 돌아가려고 합니다"라고 로이터 통신에 말했다.

2위는 페이스북의 창업자 마크 저커버그가 차지했다. 페이스북은 '쥐잡이팀'으로 알려진 '비밀경찰'을 고용하여 노동자를 감시했다. 영국 일간지 〈가디언〉이 '무자비한 비밀 유지 코드'라고 지칭한 규칙을 운영하고, 노동자들이 '근무 조건과 회사 내 위법 행위나 조직 문화의 문제'에 관해 말하지 못하도록 법적으로 위협하는 방법을 썼다. 젊은 나이에 큰 성공을 거둔 저커버그는 20억 명 이상의 회원을 가진 소셜 네트워크 회사를 경영한다. 뉴욕대학교 스턴 경영대학원의 스콧 갤러웨이(Scott Galloway) 교수가 2018년 CNN과의 인터뷰에서 말한 것처럼, 지구상에서 가장 영향력 있는 인물이다. 저커버그는 페이스북 회원들의 심리와 사생활을 파고들어 광고주와 정당이 이를 조작할 수 있도록 함으로써 800억 달러의 재산을 축적했다.

페이스북의 벤처캐피털 투자자나 직원 가운데 일부는 회사가 위험해졌다고 생각한다. 실리콘밸리의 벤처캐피털리스트이자 초기 페이스북 지지자였던 로저 맥나미(Roger McNamee)도 그중 한 명이다. 2018년 봄, 그는 페이스북을 비롯한 온라인 플랫폼의 강력한 규제를 촉구하며 〈워싱턴먼슬리〉에 기고한 글에서 이렇게 썼다.

"회사가 이용자들을 대상으로 광범위하게 벌이는 사회적·심리적 실험을 아무도 멈출 수 없었다."

〈배너티페어〉 명단의 5위는 테슬라의 최고경영자 일론 머스크(Elon Musk)가 차지했다. 테슬라 공장 노동자들은 2017년 〈가디언〉을 통해 스트레스가 심하고 위험한 노동 환경과 생산 현장에서 동료들이 과로로 쓰러지는 현실을 고발했다. 우버를 세운 트래비스 캘러닉(Travis Kalanick)과 그를 이어 우버의 최고경영자가 된 다라 코스로샤히(Dara Khosrowshahi)도 명단에 포함됐다. 우버는 운전자들을 부당하게 착취하여 여러 차례 고소를 당했다. 2016년 우버는 운전자들이 최저임금과 유급휴가가 보장되는 근로자로 분류하라고 요구하며 제기한 소송의 합의안으로 1억 달러를 제시했다.

노동자를 착취하면 대가가 따른다. 벤처캐피털리스트나 창업자 가운데 다수가 수십억 달러의 재산을 가지고 있다. 그들은 부의 불평등을 비정상적인 수준으로 몰아왔고, 실리콘밸리에 바나나공화국의 경제 논리를 도입했다. 로스앨터스 · 로스가토스 · 애서튼 · 팰로앨토처럼 한때 조용했지만 이제 돈이 넘치는 도시들은 디즈니랜드처럼 변한 시내와 미슐랭 스타를 받은 레스토랑, 길에 늘어선 포르쉐 · 페라리 · 메르세데스 등 고급 SUV 차량을 자랑한다. 조용하고 빠른 테슬라의 고급 세단은 토요타의 캠리만큼 흔해졌고, 실리콘밸리의 언덕에는 억만장자들이 소유한 저택들이 점점이 박혀 있다.

러시아 출신 벤처캐피털리스트이자 페이스북의 투자자 유리 밀너(Yuri Milner)는 로스앨터스힐에 프랑스의 성처럼 지은 2,300제곱미터 규모의 부동산을 소유하고 있다. 2011년에 약 1억 달러를 지불한 것으로 알려진 이곳은 미국에서 단일 주거용 부동산으로는 최고가다. 선마이크로시스템스(Sun Microsystems)의 공동창업자 스콧 맥닐리(Scott McNealy)는 2,600제곱미터의 팰로앨토 맨션을 처분하려고 애쓰는 중이다. 〈월스트리트저널〉의 보도에 따르면, 암벽등반 연습장과 클럽을 갖춘 이곳은 1억 달러에 약간 못 미친다고 한다. 하지만 이 두 곳은 오라클(Oracle)의 창립자 래리 엘리슨(Larry Ellison)이 우드사이드에 일본의 왕궁을 본떠 지은 약 9만 3,000제곱미터 규모의 부동산에 비하면 저렴한 편이다. 이 궁전은 짓는 데 9년이 걸렸고, 약 2억 달러의 비용이 든 것으로 알려졌다. 이곳의 하이라이트인 가쓰라 하우스는 16세기 교토 왕실 건물의 다실을 재현했는데, 일본에 지어진 건물을 해체하여 캘리포니아로 실고 온 뒤 원래보다 10퍼센트 크게 지었다.

억만장자가 아닌 사람들은 수백만 달러짜리 저택에 만족한다. '비트코인의 왕'을 자칭하는 벼락부자 챈들러 구오(Chandler Guo)는 2018년에 외딴곳에 있는 토스카나 양식의 부동산을 500만 달러를 주고 사들였다. '일반' 주택이 더는 없기 때문이다. 2018년 3월 캘리포니아주 서니베일에 있는 작고 단순한 80제곱미터짜리 주택은 200만 달러에 팔렸다. 제곱미터당 2만 5,000달러가 넘는 금액으로, 미국의 웹 데이터베이스 시스템(MLS)에 등록된 단위 가격으로는 최고가였다.

샌프란시스코에서 새너제이까지 주택 가격은 계속 치솟고 있다. 마찬가지로 노숙자 수도 급격히 늘어나고 있다. 이처럼 많은 빈곤이 이처럼 많은 부를 밀어 올리는 것을 보고 있자면 비현실적이라는 생각이 든다. 2017년 어느 날 나는 구글 캠퍼스에서 구글 평사원 몇 명과 점심을 먹었다. 그들은 백만장자이지만 제트기와 요트, 하와이에 부동산이 있는 사람들과 함께 회의를 하다 보면 자신이 가난하다고 느낀다고 했다. 주변에 실제로 존재하는 빈곤이 어느 정도인지 모르는 것 같았다.

모임을 끝낸 나는 그곳에서 겨우 3킬로미터 떨어진 마운틴뷰 렝스토프공원 근처를 걸어 내려갔다. 40대 정도의 캠핑카가 연석을 따라 늘어서 있었다. 이 캠핑카는 베이 에어리어에서 더는 아파트를 임대할 여력이 없는 노동자 계층 가족이 사는 집이었다. 엄밀히 말해서 캠핑카는 이동식 주택이지만, 이렇게 낡고 녹슬어서 금방이라도 주저앉을 것 같은 상자가 움직일 수 있을지 의심스러웠다. 연석 옆 좁은 풀밭에 몇 가족의 살림살이가 나와 있었다. 한 트레일러 옆에는 아주 작은 어린이용 자전거가 있었다. 나는 울고 싶었다.

페이스북 본사에서 가까운 팰로앨토에도 비슷한 이동식 주택 무리가 갑자기 나타났다. 이 지역에 사는 주민들이 항의하자 결국 경찰이 견인 트럭과 함께 현장에 출동해 캠핑카를 끌어갔다. 산타클라라 카운티는 미국에서 가장 부유한 카운티 가운데 하나로 전 세계에서 가장 돈 많은 회사인 애플과 페이스북, 구글의 본사가 있는 곳이다. 하지만 이 카운티에는 집 없는 사람이 1만 명이고, 많은 이들이 고가도로 아래 임시 천막이나 엉성한 상자로 만든 집에서 산다.

2017년 애플·페이스북·구글의 시장가치를 합치면 거의 2조 달러에 이르고, 이들 기업이 보유한 현금은 4,000억 달러에 가깝다. 구글과 페이스북 창업자들이 가진 개인 재산을 합치면 1,750억 달러에 달한다. 금융학 교수 출신으로 〈블룸버그〉 칼럼니스트인 노아 스미스(Noah Smith)는 1년에 100억 달러면 미국 전체에서 노숙자를 없앨 수 있다고 추정했다. 기술 업계의 올리가르히 몇 명만 힘을 모아도 이 문제는 쉽게 해결할 수 있을 것이다.

그러나 기술 기업들은 정반대의 일을 해왔다. 수년간 그들은 셸 컴퍼니(shell company: 자산이나 사업 활동이 없는 명의뿐인 회사-옮긴이)에 수익을 이전하거나 해외 계좌에 수천억 달러를 예치하는 방법으로 미국 안에서 세금을 회피해왔다. 도널드 트럼프가 대통령에 선출된 후 법인세가 감소하자, 그제야 애플 같은 기업들은 미국 내로 돈을 가져오기로 했다. 애플이 세금을 낸 것은 확실하지만 그 금액은 이전보다 수백억 달러가 줄었다. 실리콘밸리의 올리가르히들은 대부분 공식적으로는 트럼프를 경멸하는 듯하지만, 사실 세금 감면에 고마워하고 있다. 수십억 달러를 들여 지은 번쩍이는 우주선 모양의 애플 본사나 구글 본사 주위에는 지금도 여전히 캠핑카가 몰려들고 사람들은 고가도로와 다리 아래에서 잠이 든다.

2017년 〈가디언〉은 니콜과 빅터의 이야기를 실었다. 페이스북 카페테리아에서 일하는 이 20대 부부는 급여가 너무 적은 탓에 세 아이와 차고에서 살았다. 그들의 지인 중에는 침대와 아주 작은 부엌이 딸린 소형 밴을 임대한 사람도 있다. 2017년에 나는 데일리 시티에 사는 한 남성을 수소문해 찾아갔다(그는 나에게 실명을 밝히지 말라고 요구했다). 그는 밴을 캠핑카로 개조하여 임대하는 사업을 하고 있었다.

처음 이 사업을 시작했을 때 주요 고객은 구글 같은 회사에서 일하는 20대 남자 기술 전문가들이었다. 그들은 회사가 공짜 음식과 샤워할 곳을 충분히 제공하기 때문에 밴에서 살면 몇백 달러는 절약할 수 있다고 생각했다. 하지만 시간이 갈수록 상황은 우울한 방향으로 접어들었다. 요즘은 가족이 밴을 임대한다. 아파트에서 쫓겨나거나 터무니없는 집값을 감당할 수 없는 이들이 최후의 수단으로 밴에 의지하는 것이다. 밴 임대업자는 이렇게 말했다.

"이 사람들은 그저 버티려고 안간힘을 쓰고 있어요."

샌프란시스코에는 트위터나 우버 같은 거대 인터넷 기업이 수십 개나 자리 잡고 있는데, 이곳에서 일하는 기술 전문가들은 출근할 때 노숙자나 배설물을 피해 가야 하는 것이 불만이다.

"나는 매일 출퇴근길에 인도에 드러누워 있는 사람들과 천막 밀집 지역과 배설물, 마약에 중독된 얼굴들을 본다. 이 도시는 판자촌이 되어가고 있다." 스타트업 창업자 저스틴 켈러(Justine Keller)가 샌프란시스코 시장에게 보낸 공개 항의서의 내용이다. "돈 있고 일하는 사람들은 이 도시에서 거주할 권리를 정당하게 얻었다. 매일 출근길에 집 없는 사람들의 고통과 충돌, 절망을 보지 않을 권리가 있다."

켈러의 글은 분노를 일으켰고 2013년 또 다른 스타트업 창업자 그레그 고프먼(Greg Gopman)이 페이스북에 올렸던 불평의 글을 떠올리게 했다.

— 샌프란시스코 시내에 타락한 사람들이 하이에나처럼 모여 침을 뱉고 오줌을 누고 당신을 조롱하고 마약을 팔고 소란을 일으키면서 마치 이 도시의 한복판이 자신들의 것인 양 행동한다. 만약 그들이 티끌만큼의 가치라도 더한다면 나는 다르게 생각해보겠다. 하지만 자기가 사는 상자에 가까이 오는 사람에게 발길질을 해대는, 이가 다 빠진 이 미친 숙녀분은 누군가의 삶을 잠깐이라도 더 낫게 하지 못한다.

고프먼의 글은 소셜 미디어에서 즉각 반발을 불러일으켰고, 결국 그는 자신이 세운 회사를 떠나야 했다. 나중에 그는 사과했고 샌프란시스코의 노숙자 문제를 해결하는 일을 돕겠다고 약속했다.

2016년에 부유한 기술 전문가 몇몇은 자신만의 해결책을 생각해냈다. 경찰이 인도에서 강제로 노숙자를 몰아낼 수 있는 투표 법안을 발의하도록 로비를 한 것이다. 노숙자에게 24시간을 준 다음 쉼터로 이동하거나 도시를 떠나는 버스편을 선택하게 한다는 내용이었다. 이를 지키지 않을 경우 경찰은 천막과 소지품을 압수할 수 있었다. 문제는 샌프란시스코의 쉼터는 1,900명을 수용할 수 있고 거리에는 4,000명의 노숙자가 있다는 것이었다. 그럼에도 이 법률 개정안은 통과됐고, 2017년 경찰은 거리에서 사람들을 쓸어내기 시작했다.

에인 랜드와 페이팔 마피아

2018년 5월 어느 날, 캘리포니아 라구나비치 경찰은 한 건의 자동차 사고를 찍은 사진 몇 장을 공개했다. 자율주행 모드로 운행 중이던 테슬라 모델S 세단이 중앙선을 넘어 주차되어 있던 경찰 SUV 차량으로 돌진하는 사진이었다. 라구나비치 차량 충돌 사진은 마치 영화 속에서 새로운 우주의 절대자가 세상을 어떻게 통치하는지 보여주는 듯했다. 이들은 진보라는 이름으로 섣부른 생각들이 세상을 질주하고 여기저기 충돌하도록 풀어놓았다. 그 피해는 넓게는 전 세계와 좁게는 그 회사의 직원들이 입는다. 실리콘밸리의 신흥 재벌들은 지역 사회를 별로 신경 쓰지 않을 뿐 아니라 자신들이 고용한 노동자나 인간을 존중하지 않는 것 같다. 로봇과 인공지능이 모든 것을 할 수 있는 세상이 임박했다고 상상하면서, 지금은 골치 아프고 열등한 생물학적 존재들을 참아야 한다는 사실에 분개하고 있는지도 모른다.

남아프리카공화국에서 태어난 테슬라의 최고경영자 일론 머스크는 그를 영화 〈아이언맨〉의 주인공 토니 스타크의 현실 버전이라고 생각하는 사람들에게 영웅이 됐다. 하지만 그는 자동차를 만들거나 돈을 버는 데 뛰어난 능력이 있다는 것을 아직 증명하지 못했다. 사업을 시작한 지 14년이 됐지만 테슬라는 수십억 달러의 손실을 기록해왔고, 2017년에 고작 10만 대의 자동차를 판매했을 뿐이다. 일주일 동안 판매되는 토요타 자동차의 절반에 불과하다. 그럼에도 머스크는 200억 달러 이상의 재산을 보유하고 있다. 가격이 치솟는 테슬라 주식 덕분이다.

그는 결코 직원들에게 관대하지 않다. 2015년에 칼럼니스트 애슐리 반스(Ashlee Vance)가 펴낸 머스크의 전기에 따르면, 12년간 함께 일한 비서를 해고했는데 '감히' 임금 인상을 요구한 다음이었다고 한다. 더 잔인한 것은 해고 방식이었다. 머스크는 그 비서에게 2주간 쉬라고 한 다음 그녀 없이도 별 지장 없이 일할 수 있는지 보겠다고 말했다. 그리고 실제로 비서가 돌아왔을 때, 그녀가 더는 필요하지 않다고 말했다는 것이다. 머스크는 반스가 쓴 이 이야기를 부정하고 있다.

테슬라 공장 노동자들은 더 심각하다. 2017년 미국 연방 노동관계위원회는 노동법을 위반한 혐의로 테슬라를 고소했다. 같은 해 테슬라의 한 공장 노동자는 과중한 업무와 낮은 임금, 위험한 근무 조건에 불만을 나타내는 블로그 글을 게시했다. 권익단체 워크세이프(WorkSafe)는 산업 평균에 비해 심각한 부상 사고가 두 배나 많이 발생하는 테슬라의 공장을 고소했다. 전미자동차노조는 머스크가 노조 설립을 방해하고 노조 설립을 지지하는 노동자들을 해고해왔다고 주장했다. 2018년에 키스 앨리슨(Keith Ellison) 하원의원은 노조 설립을 위해 노력하는 노동자들에게 보복하는 행위는 "도덕적으로 옳지 않을 뿐 아니라 법에 어긋나는 일"임을 경고하며 머스크에게 공개 항의서를 보냈다. 테슬라는 2017년 인종차별적 행동과 비방을 당해왔다고 밝힌 흑인 노동자들이 제기한 세 건의 소송을 포함하여 수많은 노동자의 고발과 소송을 받고 있다. 한 고발에서는 테슬라 공장을 '인종차별의 온상'이라고 표현하기도 했다.

일론 머스크는 전자결제 서비스를 제공하는 페이팔의 공동창업자로 큰돈을 벌었다. '페이팔 마피아(PayPal Mafia)'로 알려진 이곳 출신들은 이후 다른 기술 회사들을 설립하여 크게 성공한 뒤 벤처캐피털리스트가 됐다. 이들 중 다수가 1990년대 스탠퍼드대학교 출신으로 재학 시절부터 서로 알고 지냈다. 현재 그들은 각자 자리에서 실리콘밸리의 기업 문화에 엄청난 영향력을 미치고 있다. 문제는 그들 가운데 일부는 좋은 사람이 아닌 듯하다는 것이다.

신흥 억만장자이자 벤처캐피털리스트로 활동하는 페이팔 출신 키스 라보이스(Keith Rabois)는 극단적인 형태의 일 중독을 수용하는 조건으로 스타트업에 투자한다. 라보이스의 투자를 받은 스타트업 창업자들은 결코 휴가를 갈 수 없다. 라보이스는 자신이 쉬지 않고 18년을 줄곧 일했으니 다른 사람들도 똑같이 그렇게 해야 한다고 주장한다. 1990년대에 스탠퍼드대학교에서 법학을 공부한 라보이스는 동성애 혐오 발언("이 게이 새끼! 에이즈에 걸려 죽어라! 언제 죽을래, 이 호모 자식!")으로 악명이 높은 인물이기도 하다.

라보이스와 스탠퍼드를 같이 다니고 페이팔에서 함께 일했으며, 역시 엄청난 부를 축적한 영향력 있는 기술 신흥 재벌 피터 틸과 데이비드 삭스(David Sacks)는 1995년 공동으로 출간한 책《다양성 신화(The Diversity Myth)》에서 라보이스를 두둔했다. 틸과 삭스는 '정치적 올바름(political correctness)'과 대학 내 다문화주의의 부상을 비난했다. 그들은 강간당했다고 주장한 여성들이 사실은 '뒤늦게 후회'할지도 모른다고 말했다. 또한 '인종 간의 관계가 더욱 악화됐다'라고 조바심치면서 그 이유를 다문화주의자들이 '제도적 인종차별주의'나 '무의식적인 인종차별주의'처럼 사라지거나 형태도 없는 인종차별을 들어 백인들에게 죄를 묻기 때문이라고 했다(2016년에 틸은 강간에 대해 쓴 글을 사과했으며, 삭스도 사과하며 이전의 견해를 후회한다고 말했다).

다양성에 반대하는 선동가 틸은 2014년에《제로 투 원》을 출간했다. 나는 틸이 만들려는 미래에서 다양성에 대한 관심은 큰 역할을 하지 못할 것으로 생각한다. 이 추측은 2016년 틸이 도널드 트럼프를 위해 선거운동을 한 사실이 뒷받침한다. 《다양성 신화》를 쓴 틸과 삭스 같은 인물들은 지난 20년간 실리콘밸리에서 영향력을 확장해왔다. 이곳에서 기술 산업은 다양성 문제, 성희롱과 적대적인 직장 환경에 항의하는 여성 문제, 거의 완벽하게 차단당하고 있다고 불만을 표출하는 유색인종 등 끔찍한 문제들을 키워왔다. 나는 이런 일이 우연히 생겼다고 생각하지 않는다.

새로운 협약

리드 호프먼은 자신을 '사회 참여 지식인'이라고 생각한다. 미국의 창업 전문 잡지 〈안트러프러너〉는 그를 '기업가들의 철인왕(philosopher king)'이라고 칭하기도 했다. 머스크와 틸, 삭스, 라보이스처럼 호프먼도 페이팔에서 경력을 시작했고 그 후로도 계속 많은 돈을 벌었다. 2002년 그는 링크드인을 창업하고 2006년까지 최고경영자로 있었다. 이후 회장으로 물러난 다음, 벤처캐피털리스트로 새로운 경력을 시작했다. 현재 30억 달러의 재산을 보유한 호프먼은 기업과 직원 사이의 '새로운 협약'이라는 것을 설계한 사람 가운데 한 명이다.

새로운 협약은 기본적으로 기업이 노동자에게 어떤 충성심도 요구하지 않고 노동자도 기업에 고용 안정을 기대해서는 안 된다는 것이다. 이 협약은 노동자들이 자신을 독립 사업자로 생각하고, 일로 서로 경쟁하기를 권장한다. 호프먼이 자신의 첫 번째 책《연결하는 인간》에서 밝혔듯이 각 개인은 스타트업이다. 호프먼은 이어 두 번째 책《얼라이언스》에서 이 새로운 협약을 설명했는데, 직업은 단지 거래라는 것이 그의 주장이다. 요컨대 한곳에서 1~2년 일하고 다음 일을 찾아 계속 나아가라는 것이다. 나는 내 방식대로 이 '새로운 협약'을 풀어 쓴 '새로운 직장에 온 것을 환영합니다'라는 글을 이 책 첫머리에 실었다.

호프먼이 인재 관리 방법을 조언할 때, 문제는 사실 그가 인재를 관리한 경험이 많지 않다는 것이다. 물론 페이팔에서 4년을 있었고 링크드인의 최고경영자로 또 4년을 지냈지만, 당시 이 회사들은 상대적으로 작은 조직이었다. 2006년 호프먼은 최고경영자 자리에 있고 싶지 않다고 판단하고, 자신을 대신하여 링크드인을 경영할 사람을 고용한 다음 회장이 됐다. 그는 자신이 사람들을 관리하기를 좋아하지 않는다는 사실을 구체적으로 밝혔다. 나중에 블로그에 이렇게 쓰기도 했다.

"나는 주간 회의를 주관하는 것을 좋아하지 않는다. 하더라도 마지못해 한 것이지 열정적으로 한 것이 아니다."

그는 자신의 시간을 '어떤 직원을 승진시켜야 할지 논의하는 일'에 쓰고 싶지 않았다. 다르게 말하면 호프먼은 관리자가 되고 싶지 않았다. 그저 그 일을 어떻게 하면 될지 다른 사람들에게 조언하는 책을 쓰고 싶었을 뿐이다.

게다가 호프먼은 링크드인을 특별히 잘 경영한 것 같지 않다. 물론 이 회사는 급격히 성장했고, 2011년에 상장한 다음 2016년 260억 달러에 마이크로소프트에 인수됐다. 큰 성공을 거둔 것처럼 보이지만, 사실 링크드인은 2014년부터 손실을 기록하기 시작했고 인수되기 전 주가는 최고 269달러에서 101달러로 곤두박질쳤다. 마이크로소프트는 주당 200달러에 가까운 터무니없는 프리미엄을 지불한 셈이다.

당연히 호프먼은 부자가 됐다. 하지만 링크드인에서 그의 실적이나 회사 운영의 본보기를 찾기란 쉽지 않다. 스타벅스를 세운 하워드 슐츠(Howard Schultz)나 친환경 글로벌 아웃도어 브랜드 파타고니아(Patagonia)를 설립한 이본 쉬나드(Yvon Chouinard)도 회사 경영에 관한 책을 냈다. 두 사람은 실제로 수십 년 동안 회사를 경영했고, 지속 가능하고 수익성 있으며 독립적인 조직을 구축하면서 오랫동안 현역으로 활동하고 있다. 이들은 호프먼이 말하는 '복무 기간(tour-of-duty)'이나 '거래'라는 직업 철학을 지지하지 않는다. 아니, 이들은 기업이 정반대의 일을 하도록 촉구한다. 직원에게 투자하고 직원을 잘 대우하며 직원이 회사에 오래 다닐 수 있도록 노력하라는 것이다.

호프먼은 성공할 기업을 골라내는 놀라운 안목을 갖추고 있다. 예컨대 호프먼과 틸은 일찍이 페이스북에 투자했다. 그런데 투자자로서 호프먼은 노동자의 편이 아니었다. 호프먼은 가까운 친구이자 같은 페이스북 투자자인 마크 핑커스(Mark Pincus)가 세운 회사인 징가(Zynga)의 투자자이자 이사회 멤버였다.

2011년 징가는 페이스북용 게임인 팜빌 같은 가벼운 게임을 만들면서 상장을 준비하고 있었다. 기업공개 직전에 〈월스트리트저널〉은 핑커스가 직원들에게 채용 시 받았던 스톡옵션 일부를 반납하라고 강요했다는 사실을 보도했다. 핑커스는 그동안 회사가 너무 인심을 썼다고 말했다. 만약 직원들이 이를 따르지 않으면 해고할 것이고, 그럴 경우 직원들은 스톡옵션을 '전부' 잃게 될 상황이었다. 선택은 둘 중 하나였다. 조금 잃든지 아니면 많이 잃든지. 징가 같은 회사는 종종 업계보다 낮은 임금을 제공하지만 새로운 직원을 유치하려고 스톡옵션을 제공한다. 그런데 이제 징가의 주가가 올라가려 하자 핑커스가 주식을 회수하려 한 것이다. 이 사건은 실리콘밸리 역사상 지독하게 인색한 반노동자 사례 가운데 하나가 됐다. 게다가 핑커스는 기업공개로 억만장자가 됐다.

기업공개 후 핑커스와 호프먼은 논란을 일으키는 또 다른 행보를 보였다. 2011년 12월 징가가 상장됐지만, 이 회사의 모든 직원과 경영진은 매수 옵션 협약에 묶여 6개월 동안 주식을 팔 수 없었다. 그런데 얼마 후 〈파이낸셜타임스〉가 이런 보도를 했다.

— 2011년 12월 상장 후 징가는 2012년 초에 이 매수 옵션 협약을 재조정하여 핑커스와 징가의 이사인 호프먼이 새치기해서 당시 전·현직 직원보다 먼저 주식을 팔 수 있도록 했다. 징가의 주식은 그 직후에 무너졌다.

주주들은 핑커스와 호프먼이 회사의 재무상태가 나빠지는 것을 알고 미리 주식을 매각했다고 주장하며 주식 사기와 신의 성실 의무 위반 혐의로 고소했다. 오랜 다툼 끝에 한 건의 소송은 기각됐고, 또 다른 소송은 징가가 합의금을 지급하는 것으로 해결했지만 잘못을 인정하지는 않았다.

2017년 핑커스와 호프먼은 민주 진영에 영향력을 행사하기 위해 '미래를 거머쥐자(Win the Future, #WTF)'라는 가상 정당을 설립했다. 〈파이낸셜타임스〉는 핑커스와 호프먼이 민주주의에 이처럼 관심을 갖는 것이 '의심스럽다'라고 꼬집었다. 기업공개 후에도 차등의결권 제도(dual class stock: 최대주주나 경영진이 실제 보유한 지분보다 많은 의결권을 행사할 수 있도록 하는 제도-옮긴이)를 사용하여 주식을 통제할 수 있는 기업 지배구조를 구축한 인물들이니 말이다. 이 자애로운 독재자들은 기본적으로 주주나 직원들에게 설명하거나 대답할 의무조차 없었다.

이런 사람들이 네트워크 시대의 인재 관리 방법에 관해 세상에 조언하려고 한다. 호프먼의 새로운 협약은 노동자에게는 끔찍하지만 투자자에게는 훌륭하다. 최근 호프먼의 주요 관심이 벤처 투자인 것을 생각하면 자연스럽게 이해할 수 있다. 하지만 벤처캐피털리스트가 기업이 직원을 어떻게 대우해야 하는지에 관한 책을 쓴다는 건, 희대의 연쇄 살인마가 젊은 여성에게 데이트 조언을 하는 것과 같다는 문제가 있다. 안타깝게도 최근 이 새로운 협약은 기술 산업, 특히 스타트업의 규범이 됐다.

이 협상은 너무나 가혹하고 착취적이기 때문에 오늘날 많은 기술 자유론자의 영웅인 에인 랜드(Ayn Rand: 집단주의를 혐오하고 개인주의를 신봉한 미국의 소설가-옮긴이)조차 잠깐 말을 잇지 못하고 이렇게 물을 것이다.

"그러고도 정말 무사할까?"

그들은 아무렇지도 않다. 나는 복무 기간 정신을 허브스팟에서 처음 경험했다. 그 회사는 '우리는 가족이 아니라 팀'이라는 표어를 내걸고, 엄청나게 높은 이직률을 축하했다. 이 표어는 스포츠팀에서 그렇게 하듯 언제든지 잘릴 수 있다는 뜻이었다. 《천재들의 대참사》를 쓸 때 나는 직원을 이런 식으로 처우하는 것이 일반적이지 않다고 생각했다. 그래서 '기술 산업이 잠깐 정신줄을 놓았던 기간'에 스타트업 내부에서 직접 경험한 이야기라고 썼다. 하지만 불과 몇 년만에 나는 그 광기가 일시적이지 않고 오래갈 뿐 아니라, 기술 산업에만 국한되지 않는다는 현실을 걱정하고 있다. 이 질병은 실험실을 빠져나와 온 세상을 감염시키고 있는 것 같다.

위험한 수혈

샌프란시스코에는 8,000달러를 내면 10대 소년의 피 1리터를 수혈해주는 암브로시아(Ambrosia)라는 회사가 있다. 1만 2,000달러를 내면 2리터를 수혈해주는 프리미엄 패키지도 있다. 이 회사의 창업자 제시 카마진(Jesse Karmazin) 박사는 새로운 피는 노화를 '느리게' 할 뿐 아니라 생체 시계를 '거꾸로 돌려' 젊어지게 한다는 놀라운 주장을 했다. 그는 내게 "하룻밤 사이에 20대로 돌아갈 순 없지만 우리가 충분히 치료하면 이론적으로 가능합니다"라고 말했다. 〈MIT테크놀로지리뷰〉는 이 치료 방법을 의심하는 의사와 과학자들의 말을 인용하여 카마진 박사가 이 같은 치료를 계속해야 하는지에 의문을 제기했다. 하지만 사람들은 줄을 서고 있다. 박사는 자신의 환자 가운데 한 달에 한 번씩 수혈을 받는 아흔두 살의 노인이 있으며, 곧 세상에서 가장 오래 사는 사람이 될 거라고 말했다.

이 90대 노인처럼 오래된 대기업들이 스타트업처럼 되길 바라며 샌프란시스코로 몰려들고 있다. 월마트나 타깃 같은 대형 유통 기업은 실리콘밸리에 기술연구소와 기업 인큐베이터를 세웠다. 그 밖의 기업들은 경영진을 '실리콘 사파리'라는 2주짜리 투어에 보내 스타트업을 방문하고 배워 오도록 한다. 현지 여행 가이드는 방문자들을 버스에 태우고 스타트업을 돌아보는 '이노베이션 투어 서비스'를 판매한다.

2017년에 샌프란시스코를 방문했을 때 나는 한 그룹의 독일 비즈니스맨들을 만났다. 회사가 2주 사파리 투어에 파견한 사람들이었다. 당시는 가장 주목받는 유니콘 기업 중 하나인 인사 관리 스타트업 제네피츠(Zenefits)가 최고경영자 파커 콘래드(Parker Conrad)를 쫓아낸 직후였다. 콘래드는 자격시험 부정과 무자격 중개인에게 보험상품을 판매하게 한 사건에 연루됐고, 통제 불가할 정도로 지나친 음주와 여성 비하적인 파티 문화에 빠져 있었다(제네피츠와 콘래드는 미국 증권거래위원회가 투자자를 속인 혐의로 제기한 고소에 합의했다. 벌금을 냈지만, 잘못에 대해서는 긍정도 부정도 하지 않았다). 또 가장 큰 유니콘 기업 우버에서도 최고경영자 캘러닉을 쫓아내려 하고 있었다. 성 추문 사태와 경쟁 기업 및 정부 규제기관을 불법 감시하고 여타 부정행위를 저지른 스캔들이 터졌기 때문이다. 나는 이런 사람들에게 무엇을 배울 수 있을지 그 독일인들에게 물었다. 그들은 대체로 당혹스러워했다.

어떤 기업들은 조직 안에 실리콘밸리의 문화를 조금이라도 주입하려고 노력한다. 기업의 오래된 벽 안에 작은 스타트업을 세우거나 회사에 새바람을 일으킬 밀레니얼 세대를 채용한다. 컨버스 운동화를 신고 셔츠를 바지 밖으로 빼 입게 하거나 해커톤(hackathon: '해커'와 '마라톤'의 합성어로, 마라톤처럼 시간과 장소를 정해놓고 프로그램을 해킹하거나 개발하는 대회-옮긴이)을 열기도 한다. 또한 많은 기업이 실리콘밸리에서 유행하는 애자일과 린 스타트업(Lean Startup) 같은 경영 기법에 현혹되어 달려들고 있다. 기술에서 얻은 아이디어가 이들 기업을 스타트업처럼 민첩하게 만들어줄 거라고 확신하기 때문이다.

기본적으로 오래된 대기업들은 수혈을 바란다. 10대 소년의 젊은 피를 원하는 것이다. 그들은 늙고 느리고 거대하다. 심장은 약하고 혈관은 막혀 있다. 무엇보다 겁에 질려 있다. 실리콘밸리에 의해 죽임을 당하는 다른 거대 기업들을 목격해왔는데, 그 일이 자신에게만큼은 일어나지 말아야 한다. 그들은 실리콘밸리에 마법의 묘약이 존재한다고 믿는 듯하다. 차 창문을 열고 운전하면 유칼립투스 나무의 냄새를 맡을 수 있는 것처럼, 혁신을 만들어낼 제조법이 공기 중에

떠다닌다고 말이다.

블록체인, 이더리움, 가상화폐 공개 등 그들은 자신이 이해조차 할 수 없는 것들로 부자가 되는 사람들을 보았다. 그래서 비행기를 타고 멘로파크로 날아와 동유럽 억양을 쓰는 돈 많은 '동지들'이 하는 것처럼 벤처캐피털리스트들과 어울리며 술을 마신다. 점심은 샌프란시스코에서 벼락출세한 사람들을 위해 회원제로 운영되는 클럽에서 먹는다. 그리고 비트코인 파티 초대장을 구해 다양한 부류의 사기꾼들, 암호화폐를 기반으로 오늘날의 튤립 파동을 일으켜 돈을 벌려는 추악한 무리들과 친분을 쌓는다. 워런 버핏은 암호화폐를 '쥐약을 제곱한 것'이라고 말했고, 버핏의 사업 파트너 찰리 멍거는 비트코인 광풍을 '누군가가 똥을 거래하는 데 당신도 끼겠다고 하는 것'이라고 더 노골적으로 표현했다.

실리콘밸리에는 젊어지는 샘이 없다. 유니콘 기업이 비밀스러운 경영의 지혜를 가진 것도 아니다. 대부분 스타트업은 형편없는 사람들에 의해 형편없이 운영되고, 오직 회사를 상장시켜서 빨리 큰돈을 벌려는 도덕 관념 없는 투자자들이 자금을 댄다. 그들에게는 경영 전문성도, 조직 행동에 관한 특별한 통찰력도 없다.

그들이 가진 거라고는 그다지 혁신적이지 못한 비즈니스 모델뿐이다. 1달러 지폐를 75센트에 팔면서 얼마나 빨리 성장하는가로 평판을 얻는다. 이런 새로운 회사 대부분은 손해를 보고 있다. 사업을 해서 부자가 되려면 수익을 내는 회사를 세워야 하고, 그 수익을 투자자들과 나누는 것이 전통적인 방법이다. 하지만 새로운 벤처캐피털리스트들은 수익을 내는 회사를 세우는 단계를 건너뛰는 대신, 돈을 벌어다 주는 일종의 연금술을 발명했다. 나는 이것을 '고속성장, 적자경영, 기업공개, 현금정산'이라고 부른다. 우선 스타트업이 빨리 성장하도록 수백만 또는 수십억 달러를 쏟아붓는다. 대대적으로 광고를 하고, 기업공개를 통해 투자자들에게 주식을 팔아넘긴 다음, 전리품을 챙겨 서둘러 떠난다.

2017년에 나는 2011년 이후 기업공개를 한 60개 기술 회사의 목록을 작성했다. 그중 무려 50개나 되는 회사가 이익을 낸 적이 없었다. 몇몇 신생 회사는 믿을 수 없는 규모의 손실을 기록했다. 2017년에 음악 스트리밍 기업 스포티파이는 15억 달러, 모바일 메신저 스냅챗은 30억 달러, 우버는 45억 달러의 손실을 기록했다. 하지만 2018년 현재 스포티파이의 창업자 대니얼 에크(Daniel Ek)와 스냅챗의 창업자 에번 스피걸(Evan Spiegel)은 각각 25억 달러의 재산이 있다. 우버의 창업자 캘러닉은 자신이 구성한 이사회에서 쫓겨나는 추문을 일으켰지만, 그럼에도 50억 달러 가까운 순자산이 있는 것으로 알려졌다. 수십억 달러의 손실을 내는 회사를 경영하면서 자신은 억만장자가 되는 사람이 지구상 어디에 또 있을까?

적자를 내는 비즈니스 모델은 벤처캐피털리스트들이 새로운 협약을 만들어낸 이유와 직원들을 형편없이 대우하는 근거를 설명하는 데 도움이 된다. 벤처캐피털리스트와 창업자들은 지속 가능한 회사를 세우려는 것이 아니다. 그러므로 직원들에게 안정적이고 오래 다닐 수 있는 일자리를 제공하거나 노동자에게 부를 분배하는 문제에 관심을 가질 이유가 없다. 노동자는 매출 성장을 일으키는 연료일 뿐이다. 온종일 전화기와 씨름할 젊은 텔레마케터 군단을 고용하여, 그들에게 불가능한 할당량을 주고 탈진할 때까지 기계처럼 일하도록 혹사한다. 직원들은 적은 임금을 받고 과도하게 일한 다음 번아웃되면 폐기된다. 마침내 기업공개가 이루어지면 가장 높은 자리에 있는 몇 사람만 엄청난 부자가 되고, 나머지 사람들은 거의 아무것도 갖지 못한다.

　내가 두려운 것은 실리콘밸리의 기술 회사를 모방하려는 욕망이다. 즉 다른 산업의 회사들이 노동관계의 새로운 협약과 높은 스트레스, 반노동자 철학을 포함한 실리콘밸리의 방법론을 도입하는 것이다. 2017년에 노동자 친화적이고 훌륭한 기업 문화로 20년간 명성을 누린 홀푸드마켓(Whole Foods Market)이 아마존에 인수됐다. 홀푸드의 문화는 하루아침에 파괴되고 말았다. 아마존이 무자비한 숫자 중심 경영 스타일을 강요했기 때문이다. 그다음에 일어날 일은 더 위험할 수 있다. 노동자 친화적인 기업 문화로 유명한 또 다른 슈퍼마켓 체인 웨그먼스(Wegmans)는 앞으로 사업을 지키기 위해 아마존처럼 잔인해져야 할까?

터닝 포인트: 2000년

나는 노동자의 불행과 관련된 사항을 나타내는 데이터를 자세히 살펴보면서 어떤 패턴을 발견했다. 특이하게도, 많은 표와 그래프에서 2000년 부근에 변곡점이 나타났다. 첫 번째 닷컴 버블이 정점을 찍은 뒤 추락하던 때였는데, 케이블 모뎀을 통한 고속 광대역 접속이나 와이파이 라우터처럼 인터넷을 실제로 이용할 수 있게 한 몇 가지 기술이 널리 쓰인 한편, PC가 모바일 기기에 자리를 내준 시기였다.

2001년 블랙베리에 이어 2007년 애플의 아이폰이 출시되면서 수십억 명이 언제 어디서나 저렴하게 인터넷에 접속할 수 있게 됐다. 소셜 네트워크도 생겨났다. 2002년 링크드인, 2004년 페이스북, 2006년 트위터가 잇따라 등장했다. 인터넷 이용자 조사 업체 인터넷월드스태츠(Internet World Stats)에 따르면, 2000년부터 2010년 사이에 인터넷 이용자 수가 3억 6,000만 명에서 20억 명으로 증가했다. 전 세계 인구의 6퍼센트 미만에서 3분의 1에 가까운 숫자로 급증한 것이다. 2017년 말에는 세계 인구의 절반 이상인 약 40억 명이 인터넷을 이용하는 것으로 나타났다.

또한 2000년부터 아웃소싱이 본격화됐는데, 세계적으로 광섬유 케이블 네트워크가 구축되어 빠르고 안정적인 인터넷 연결이 가능해졌기 때문이다. 토머스 프리드먼(Thomas Friedman)은《세계는 평평하다》에서 이 같은 현상을 '세계화 3.0'이라 부르고, 2000년을 그 원년으로 봤다. 또한 2000년은 중국과 인도의 경제가 비상한 해이기도 하다. 당시의 성장률을 보면 그래프가 하늘을 향해 치솟는다.

2000년과 관련된 또 다른 이상한 현상은 최고경영자와 일반 노동자의 보상 비율에서도 나타난다. 미국 정책연구원에 따르면 1980년대 대기업 최고경영자는 평균적으로 일반 노동자의 42배를 벌었다. 하지만 1990년대 후반에 이 숫자는 폭발적으로 커져 2000년에는 최고경영자가 노동자보다 525배를 벌었다. 그 이유는 닷컴 버블 기간에 기술 기업의 최고경영자들이 거둔 막대한 금액의 횡재 때문으로 보인다. 이 숫자는 버블 붕괴 이후와 2000년대 후반 경제 대침체 기간에는 약간 감소했다. 하지만 이상하게도, 2000년대 이전 수준으로 돌아가진 않고 있다. 2016년 현재 대기업의 최고경영자들은 여전히 정규직 노동자보다 347배를 번다(그래프 참조).

이것은 분명히 뉴노멀(new normal), 즉 시대 변화에 따른 새로운 기준이다. 인터넷이 나타난 이후 세상은 최고경영자들이 과거보다 더 많은 돈을 받아야 한다고 정했다. 이 일은 시장가치 기준으로 기술 기업들이 세계 최대 기업 순위를 장악하기 시작하면서 일어났다. 인터넷과 최고경영자의 보상 증가는 어떻게든 관련이 있는 것이다.

또한 이 그래프는 인터넷과 증가하는 노동자의 불행 수준 간 관계도 보여준다. 물론 많은 문제가 2000년 이전에 시작됐지만, 이 문제들을 가속화한 것이 인터넷이다. 아웃소싱이 시작되면서 미국 제조업 일자리가 급격히 줄어들었다. 자살률과 마찬가지로 항우울제 사용이 증가했다. 소득 불평등은 더욱 확대돼 상위 1퍼센트가 그 어느 때보다 많은 몫을 가져갔다. 인터넷과 노동자의 불행 사이에 연관성이 있다는 직감은 내가 실리콘밸리에서 직접 목격한 것들 때문에 더 굳어졌다. 바로 사기꾼들과 테크 브로, 탐욕스러운 벤처캐피털리스트, 터무니없이 부유한 신흥 재벌, 노사 간의 새로운 협약, 스

대기업 최고경영자와 미국 노동자의 급여 비율, 1980~2016년

525:1

42:1

347:1

출처: 미국 정책연구원

트레스, 불안정, 자살과 노숙자 등이다.

아름다운 제품을 디자인하고 절묘한 사용자 경험을 제공하는, 이
상적이고 이타적인 마법사가 이처럼 커다란 불행을 초래한다는 것
은 언뜻 이해하기 어렵다. 하지만 이것은 지금 일어나고 있는 일이다.
애플은 근사한 스마트폰을 만들고 세계 최고 수준의 고객 지원을 제
공하지만, 노벨 경제학상을 받은 경제학자 조지프 스티글리츠(Joseph
Stiglitz)가 '사기'라고 부른 방법을 사용하여 세금을 회피해왔다.

아마존 프라임은 놀라운 서비스지만, 아마존은 본사와 물류창고
노동자들을 혹사한다. 고객들은 우버를 좋아하지만, 우버는 열악한
업무 환경에 운전자들을 착취하는 기업이다. 테슬라는 매력적인 전
기자동차를 만들지만 일론 머스크는 직원들을 형편없이 대우한다.
2018년 테슬라와 그 소유주에게 실망한 애플의 공동창업자 스티브

워즈니악은 이렇게 말하기도 했다.

"테슬라에서 발표하는 내용이나 일론 머스크가 말하는 것은 어떤 것도 믿지 않습니다."

지난 몇 년 동안 나는 불편한 결론에 도달했다. 실리콘밸리에서 세상을 더 나은 곳으로 만들자고 외치는 그 사람들이 사실은 세상을 더 나쁘게 만들고 있었다. 대개는 탐욕과 관련된 이유들 때문이며, 적어도 노동자의 삶의 질에 관한 한 부정할 수 없는 진실이다.

오히려 이 기술 천재들이 아스퍼거 증후군(행동이나 관심 분야가 제한적이고 같은 양상을 반복하는 전반적 발달 장애-옮긴이)를 앓거나 사람들을 제대로 관리하는 데 필요한 사회성이 부족하기 때문에 이런 일이 생긴다고 믿을 수 있다면 그나마 낫겠다. 동료 인간에 대해 아무것도 모르지만, 의도는 좋은 괴짜들이라고 말이다. 하지만 나는 이것이 그런 경우라고 생각하지 않는다. 사실 그 반대다. 창업자들과 벤처 캐피털리스트들은 인간에 대해 많은 것을 알고 있다. 어떤 사람들은 (특히 소셜 미디어 공간에서) 직원들에게만이 아니라 고객들을 조종하기 위해 심리적 속임수를 쓰는 데 전문가가 됐다. 심지어 행동심리학자들을 고용하기도 한다.

직원들을 형편없이 대우하는 일은 우연히 일어나지 않는다. 의도적으로 실행된다. 벤처캐피털리스트와 도덕 관념이 없는 창업자 계급은 회사의 유일한 의무가 투자자에게 최대한의 수익을 돌려주는 것이라는 주주 자본주의 개념을 신봉하면서 직원들을 고통의 극한으로 몰아넣고 있다. 이들이 가려는 곳은 전혀 좋은 곳이 아니다. 계속 커지는 소득 불균형은 사회 조직을 분열시킬 수 있다. 여기서 가장 소름 끼치는 부분은 실리콘밸리의 신흥 재벌들도 이것을 알고 있지만 전혀 신경 쓰지 않는다는 것이다.

어쩌다 여기까지 오게 됐을까? 어떻게 진보는 이처럼 어두운 면도 함께 가져왔을까? 사실 오늘날 우리를 괴롭히는 것 중 일부는 이미 100년 전부터 시작됐다.

3장

당신이 경영학을 믿지 말아야 하는 이유

레고블록으로 오리를 만드는 일은 오늘날 직장의 왜곡된 시대정신을 보여주는 완벽한 사례처럼 보인다. 하지만 멘로파크의 카페에서 내가 씨름했던 문제는 사실 오래된 믿음의 새로운 발현이었을 뿐이다. 이 믿음은 20세기 초반에 갑자기 활발해졌고, 이후 경영학으로 알려지게 됐다.

경영학이라는 용어는 사람을 관리하는 기술을 학문으로 일반화할 수 있다는 믿음에 전적으로 의지한다. 오늘날 경영학은 MIT 같은 곳에서 학위를 받을 수 있는 것이 됐다. 그렇지만 이 용어는 20세기 중반까지도 거의 쓰이지 않았다. 1948년 9월 1일 자 〈뉴욕타임스〉에서 '새로운 시대를 경영에서 찾는다'라는 제목으로 이 용어를 처음 언급했고, '품질 및 비용 관리 방법을 강화하고 개인 생산성을 높이는 모든 수단을 탐구하는' 새로운 아이디어라고 소개했다.

경영학을 뒷받침하는 사고방식은 1856년 펜실베이니아주에서 태어난 프레더릭 테일러(Frederick Taylor)라는 남자에게서 처음 시작됐다. 한 세기 뒤 실리콘밸리에 나타난 몇몇 조숙한 젊은 천재들처럼 테일러는 하버드대학교를 다니거나 수련 기간을 거치는 대신, 필라델피아 펌프 생산 업체에 들어가 빠르게 승진했다. 1890년대에 테일러는 어떤 생산 과정의 효율성도 최적화할 수 있는 과학적 방법을 발명했다고 주장했다. 그는 베들레헴철강(Bethlehem Steel)에서 진행한 실험으로 유명해졌다. 그는 자신의 방식을 적용하여 노동자 한 그룹이 하루 동안 선적할 수 있는 선철 슬래브 양을 네 배로 늘렸다고 자랑했다. 테일러는 스톱워치를 가지고 다니며 모든 일의 시간을 측정했다. 그리고 다음과 같은 식이 곳곳에 등장하는 과학적으로 보이는 논문을 발표했다.

$$B = [p + \{a+b+d+f+운반거리/100 \times (c+e)\}27/L](1+P)^*$$

이 선철 실험으로 테일러는 명성을 얻었다. 그는 여러 책과 강연뿐 아니라 보수가 두둑한 대기업 컨설팅에도 이 사례를 인용했다. 하지만 알고 보니 테일러는 엉터리이거나 사기꾼이었다. 선철 노동자 실험 결과는 이뤄진 적이 없었고, 적어도 그가 설명한 방식으로는 아니었다. 실제로 일어난 일은 그가 할당량을 크게 늘렸고 노동자들이 일을 그만뒀다는 것이다. 베들레헴철강은 테일러를 해고했는데, 일부 추정에 따르면 그에게 지급된 비용은 생산성 향상을 통해 얻은 절감액보다 훨씬 많았다. 테일러의 방법은 터무니없을 정도로 결함이 있었다. 그는 수치를 조작했고 거짓말을 했다. 2009년 질 레포레(Jill Lepore)가 〈뉴요커〉에 쓴 것처럼, 그는 좋게 말하면 잘못된 판단을 했고 나쁘게 말하면 '파렴치한 사기꾼'이었다. 테일러는 1915년 한 병원의 침대에서 사망했다. 아마 여전히 스톱워치를 움켜쥐고 있었을 것이다.

이 같은 폭로에도 테일러리즘(Taylorism)은 거의 종교가 됐으며, 그 추종자들은 테일러라이트(Taylorite)라고 불렸다. 테일러는 때를 잘 타고난 운 좋은 사람이었다. 그가 사는 동안 스탠더드오일(Standard Oil), 카네기스틸(Carnegie Steel), US스틸(U.S. Steel), 시어스로벅(Sears Roebuck), 제너럴일렉트릭(General Electric, GE) 같은 거대 글로벌 기업이 형태를 갖춰가고 있었지만 이 기업을 어떻게 운영해야 할지 아는 사람이 없었다. 20세기 초 큰 대학들은 경영대학원을 설립하기 시작했고, 뭔가 교육과정이 필요했기 때문에 테일러리즘을 가르쳤다. 테일러의 대표작으로 알려진 《프레더릭 테일러, 과학적 관리법》은 1911년에 출간됐고, 20세기 전반에 가장 많이 팔린 경영서가 됐다.

테일러의 이론으로 무장하고 이제 막 경영학 석사 학위를 받은, 작은 테일러들로 구성된 부대가 기업의 세계로 진군했다. 한 세기가 지난 후 경영학 석사는 미국에서 가장 인기 있는 학위가 됐고, 해마다 대학에서는 18만 5,000명씩 쏟아낸다. 경영대학원은 새로운 직업을 낳았다. 바로 경영 컨설턴트다. 지금 기업 세계는 컨설턴트들로 북적인다. 미국에서만 60만 명이 넘는다. 테일러처럼 이런 사람들은 머릿속이 대부분 쓸데없는 것들로 가득 차 있지만, 무슨 일을 하고 있는지 전혀 모를 때도 극도로 자신감이 넘치는 상태로 지낼 수 있는 놀라운 능력만큼은 타고났다. 전직 경영 컨설턴트 매튜 스튜어트(Matthew Stewart)는 자신의 경험을 담은 책《위험한 경영학》에서 첫 취업 면접에서 허튼소리를 늘어놓는 능력을 시험받았던 일을 들려주었다.

— 이 시험의 목적은 내가 아는 것이 거의 없는 주제에 대해 전적으로 허구에 가까운 것을 바탕으로 얼마나 능숙하게 이야기할 수 있는지를 보는 것이었다. 돌이켜 생각해보니 이것은 경영 컨설팅의 훌륭한 입문 과정이었다.

테일러처럼 경영 컨설턴트들은 보수를 많이 받지만 사실 아무것도 만들어내지 않는다. 오래된 농담도 있듯이, 경영 컨설턴트는 당신에게 시계를 빌려 시간을 알려준 다음 그 시계를 가져가는 사람이다.

지난 세기에 테일러라이트들은 조직에서 도입하면 모든 기계의 성능을 더 높은 수준으로 끌어올릴 수 있는 마법의 프로그램과 방법론을 만들어냈다. 우리 노동자들이 실험실의 쥐라면 커튼 뒤에 서 있는 미친 과학자들은 경영 구루로서 칭송받는다. 그들은 새로운 아이디어를 떠올린 다음 효과가 있는지 우리에게 실험해본다.

비즈니스 세계는 경영 구루들에 대한 끝없는 탐욕이 있는 듯하다. 최고경영자들을 비난할 수도 없다. 사실 기업처럼 광범위하고 복잡한 무언가를 경영할 만큼 충분히 똑똑한 사람은 없을지도 모른다. 그러나 누군가는 그 일을 해야 한다. 이 시스템 저 시스템에 매달리면서 적어도 체계적이라는 환상을 제공해야 한다. 또한 시스템은 일이 잘못됐을 때 비난을 떠넘길 대상이 된다. 경영자들은 물에 빠진 사람이 구명조끼에 손을 뻗듯 시스템을 단단히 붙잡는다.

구루들은 구명줄을 던져줄 수 있어 행복하다. 두둑한 사례를 받기 때문이다. 이제 경영 구루는 거의 새로운 직업으로 분류되어 학계와 심리학, 컨설팅, 마케팅, 자기계발을 포함한 다양한 분야가 교차하는 곳에 자리를 잡았다. 이들은 출판, 기조연설, 컨설팅 등 다양한 경로를 통해 수입을 창출한다. 또 다른 부류는 영향력 있는 최고경영자들의 경영 코치나 개인 구루로 활동하며 돈을 벌고, 부업 삼아 경영대학원 교수직을 맡기도 한다.

프레더릭 테일러의 뒤를 이어 피터 드러커(Peter Drucker)가 등장했다. 그는 오스트리아 출신 지식인으로 《기업의 개념》(1946), 《경영의 실제》(1954)를 포함한 서른아홉 권의 책을 출간하여 '현대 경영학의 아버지'로서 명성을 확고히 했다. 드러커는 '지식노동자'라는 용어를 만든 뛰어난 경제학자이자 존경받는 학자였다. 그는 테일러를 좋아했고 다른 모든 경영 사상가들보다 그를 높이 평가했다. 그도 테일러처럼 수량화와 데이터 수집을 중요하게 생각했다. "측정할 수 없으면 개선할 수 없다"라는 유명한 말을 남기기도 했다.

그리고 마이클 포터(Michael Porter)가 뒤를 따랐다. 하버드 경영대학원 교수였던 그는 다섯 가지 경쟁 요인을 사용하여 기업이 지속 가능한 경쟁 우위를 창출해야 한다고 주장했다. 또한 컨설팅 회사 모니터그룹(Monitor Group)을 설립하여 기업 고객들에게 엄청난 금액의 보수를 받았다. 그런데 어떤 이유에선지 모니터그룹은 2013년에 바닥을 친 다음 파산하고 말았다.

피터 드러커와 마이클 포터 다음으로 클레이튼 크리스텐슨 (Clayton Christensen)이 왔다. 그 역시 하버드대학교 교수로 1997년에 저서《혁신 기업의 딜레마》를 출간하여 비즈니스 구루라는 지위를 얻었다. 이후 런던 경영대학원의 게리 해멀(Gary Hamel) 교수가 저서 《경영의 미래》에서 경영 2.0에 관해 이야기했다. 경영석학 짐 콜린스 (Jim Collins)는 어떻게《좋은 기업을 넘어 위대한 기업으로》갈 수 있 는지 설명했다. 인시아드(INSEAD)의 르네 마보안(Renée Mauborgne) 교수와 김위찬 교수는《블루오션 전략》을 펴냈다. 만약 기업 세계에 서 일한다면 의심할 필요 없이 이런 책에 대해 들어봤을 것이다. 이 책들은 모두 합쳐서 수천만 권이 팔렸다.

이 경영 구루들은 대부분 전략에 관해 조언한다. 하지만 지난 세 기를 거치는 동안 테일러리즘을 새롭게 비트는 부류도 나타났다. 생 산 라인에서 작업 속도는 높이고 불량품은 줄이고 품질을 개선하며 적은 노동력으로 많은 일을 할 수 있게 만드는 실질적인 방법론들이 었다. 제2차 세계대전 중에 미국 전시노동력위원회는 생산 부담이 과중한 방위산업체를 돕기 위해 '산업 내 트레이닝'이라는 교육 트 레이닝 방법을 개발했다. 테일러가 선철 선적 노동자를 대상으로 했 다면, 산업 내 트레이닝은 공장 노동자들이 적은 시간 동안 많은 물 건을 빨리 생산하게 하기 위해 고안됐다.

전쟁이 끝난 뒤 일본 기업들은 산업 내 트레이닝 방법을 개선하 여 '토요타 생산 방식'을 만들어냈고, 이는 '린 생산 방식'과 '적시

(just-in-time, JIT) 생산 시스템'으로 진화했다. 1980년대에 미국의 거대 전자 기업 모토로라에서 근무하던 엔지니어 두 사람은 식스시그마(Six Sigma)라는 품질 관리 시스템을 고안했고 그 후 20년간 전 세계 대기업들이 이 방법을 채택했다.

프레더릭 테일러 시대부터 지난 100년 동안 기업들은 새로운 경영 유행에 매달려왔다. 유행이 시들해지면, 이번에는 다를 거라고 믿으며 모두 그다음 유행을 향해 달려갔다.

정보화 시대의 경영학

식스시그마, 린 생산 방식, 토요타 생산 방식 같은 20세기 테일러라이트들의 방법론은 자동차, 항공기, 각종 기기 등 물리적인 제품 생산을 위해 개발됐다. 하지만 지금 우리는 정보화 시대에 살고 있고 대부분 사람이 손이 아니라 두뇌를 사용해 일한다. 당연하게도, 인터넷이 부상하자 영리한 경영 컨설턴트들은 지식노동자의 생산성을 최적화하고 소프트웨어 코딩 같은 업무에 엄격한 규칙을 적용하는 시스템을 만들어낼 수 있을지 고민하기 시작했다. 소프트웨어 개발에 필요한 과학적 시스템을 만들 수 있다면 기업 운영의 모든 측면에 적용하지 못할 이유도 없지 않을까?

두 가지 새로운 형태의 테일러리즘이 이 일을 시도했다. 먼저 애자일이 기업 세계를 휩쓸었다. 이것은 하나의 운동으로 변신했지만 오히려 널리 퍼진 정신질환과 비슷한 면이 있는 경영 기법이다. 다른 하나는 린 스타트업으로, 광적인 추종자들이 있었지만 인기는 덜했다. 이 두 가지 방법론은 조직 행동 분야의 거대한 글로벌 실험을 대표한다. 수백만 명의 가련한 직장인이 자기도 모르게 실험실의 쥐가 됐고 때로는 끔찍한 결과를 겪었다. 테일러가 그랬듯이, 애자일과 린 스타트업의 지지자들은 거의 종교적 열정으로 자신들이 조직을 더 효율적으로 만들 수 있다고 믿었다. 그리고 테일러가 그랬듯이, 그들도 의도는 좋았겠지만 완전히 틀렸음이 확실하다.

　중요한 것은 애자일과 린 스타트업이 모두 실리콘밸리에서 시작됐고, 컴퓨터과학자들이 발명했다는 점이다. 두 방법론은 조직을 일종의 기계, 즉 다시 프로그래밍하거나 리셋하거나 새로운 비즈니스 프로세스로 업데이트할 수 있는 컴퓨터에 비유한다. 따라서 업무 처리 과정이 소프트웨어인 셈이다. 이런 관점이기에 실제 소프트웨어와 마찬가지로 새로운 버전의 프로그램을 개발하고, 어떻게 작동하는지 확인한 다음, 수정하고 최적화하는 과정을 반복한다.

　회사를 컴퓨터에 비유할 때 생기는 큰 결함은 사람을 컴퓨터 안의 칩처럼 다룬다는 것이다. 칩은 다시 프로그램할 수 있지만, 인간은 그렇지 않다. 애자일은 가장 인기 있는 새 방법론으로 IBM부터 영국 바클레이즈은행(Barclays Bank)에 이르기까지 수천 곳의 기업에서 채택했지만, 원래 회사를 운영하거나 사람을 관리하는 방법으로 만들어진 것은 아니었다. 애자일은 말 그대로 컴퓨터 문제를 민첩하게 해결하려는 시도에서 시작됐다.

애자일: 90퍼센트는 헛소리

1990년대 후반 소프트웨어 개발 업계는 위기에 직면했다. 기업 프로그램 개발 프로젝트가 실패를 거듭했고, 그 가운데 일부는 회사에 수백만 달러에 이르는 무거운 비용을 지웠다. 은행과 보험사들은 수백만 줄의 코딩이 포함된 엄청난 규모의 소프트웨어를 개발하기 위해 수백 명의 프로그래머를 배치해야 했다. 프로그래머들은 1~2년 동안 일했고 프로젝트를 마칠 때는 완료 일정을 훨씬 초과하는 바람에 회사는 그 프로그램이 더는 필요하지 않은 상태가 됐다. 새로운 프로젝트를 시작해야 할 것이고 속도를 높이기 위해 아마 더 많은 개발자를 고용하겠지만, 결국 손이 많으면 속도만 느려진다는 것을 깨닫게 될 것이 뻔했다.

2001년 2월, 17명의 베테랑 소프트웨어 구루들이 혁명을 시작하러 미국 유타주 스노버드 스키장에 모였다. 소프트웨어 개발 분야를 통째로 날려버리고 새롭게 만들어야 했다. 옛것은 가라! 모든 가정과 모델과 방법을 내다 버려라! 새 판에서 다시 시작하자! 소프트웨어 개발자들에게 권한을 주자! 이 혁명가들은 새로운 세상을 위한 새로운 원칙을 고민하는 레닌과 볼셰비키 같았다. 다른 점이라면 이들은 험준하고 눈 덮인 봉우리로 둘러싸인 해발 3,300미터 고지대의 한적한 협곡에 자리 잡은 호화로운 스키 리조트에 은신했다는 것이다.

이 반군 지도자들은 사흘에 걸쳐 '애자일 소프트웨어 개발 선언문'이라는 1페이지짜리 문서를 작성했다. 선언문은 소프트웨어 개발 과정의 속도를 높이기 위한 열두 가지 원칙으로 구성됐다. 핵심 아이디어는 큰 프로젝트를 작은 부분으로 나누고 짧은 기간, 가능하면 몇 주 안에 작동하는 코드를 빨리 만들어내는 편이 낫다는 것이었다.

소프트웨어 개발에 관한 이 단순한 원칙들은 회사의 모든 부분을 경영하는 방법에 관한 종교처럼 진화했다. 이 종교는 널리 퍼지고 분화되었으며, 다른 방향으로도 떨어져 나갔다. 소프트웨어 개발에서 탈피하여 조직의 다른 부분에까지 영향을 미치기 시작했다. 경영학의 위대한 전통에 새로운 사제가 나타난 것이다. 2010년대 중반까지 애자일 콘퍼런스, 애자일 인증 프로그램, 애자일 컨설팅, 애자일 동맹이 등장했다. 지난 10년 동안 애자일은 기업들 사이에 들불처럼 번져나갔다. 애자일 지지자가 최근에 발표한 '애자일이 세상을 집어삼키는 이유'라는 무서운 제목의 에세이도 있다. 아마존에서 검색하면 애자일에 관한 책이 4,000권 이상 나온다. 〈하버드비즈니스리뷰〉는 '애자일을 도입하고, 경영진이 애자일(민첩)하게 일하도록 하며, 조직 전체에 애자일을 불어 넣으라'고 기업들에 강력히 조언했다.

소프트웨어 개발자들에게 상식적인, 이를테면 '작동 가능한 소프트웨어를 자주 제공하라', '단순함이 핵심이다' 같은 원칙들로 이루어진 1페이지짜리 목록에서 시작한 이 방법론은 조직 전체를 완전히 바꿀 수 있다고 말하는 마법 같은 능력을 포함하여 모든 것을 할 수 있는 힘을 지닌 기적의 연금술로 변형되어갔다. 파괴적 혁신의 피해자가 파괴적 혁신의 주인공이 될 수 있다. 느리고 꽉 막히고 오래된 제조 업체들도 민첩하고 발 빠른 단거리 주자가 될 수 있다. 애자일 변호사, 애자일 마케터, 애자일 인사 관리자가 있다. 누가 민첩해지길 바라지 않겠는가. 이 종교는 상식이 됐고 이해하기도 쉬웠다. 애초에 애자일은 작은 팀으로 일하고, 프로젝트 기간을 짧게 하고, 협업을 더욱 확대하는 일에 관한 것이었다.

하지만 애자일이 확산될수록 그 의미는 점차 희석됐다. 다양한 버전의 애자일이 존재하고, 그중 일부는 다른 버전의 애자일과 정면으로 배치된다. 진짜로 애자일이 무엇이고 어떻게 실행하는 것인지에 동의하는 사람은 실제로 책까지 펴낸 전문가들을 포함하여 아무도 없는 것 같다. 이토록 혼란스러운데도 당신의 회사는 아직도 애자일을 도입하려 할 수 있다. 자, 마음 단단히 먹어라. 당신은 실험실 쥐가 되기 직전이다. 앞으로 무슨 일이 일어날지 궁금한가?

우선, 모든 업무를 완전히 새롭게 하는 방식을 몇 달에 걸쳐 배울 것이다. 워크숍에 참석하고 온라인 수업을 듣고 역할극에 참여하게 될 것이다. 아마 레고블록으로 오리를 만들거나 우스꽝스러운 모자를 쓰거나 공 전달 게임을 할 수도 있다. 새로운 언어와 현기증 나는 약어, 이를테면 안티 패턴(antipattern), 하트비트(heartbeats), 타임박스(timebox) 같은 것들을 배울 것이다. 그리고 하루를 마무리하며 캘린더에 웃는 얼굴이나 화난 얼굴을 그려 기분을 표시할 것이다.

트레이닝이 끝나면, 매일 '스탠드업 미팅'으로 하루를 시작할 것이다. 수많은 회의와 새롭게 정해진 작업 방식으로 당신은 정신이 없을 것이다. 어쨌든 그런 과정을 거쳐 당신은 새로운 직함이나 역할을 갖게 될 것이다. 아니면 애자일에 취한 상사의 눈에 거슬려 해고될 수도 있다. 그리고 어느 순간 당신은 조직을 더욱 민첩하고 날렵하게 만든다고 단언했던 방법론이 오히려 회사의 경영 단계를 늘린다는 사실을 깨닫게 된다. 이것은 마치 속도를 높이려고 당신의 자동차에 가속 장치를 단 차량을 연결해 끌고 가는 것과 같다.

애자일 자체가 당신의 또 다른 업무가 된다. 이제 당신은 지긋지긋한 정기 회의에 더해 애자일에 관해 이야기하고 애자일 교리의 다양한 측면에 관해 토론을 벌이는 애자일 회의에 참석해야 한다. 개인적으로 애자일에 대해 불평하는 사람도 있겠지만 감히 공개적으로 반박하는 사람은 없을 것이다. 그랬다가는 사이비 종교에 도전하는 것처럼 애자일 회의론자로 찍힐 것이고, 목표 달성 과정의 걸림돌 취급을 받을 것이다.

나이 든 노동자에게 가해지는 압력은 더 심하다. 이들은 애자일이 허튼소리이고 거의 실패한다는 것을 충분히 알 만큼 경력이 있다. 동시에 애자일의 진정한 핵심은 나이 든 직원을 해고하는 데 필요한 구실을 만드는 것이라는 사실을 알 만큼 현명하다. 그러므로 똑똑하게 처신하는 길은 입 다물고 따라가는 것이다. 그저 자신이 충분히 민첩하지 못하거나, 열정적이지 못하거나, 새로운 업무수행 방식에 적응할 수 없다고 비치지 않길 바라면서 말이다.

핀란드에 사는 올빼미는 깃털이 짙은 갈색이거나 옅은 회색이다. 오랫동안 옅은 회색 올빼미가 짙은 갈색 올빼미보다 생존에 유리했다. 핀란드는 눈이 많이 내리고 춥기 때문에 옅은 회색 올빼미는 겨울 동안 몸을 숨길 수 있었다. 옅은 색 깃털은 포식자를 피하고 좋아하는 먹잇감인 들쥐에 몰래 접근하는 데 유리했다. 그래서 핀란드에는 짙은 갈색 올빼미보다 옅은 회색 올빼미가 더 많았다. 하지만 지구 온난화 때문에 핀란드의 겨울이 덜 추워지고 눈도 덜 내리게 됐다. 어떤 일이 일어났을까? 과학자들은 옅은 회색 올빼미들이 사라지는 것을 알아챘다. 이 올빼미들에게는 이제 더는 유리한 점이 없었다. 주위 환경에 섞여들지 못하고 도드라졌기에 번식을 할 수 있을 때까지 살아남지 못했다. 옅은 회색 올빼미가 점점 사라지는 대신, 짙은 갈색 올빼미가 늘어나고 있다.

애자일 워크숍에 참석한 당신, 쉰 살에 찰흙이나 레고블록을 가지고 노는 당신은 옅은 회색 올빼미인가? 이전 생태계에서 당신은 잘 나갔다. 이점이 있었다. 승진도 했고 연봉도 올랐다. 온갖 맛있는 먹이를 먹고 포식자들을 잘 피했다. 하지만 기후가 달라졌다. 이제는 애자일 환경에 있다. 당신은 짙은 갈색 나무에 있는 옅은 회색 올빼미처럼 눈에 띈다. 하지만 일자리를 지키고 싶다! 옅은 회색 올빼미인 당신에게는 하루하루가 유전자의 불리함을 극복해야 하는 생존을 위한 싸움이 됐다. 레고블록과 찰흙을 가지고 하는 게임은 악의 없는 장난이 아니다. 당신을 겁주고 위협한다.

어떤 회사에서는 사람들이 애자일을 흉내만 낸다. 스탠드업 미팅이나 스크럼(scrum)처럼 모든 애자일 방식을 채택하는 척하지만, 사실은 늘 해왔던 대로 일한다. 또 어떤 회사에서는 애자일 김이 천천히 빠지고 있지만 절대 공식적으로 중단하진 않는다. 수건을 던지고 공식적으로 이 실험이 시간 낭비였다고 선언하는 회사는 없다. 애자일은 생산성을 높이지 못했고, 오히려 업무 속도를 떨어트렸을 수 있다. 하지만 아무도 자신이 저지른 거대하고 값비싼 실수를 인정하려 하지 않는다. 어쨌든 애자일 광풍이 지나가는 동안 일부 좋은 사람들은 회사를 떠날 것이다. 이런 혼란을 받아들일 수 없거나, 관리자들이 그들을 옅은 회색 올빼미라고 생각하기 때문이다.

애자일을 비웃고 이상한 유행이라고 넘겨버릴 수 있다면 다행이지만, 어떤 곳에서는 실제로 피해를 일으킨다. 테일러가 스톱워치를 들고 서서 선철을 나르는 일꾼들에게 소리를 지르던 시절의 테일러리즘은 노동자를 육체적 탈진과 부상으로 몰고 갔다. 오늘날의 테일러리즘은 정신에 더 큰 피해를 입힌다.

"애자일이 사람들의 삶을 파괴하고 있습니다"라고 애자일 컨설턴트 대니얼 마컴(Daniel Markham)이 말했다. 2010년에 그가 발표한 '애자일이 내 삶을 망쳤다'라는 제목의 글은 이미 널리 읽혔다. 그는 이 분야를 점령한 정신 나간 사람들을 비난했다. 2017년에 나는 그에게 글을 발표한 뒤로 달라진 것이 있는지 물었다.

"더 나빠졌습니다." 마컴은 애자일이 좋은 의도와 좋은 생각에서 시작됐지만, 괴물로 변했다고 말했다. 지금 그는 일종의 애자일 청소부로 돈을 벌고 있다. 애자일이 궤도를 벗어난 기업에 고용되어 잘못된 것을 고치는 일을 한다. "나는 구급차를 운전하는 겁니다. 도로에서 온갖 시체를 봅니다. 정말 끔찍합니다."

2001년에 애자일 선언문을 작성했던 소프트웨어 구루들조차 이제는 애자일을 이해할 수 없다고 말한다. 2017년에 나는 작성자 가운데 한 명인 마틴 파울러(Martin Fowler)를 만나 점심을 먹었다. 파울러는 이렇게 말했다.

"그중 90퍼센트는 헛소리입니다."

중부 잉글랜드 말투를 쓰고 트위드 재킷이 잘 어울리는 이 50대 영국 남자는 유타에서 애자일 선언문 초안을 작성한 17명의 구루 가운데 한 명이었다. 그는 인정받는 소프트웨어 프로그래밍 책 여덟 권을 출간했고 컴퓨터과학자들 사이에서는 전설 같은 인물로 여겨진다. 파울러와 애자일에 관한 대화를 나누는 것은, 사도 바울을 만나 기독교에 관해 대화하면서 현대 기독교가 서기 1세기에 바울이 서신서를 쓸 때 의도했던 것과는 아무 관련이 없다는 얘기를 듣는 것과 같았다. 하지만 이것은 예상됐던 일이라고 파울러는 말했다.

"말 전달 게임 같습니다. 한 사람이 옆 사람에게, 그 사람이 또 다음 사람에게 말을 전달하다 보면 맨 나중에 전달되는 말은 도무지 알아들을 수 없게 되지요."

또 다른 선언문 작성자 앤드루 헌트(Andrew Hunt)는 2015년에 발표한 '애자일의 실패'라는 글에서 "우리는 길을 잃었다"라고 말했다. 헌트는 '민첩하다'라는 의미의 애자일이라는 단어가 "기껏해야 무의미한" 것이 됐고, 무슨 말을 하는지 모르면서 "큰 소리로 떠드는 수많은 애자일 광신도들"에게 점령당했다고 말했다.

"끔찍한 비극입니다. 실패한 애자일의 흔적과 결과물을 제거하면서 큰돈을 버는 컨설턴트 친구들도 몇 명 있어요."

많은 애자일 비평가는 이 방법론의 가장 큰 문제가 구현에 실패하는 데 있다고 지적한다. 어떤 방법론을 선택하는지는 중요하지 않다. 모두 초콜릿 아이스크림처럼 보이는 오물 덩어리기 때문이다. 애자일 트레이닝을 경험한 런던의 한 프로그래머는 회사들이 급여를 줄이려고 애자일을 도입하는 것 같다고 말했다. 부분적으로 애자일 철학은 모든 사람이 스페셜리스트가 아니라 제너럴리스트가 되는 것이다. 그렇게 되면 사람들을 더 쉽게 대체하고 급여도 덜 줄 수 있기 때문이다. 또한 그는 일부 회사에서 나이도 많고 급여도 많은 노동자를 없애는 방법으로 애자일을 도입하는 것을 우려했다. 회사의 새로운 업무수행 방식에 적응하지 못한다는 이유로 옅은 회색 올빼미들을 내보내는 것이다.

또 다른 문제는 실제 트레이닝을 받지 않은 관리자들이 종종 임시방편으로 애자일을 도입한다는 것이다. 어떤 관리자가 애자일에 관한 책을 읽고 한번 시도해보기로 한다. 그는 미친 과학자이고, 그 밑에서 일하는 당신은 실험실의 쥐가 된다. 옆집 사람이 스위스 칼을 가지고 인터넷을 참고하면서 당신에게 맹장 수술을 한다고 생각해보라. 감이 오지 않는가.

도움을 요청하는 소리가 인터넷 게시판에 가득하다. 2013년, 컴퓨터 프로그래머들 사이에 인기 있는 웹사이트인 해커뉴스(Hacker News)에 이런 글이 올라왔다.

— 이 애자일 쓰레기를 더는 참을 수 없습니다. 정말 미친 짓입니다. 종교가 가진 특징은 다 가지고 있죠. 문헌과 규칙은 너무 많고 전도사들은 엉터리 물건을 팔아 돈을 벌지만, 제대로 작동한다는 증거는 전혀 없습니다. 사실 내가 본 바로는 효과가 없다는 증거가 더 많습니다.

많은 연구자가 애자일이 실제로 효과가 있다는 증거를 찾기 위해 연구를 계속하고 있지만, 대부분은 여전히 빈손이다. 애자일 지지자들은 성공담을 광고하지만 대부분 입증되지 않은 것들이다. 실제 숫자를 찾는다면 거의 발견할 수 없다. 하지만 대기업들은 애자일을 계속 붙들고 있다.

린 스타트업: GE의 실패가 주는 교훈

애자일이 변모하고 진화하며 기업 세계의 모든 틈새로 스며드는 동안 경쟁 방법론 또한 실리콘밸리에서 형태를 갖춰가고 있었다. 2000년대 중반 에릭 리스(Eric Ries)라는 젊은 기업가가 조직 행동에 관한 과감한 실험에 착수했고, 이것을 린 스타트업이라는 방법론으로 발전시켰다.

리스는 예일대학교에서 컴퓨터공학을 공부하고 2000년에 졸업했다. 그는 대학 시절에 스타트업을 창업했지만 실패했다. 졸업 후 그는 온라인 가상현실을 개발하는 실리콘밸리 회사에서 일했다. 2004년 그와 네 명의 동료가 따로 나와 사람들이 아바타를 만들어 어울리고 게임도 할 수 있는 가상세계를 구축했다. 회사 이름을 IMVU라고 지었고, 리스가 이 회사의 최고기술책임자가 됐다.

리스는 4년 동안 IMVU에 있으면서 토요타 생산 방식과 린 생산 방식에 마음을 빼앗기게 됐다. 그는 토요타가 코롤라 자동차를 조립할 때 사용하는 원칙들을 소프트웨어를 개발하거나 심지어 회사를 설립하는 과정에 적용할 수 있도록 이론을 정리했다. 그가 세운 스타트업 IMVU는 그 이론을 시험하는 현실의 실험실이 됐다.

2008년 IMVU를 떠난 리스는 자신의 이론을 설명하는 블로그를 만들고 강연을 하기 시작했다. 이것이 2011년에 출판되어 엄청난 베스트셀러가 된 책《린 스타트업》의 근간이 됐다. 웹 2.0으로도 알려진 두 번째 인터넷 붐이 시작되자 갑자기 여기저기서 스타트업이 세워졌다. 하지만 이들 중 대부분은 회사를 운영해본 경험이 없었고, 일부는 직장을 다녀본 적도 없었다. 그들은 자신이 무슨 일을 하고 있는지도 몰랐다. 리스는 그들에게 로드맵을 제공했다.

린 스타트업에도 애자일처럼 나름의 용어와 약어가 있다. 이를테면, '최소 기능 제품(minimum viable product, MVP)'이나 '믿음의 도약 가설(leap of faith assumptions, LOFA)', '생산(Build)-측정(Measure)-학습(Learn) 절차' 등이다. 애자일이 소프트웨어 개발 방법에서 대부분 분야에 적용할 수 있는 마법의 방법론으로 진화한 것처럼, 린 스타트업도 이 방법론을 거의 초자연적인 힘으로 맹신하는 제자들에게 받아들여졌다. 린 스타트업은 애자일처럼 세계적인 현상이 됐고 그 자체가 산업이 됐다.

리스는 컨설팅 회사인 린스타트업주식회사를 설립하여 컨설팅 서비스를 판매하고, 콘퍼런스를 운영하고, 교육 프로그램을 제공했다. 다른 자문 회사들도 린 스타트업 실행 방법을 구축했다. 린 스타트업은 이름과 달리 스타트업 기업만 겨냥한 것은 아니었다. 리스는 크기와 상관없이 모든 조직이 이 원칙을 적용할 수 있다고 말한다. 대기업에 있는 사람들도 창업자처럼 행동할 수 있다. 리스는 그들을 '사내 기업가(intrapreneur)'라고 부른다.

GE의 최고경영자 제프리 이멜트(Jeffrey Immelt)도 사내 기업가가 되려는 사람이었다. 그는 하루 만에 리스의 책을 다 읽었는데, 마치 벼락을 맞은 것 같았다고 말했다. GE는 여러 분야에 뻗어 있는 100년의 역사를 지닌 거대 기업으로 당시 연간 약 1,500억 달러의 매출을 올리고 있었다. 이멜트의 제국은 30만 명의 직원을 고용하고 있었다. 월스트리트의 애널리스트들조차 모든 부분이 어떻게 연결되는지 이해하는 데 애를 먹을 정도로 많은 사업부문을 관리해야 했기 때문이다. 한마디로, GE는 어떤 기업보다 스타트업과는 거리가 멀었다.

하지만 이멜트는 스타트업처럼 되고 싶었다. 그는 GE를 기술 회사로 전환하고자 했다. 실리콘밸리에 소프트웨어개발센터를 세우고 1,000명의 소프트웨어 엔지니어를 채용했다. 이멜트는 이것을 생사의 문제로 생각했다. 〈하버드비즈니스리뷰〉에 기고한 글에서 언급한 것처럼 그는 관리자들에게 이렇게 말했다.

"세계 최고의 기술 기업이 되지 못하면 우리는 망합니다. 우리는 죽습니다. 플랜B는 없습니다."

에릭 리스는 이멜트 계획의 핵심 참모가 됐다. 이멜트는 그를 GE로 불러들여 린 스타트업의 복음을 본사에서 멀리 떨어진 사업부문에도 전파했다. 본사로 돌아온 리스와 이멜트는 린 스타트업에 기반을 둔 패스트워크(FastWorks)라는 프로그램을 시작했다. 그리고 이후 몇 년 동안 6만 명이 넘는 GE 직원들이 린 스타트업 트레이닝을 받았다.

안타깝지만, 이것으로 충분하지 않았다. GE의 매출은 제자리걸음을 했고 전체 주식시장이 급등할 때도 GE의 주가는 부진했다. 2017년에 이사회는 이멜트를 해고했고, 그 직후 심각한 재무 문제와 엄청난 손실을 발표했다. 미국 증권거래위원회는 GE의 회계 상태에 대한 조사에 착수했다. 주가는 붕괴하여 기업가치의 절반이 날아갔다. 이멜트의 후계자는 기업의 분리와 매각에 대한 이야기를 꺼내기 시작했다.

GE는 디지털 시대에 대기업을 어떻게 재창조할 것인가에 대한 빛나는 사례가 되는 대신, '해서는 안 될' 일을 알려주는 사례가 됐다. 물론 린 스타트업이 GE의 문제를 일으킨 원인은 아니다. 하지만 린 스타트업으로 회사를 구할 수도 없었다. 문제는 GE가 잘못된 방법론을 선택했다거나 린 스타트업 대신 애자일을 도입했어야 한다는 것이 아니다. GE가 린 스타트업을 올바르게 실행하지 못했다는 것도 아니다. 한 가지 교훈이 있다면, 세상에 모든 문제를 한 번에 해결하는 실버불렛(silver bullet)이 없는 것처럼, 30만 명의 직원을 거느

린 조직을 스타트업으로 전환할 수 있는 기적적인 방법론은 존재하지 않는다는 것이다. 항공모함을 제트스키로 변신시킬 수는 없다.

두려움의 시대

'경영학'을 팔아 생활하는 일부 사람들조차도 이런 것은 엉터리라고 말한다. 매튜 스튜어트는 테일러에서 오늘날에 이르기까지 경영 구루들의 업적을 파헤친 책《위험한 경영학》에서 이렇게 말했다.

— 현대 경영학은 충분히 위험할 정도로 잘못됐고 우리를 심각하게 나쁜 길로 인도했다. 우리가 비과학적인 질문에 과학적인 답을 찾는 잘못된 탐구를 하게 했다. 근본적으로 도덕적이고 정치적인 문제에 과학적인 척하는 해결책을 제시한 것이다.

그렇다면 왜 기업들은 젊어지는 샘과 기적의 치료제를 계속 찾는 걸까? 지금 대부분 기업은 죽음을 두려워하고 있다. 이전까지는 장점이었던 회사의 커다란 덩치가 이제는 정반대로 작용한다. 이들 기업은 한때 천하무적으로 보였던 블록버스터(Blockbuster)나 타워레코드(Tower Records), 보더스북스(Borders Books) 같은 기업이 인터넷 때문에 무너지는 것을 지켜봤다. 이제 자신의 차례가 올까 봐 두려운 것이다. 이를 반영하듯, 벤처캐피털리스트 마크 앤드리슨은 다음과 같은 유명한 말을 남겼다.

"소프트웨어가 세상을 집어삼키고 있다."

기술 기업들이 이제는 컴퓨터나 소프트웨어를 다른 산업에 판매하는 것에 만족하지 않고, 그 산업들을 대체하려 한다는 뜻이다. 특히 미디어 산업은 집중적인 공격을 받아왔다. 오프라인 기반 소매업체들은 '소매업의 종말'이라고 불릴 정도로 빠른 속도로 파괴되고 있다. 2018년 미국의 완구 업체 토이저러스가 쓰러졌고, 시어스백화점은 금방이라도 사라질 듯하다. 2022년이 되면 미국의 쇼핑몰 가운데 4분의 1이 문을 닫을 것으로 보인다.

그다음 순서는 할리우드와 디트로이, 그리고 월스트리트다. 핀테크 기업이 은행을 죽이고 당신의 돈을 관리하려고 한다. 아마존과 넷플릭스가 영화와 TV 프로그램을 제작한다. 당신이 어떤 사업에 종사하든, 벤처캐피털리스트의 자금을 받는 기술 전문가들은 당신의 회사를 무너뜨리고 당신의 사업을 훔칠 계획을 세우고 있다.

대기업들이 두려워할 만한 이유는 충분하지만, 불안은 그들을 미치게 할 뿐이다. 머리카락을 염색하고 스키니진을 입고 카우보이 부츠를 신는 나이 든 남자나 젊은 피를 수혈하려고 한 달에 한 번씩 암브로시아를 찾는 아흔 살 노인처럼, 대기업들은 부산스럽고 어리석은 행동을 하고 있다. 과거에는 절대 하지 않았을 일들이다. 그들은 자신이 누구인지 잊었다. 정체성의 위기를 겪고 있는 것이다.

2016년 가을 미시간주 디어본에 있는 포드자동차 본사를 방문했을 때, 나는 이 두려움을 가까이에서 지켜봤다.

4장

누가 실리콘밸리를 두려워하랴

먼저 내가 가진 편견을 고백하는 것으로 시작해야겠다. 나는 포드자동차를 사랑한다. 포드는 크고 탄탄하며 허튼소리를 하지 않는 미국의 제조 기업이자 세계에서 가장 잘 알려진 브랜드 가운데 하나로, 수십 년 동안 〈포천〉이 선정하는 500대 기업의 상위권을 차지했다. 20만 명의 직원을 거느리고 해마다 600만 대의 자동차를 판매해 연간 1,500억 달러의 매출을 올리고 80억 달러의 순이익을 거두고 있다. 포드는 항공모함 같은 기업이다. 이런 규모의 조직을 운영하기란 매우 힘든 일이다.

이 기업의 본사 건물은 유리와 강철로 만들어진 거대한 12층의 요새다. 건물이 지어진 1950년대 미국의 자신감이 반영됐다. 로비에도 비슷한 종류의 힘이 물씬 풍긴다. 과묵하지만 전문가적인 분위기가 느껴지고, 거의 고요하다고 할 정도로 조용하다. 마치 박물관에 온 것 같다. 클래식한 머스탱과 픽업트럭이 방문자들이 만지거나 올라타지 못하도록 로프 뒤에 전시되어 있다. 스타트업에 있을 법한 엉뚱한 장식은 없고 어두운 색조의 목재가 많이 사용됐다. 이곳은 진지한 성인들이 크고 진지한 일을 하는 진지한 장소다.

하지만 오늘만은 달랐다. 이날은 2016년 9월의 어느 월요일이었다. 한 얼간이가 18킬로그램짜리 호버보드를 타고 통로를 이리저리 가로지르고 있다. 넘어질 듯 비틀거리고 균형을 잡으려고 팔을 흔들어대면서 지그재그로 움직이며, 자기 자신은 물론 점심을 마치고 돌아오다가 깜짝 놀란 많은 포드 직원의 생명을 위태롭게 하고 있다.

그 얼간이는 바로 나다. 포드자동차가 이틀짜리 행사를 개최하면서 나에게 파괴적 혁신에 관한 간단한 강연과 무대 위에서 포드 경영진을 인터뷰하는 일을 맡겼기 때문이다. 포드는 300명의 기자를 디트로이트로 초대하여 회사를 취재하도록 했다. 물론 해커톤도 열렸고, 호버보드는 마지막 행사 가운데 하나였다. 그래서 홍보 담당자가 나에게 한번 타보라고 권한 것이다.

이 사람들은 왜 해커톤을 진행하는 걸까? 내가 추측하는 대답은 서쪽으로 약 3,200킬로미터 떨어진, 캘리포니아주 팰로앨토 외곽의 황량한 언덕 위에 있는 한 무리의 밋밋한 건물에 실마리가 있다. 바로 테슬라 본사다. 테슬라라는 회사는 엉망진창이지만, 섹시한 매력에 관한 한 포드의 어떤 자동차도 테슬라의 날렵하고 빠른 모델S 세단을 따라잡을 수 없다는 게 문제다. 포드의 매출은 테슬라보다 13배나 많고 자동차 판매량도 66배가 넘지만, 주식시장이 테슬라에 매기는 가치는 포드와 비슷하다.

테슬라의 치솟는 주가는 대부분 대대적인 광고 덕분이다. 이 회사의 최고경영자 일론 머스크는 능수능란한 마케터이자 화제를 일으키는 데는 천재다. 게다가 테슬라는 두 가지 새로운 자동차 기술 개발에서 디트로이트를 추월했다. 바로 전기자동차와 자율주행 자동차다. 포드를 위협하는 실리콘밸리 기업은 테슬라만이 아니다. 구글과 우버도 자율주행차 개발에 공을 들이고 있다. 애플이 비밀 자동차 연구실을 운영 중이라는 소문도 있다.

실리콘밸리는 교통 분야가 기술 사업이 되어간다는 것을 파악했다. 자율주행 자동차는 인공지능, 즉 센서와 다양한 소프트웨어에 의존하는데 이것은 실리콘밸리가 잘 아는 분야다. 그들에게 자동차는 인공지능 컴퓨터를 담는 상자이거나 바퀴가 달린 소프트웨어의 집합체일 뿐이다. 10년 후에 사람들은 자동차를 살 때 어떤 모델이 최고 마력이나 최고급 가죽 시트를 갖췄는지를 보지 않을 것이다. 어떤 자동차가 가장 뛰어난 소프트웨어, 가장 믿을 만한 자율주행 시스템, 가장 똑똑한 내비게이션 기능을 갖췄는지, 그리고 계기판에 구현되는 가장 근사한 추가 서비스가 무엇인지를 고려할 것이다.

구글과 애플은 막대한 이점을 가지고 있다. 그들은 소프트웨어 개발자와 인공지능 엔지니어 군단을 거느리고 있다. 또한 수천억 달러를 보유하고 있다. 그들이 가진 자원은 사실상 무제한이다. 이것은 포드의 방식처럼 1년에 수백만 대의 자동차를 생산할 수 있다는 것을 의미하지 않는다. 실리콘밸리의 기술 전문가들은 자동차같이 복잡한 제품을 생산하는 것이 얼마나 어려운지 과소평가하는 경향이 있다. 포드는 이 일을 거의 한 세기 동안 해왔다. 사실 1917년에 포드자동차가 지금의 테슬라와 같은 나이였을 때, 오늘날 테슬라가 생산하는 자동차의 일곱 배가 되는 차량을 바쁘게 만들어냈다. 당시는 로봇이나 컴퓨터, 소프트웨어 같은 것은 존재하지 않았다.

하지만 최근 포드는 흔들리고 있다. 판매 성장이 대단치 않다. 주가는 몇 년째 하락세다. 마크 필즈(Mark Fields)가 포드의 최고경영자가 된 지 고작 2년이 지났을 뿐이지만 이사회는 이미 인내심을 잃고 있다. 그는 상황을 호전시켜야 했다. 필즈는 칙칙하고 오래된 포드의 본사를 밀고 구글플렉스 같은 새로운 캠퍼스를 건설하는 계획을 발표했다. 포드는 인공지능 엔지니어들을 고용하고, 실리콘밸리에 기술연구소를 설립하고, 포드의 컴퓨터 프로그래머들에게 애자일 개발을 가르칠 소프트웨어 회사와 업무 협약을 맺었다.

포드는 자신이 거대한 변화의 한가운데에서 뒤처지지 않았다는 것을 알아주길 바랐다. 초대받은 기자들은 2021년까지 상용화를 목표로 포드가 개발 중인 자율주행 자동차를 모두 시승했다. 그리고 이제 거대한 실리콘밸리의 콘퍼런스나 애플 제품 발표회 분위기를 떠올리게 하는 행사장 안에 와 있다. 실리콘밸리의 디자인 전문 기업 IDEO를 이끄는 팀 브라운(Tim Brown)이 복도에서 사람들과 어울리고 있다. 포드의 경영진은 청바지를 입고 변화와 파괴적 혁신에 어떻게 대처할지 담소를 나누고 있다. TED 강연으로 유명한 댄 애리얼리(Dan Ariely)가 TED 스타일로 강연을 했다. 기자 한 명이 무대 위에서 최고경영자 필즈를 인터뷰하고, 비슷한 형식으로 내가 포드의 최고기술책임자와 인터뷰를 진행했다.

마침내 해커톤이 시작됐다. 진행자가 설명한 것처럼 포드는 몇 달

전에 20만 명 직원 모두에게 가장 자유분방하고 엉뚱하며 야심 찬 발명을 하라는 과제를 내주었다. 제출된 아이디어 가운데 가장 좋은 아이디어 세 가지를 선정했다. 바로 오늘 우리가 보게 될 것이었다. 포드는 극적인 분위기를 연출하려고 TV 창업 오디션 프로그램 〈샤크 탱크〉의 형식을 가져와 경쟁 방식으로 진행했다.

나는 하늘을 나는 자동차나 1갤런으로 500킬로미터를 갈 수 있는 엔진, 헨리 포드처럼 생긴 인공지능 로봇 같은 뭔가 대단한 것을 기대했다. 하지만 독일에서 온 세 명의 엔지니어가 복잡한 시내 중심가를 이동할 수단으로 만든, 이미 내가 타봤던 호버보드를 소개했다. 그다음은 포드의 엔지니어가 차 안의 라디오와 온도를 조절할 수 있고 언젠가 즉석에서 통역도 해줄 스마트폰 앱을 가지고 나왔다. 마지막으로 포드 파워트레인 사업부문에서 온 엔지니어가 온더고H_2O라는 시스템을 소개했다. 그는 자동차 바닥에 납작한 냄비를 붙이고 냉난방 장치에서 떨어지는 물방울을 모았다. 그리고 치과에서 볼 수 있는 수도꼭지를 차 안의 컵 받침대 옆에 부착했다. 응결판에 모인 물을 필터를 통해 차 안 플라스틱병으로 끌어올리는 장치였다. 이렇게 하면 공짜로 물을 마실 수 있다.

그게 전부였다. 포드가 실리콘밸리의 거대 기업들과 싸워 이길 수 있다고 확신하며 행사장을 떠날 기자는 아무도 없으리라고 확신한다.

"어떻게 보셨어요?" 포드의 홍보 담당자가 나를 주차장까지 배웅하며 물었다.

"자율주행 자동차가 마음에 들더군요." 해커톤에 관한 생각은 마음속에 담아둔 채 대답했다.

사실 나는 이 행사를 주최한 사람들이 마음에 들지 않았다. 그들이 힙해 보이길 바라는 이유는 이해하지만, 해커톤을 개최해서 오히려 겁먹은 것처럼 보이게 됐다. 나는 청중석에 앉아서 〈뉴스위크〉에서 보냈던 마지막 몇 년을 트라우마처럼 떠올렸다. 그 주간지는 죽어가고 있었고 모두 끝을 예감하고 있었지만, 아무도 그 사실을 인정하려 들지 않았다. 〈허핑턴포스트〉나 버즈피드 같은 형편없는 웹사이트가 인기 있는 새로운 뉴스 매체이고 우리는 한물갔다는 사실을 견딜 수 없었다. 최고경영자는 몇 달에 한 번씩 전 직원을 모아놓고 모든 것이 좋아지는 척했고, 우리도 그 말을 믿는 척했다. 우리는 〈뉴스위크〉를 사랑했다. 이곳에서 일하는 자부심이 있었다. 이런 곳이 사라지는 것을 볼 수 없었다. 포드의 많은 직원도 분명히 그럴 것이다.

하지만 〈뉴스위크〉에서 우리는 두 가지 큰 실수를 저질렀다. 첫째, 온라인 사업이 성장할 때까지 그저 지켜보기만 했다. 둘째, 상황이 어려워지자 우리는 광고와 마케팅에 엄청난 돈을 투자했다. 포드가 해커톤을 개최한 것처럼 새로운 이미지를 만들고 사람들에게 우리 회사가 '다시 태어나는 중'이며 근본적인 변화를 진행하고 있다는 확신을 주려고 발버둥 쳤다. 하지만 우리는 마케팅이나 페이스북 팔로워를 늘리는 일 따위는 잊고, 핵심 사업인 저널리즘에 투자해야 했다. 우리가 가장 잘하는 일을 계속해야 했다.

내가 포드의 친구들에게 하고 싶은 이야기는 이것이다.

해커톤? 기술 회사가 되겠다고? 대대적인 광고? 집어치워라. 그냥 포드가 돼라. 만들 수 있는 최고의 자동차를 만들어라. 전기자동차든 자율주행 자동차든 사람들이 원하는 자동차를 만들어라. 필요한 기술을 개발하거나 자신보다 더 잘하는 스타트업을 인수해라. 하지만 포드이길 멈추지 마라. 왜냐하면 포드는 훌륭하기 때문이다.

내가 다녀온 지 몇 달 뒤 포드는 사무직 직원의 10퍼센트를 해고했다. 그런 다음 이사회는 최고경영자 필즈를 해고했다. 빌 포드(Bill Ford) 회장은 회사가 '전례 없는 변화'에 직면했고 '변혁적 리더십'이 필요하기 때문에 필즈를 해고했다고 말했다. 하지만 숨은 뜻은 이것이다.

'우리는 두려워하고 있다.'

1년이 지난 2018년 초에 포드의 새로운 최고경영자 짐 해킷(Jim Hackett)은 미국에서 포드자동차 모델 대부분의 판매를 중단하고, 대신 비용 절감을 위해 SUV 차량에 집중하겠다고 발표했다. 그 메시지는 이것이다.

'우리는 지금 몹시 두려워하고 있다.'

사실 두려움은 어디에나 있다. 두려움은 내가 참석한 모든 콘퍼런스에 있었고 모든 최고경영자와 컨설턴트, 전문가들의 눈 속에 있었다. 포드 본사를 방문한 지 3개월 뒤인 2016년 12월에 나는 뉴욕의 한 호텔에서 열린, 초대받은 사람만 참석할 수 있는 예일 CEO 서밋에 참석했다. 여기에도 두려움의 기운이 감돌고 있었다. 이 행사는 비공개였으므로 어떤 일이 있었고 누가 참석했는지 말할 수 없지만, 참석자 가운데는 억만장자 최고경영자들과 전직 CIA 국장, 고위 정부 관료, 싱크탱크의 애널리스트, 교수, 거대 협회 인사들, TV에 나오면 알아볼 만한 몇몇 유명한 기자들이 있었다.

이 행사의 제목은 '파괴적 혁신의 기쁨과 절망'이었다. 도널드 트럼프가 대통령으로 선출된 직후였고 아직 집권하기 전이었다. 역사의 변곡점에 서 있다는 분위기가 느껴졌다. 트럼프 때문이 아니라 인터넷 때문이었다. 디지털 기술은 이미 경제 지형을 크게 바꿔놓았지만, 더 크고 중대한 변화가 기다리고 있었다. 모두 이 변화를 짐작하려고 애쓰지만 아는 사람이 아무도 없었다. 이런 돌풍을 일으킨 거대 기술 기업의 최고경영자들도 마찬가지였다. 이 소용돌이 속으로 트럼프를 던져 넣자 혼란과 불확실성이 더욱 증가했다. 무역 전쟁을 시작하게 될까? 아니, 진짜 전쟁이 일어나는 건 아닐까?

심화하는 소득과 부의 불평등, 로봇 기술이나 인공지능 또는 자동화가 미칠 잠재적인 영향처럼 복잡한 문제를 해결하기는 무척 어렵다. 하지만 우리는 학교 교사에게 총기 휴대를 허용하고, 무슬림을 제지하며, 멕시코 국경에 장벽을 세우려는 강박을 지닌 남자아이 같은 대통령을 뽑았다. 전례 없는 사회적·경제적 변화의 시기이자 제4차 산업혁명의 여명기에 미국인은 '기관총을 든 침팬지'를 선출했다. 파괴적 혁신을 하는 사람이든 당하는 사람이든, 모두 똑같이 겁에 질린 것처럼 보였다.

아무도 안전하지 않다

그리고 기업 대학살의 해 2017년이 왔다. 경제 매체 더스트리트는 'CEO들이 파리처럼 떨어져 나가고 있다'라고 표현했다. 랜즈엔드, 랄프로렌, 티파니에서 최고경영자들이 쫓겨났다. 바비 인형을 만드는 마텔은 구글에서 경영진을 영입했다. 많은 사업이 온라인으로 옮겨갔기 때문에 마텔도 '디지털 경험이 있는 리더'가 필요하다고 생각했다.

아마존의 공격을 받던 유통 체인 타깃은 회사의 이커머스 사업을 이끌던 최고혁신책임자와 최고디지털책임자를 포함한 다수의 최고 경영진을 몰아냈다. 코카콜라, 켈로그, 제너럴밀스 같은 식품 기업도 모두 최고경영자를 잃거나 쫓아냈다. 〈포천〉이 지적했듯이, 식품 산업은 "이 업계가 한 번도 겪어본 적이 없는 가장 파괴적이고 도전적인 시대"를 견디고 있었다. 모든 산업에서 거대 우량 기업들이 쓰나미를 이겨내려는 장난감 배처럼 갈피를 잡지 못한 채 흔들리고 있었다.

심지어 많은 사람이 살아 있는 유통의 일인자라고 인정하는 제이크루의 회장 밀러드 '미키' 드렉슬러(Millard 'Mickey' Drexler)조차 인터넷의 적수가 되지 못한다는 사실이 드러났다. 2017년 드렉슬러는 인터넷이 얼마나 철저하게 소매업을 파괴할지 제대로 인식하지 못했다고 인정하며 제이크루에서 물러났다.

"지금과 같은 변화의 속도는 이제껏 본 적이 없습니다."

그가 〈월스트리트저널〉에 한 말이다.

"아무도 안전하지 않습니다."

글로벌 컨설팅 회사의 대표가 나와 저녁을 함께하면서 말했다. 물론 그도 포함된 것 같았다. 나를 만난 지 몇 달 뒤에 그 역시 해고됐기 때문이다.

또한 두려움은 위로는 최고경영자에서 아래로는 일반 직원에 이르기까지 직장 안에도 만연했다. 소셜 미디어와 영상 콘텐츠를 만드는 스물여덟 살의 캐 라니 팔미사노(Kae Lani Palmisano)는 끊임없는 정리해고의 두려움 속에 산다고 말한다.

"정말 두려워요. 언제라도 누군가가 제 발밑의 러그를 잡아당길 것 같습니다. 그러면 저는 허둥지둥 일어나 새로운 일자리를 알아봐야겠죠. 스트레스가 정말 심해요."

지난 14개월 동안 팔미사노는 〈USA투데이〉에서 음식과 여행 영상을 제작하는 일을 계약직으로 해왔다. 만약을 위해 링크드인과 개인 웹사이트도 꾸준히 업데이트한다.

"내가 아는 밀레니얼 세대는 모두 끊임없이 해고될 경우를 대비합니다. 특히 기술이나 디지털 마케팅, 저널리즘 분야에서 일한다면 더 그렇죠." 지난 7년 동안 그녀의 직장은 다섯 번 바뀌었다. "2년마다 새로운 일자리를 찾아야 했어요. 여기에서 저기로 내던져졌죠."

최근 결혼한 그녀는 아이를 갖고 싶지만 아직은 엄두가 나지 않는다고 말했다. 근로 조건이 매우 불안정하기 때문이다.

두려움이 뇌에 미치는 영향

10년 전, 신경심리학자이자 에모리대학교 신경정책센터 소장인 그레고리 번스는 두려움이 사람들의 의사결정 능력에 어떤 영향을 미치는지 밝혀보고 싶었다. 그래서 정말 충격적인 실험을 계획했다.

그는 사람들을 MRI 스캐너 안에 넣고 발끝에 부착한 전극을 통해 고통스러운 전기 충격을 가했다. 그러면서 사람들의 뇌를 촬영했다. 번스는 이 실험이 기본적으로 스키너 상자의 인간 버전이라고 했다. 1장에서 언급했듯이, 번스는 "직장이 점점 더 스키너 상자처럼 되어가고 있다"라고 말한 사람이다.

32명의 지원자가 번스의 연구진이 자신을 실험실의 쥐처럼 대하는 데 동의했다. 그는 각자에게 참을 수 있는 최고치의 고통을 설정한 다음 충격을 가했고, 스캐너로 그들의 뇌에 무슨 일이 일어나는지 관찰했다. 충격은 일정한 간격으로 오지 않았고 실험 대상자들은 언제 전기 충격을 받게 될지 알 수 없었다. 그저 누워서 기다려야 했다. 간격은 1초에서 30초 사이였다.

곧 번스는 뭔가 알아냈다. 일단 작은 충격을 받고 나면 사람들의 뇌는 다음 충격이 오기 '전에' 빛나기 시작한다. 고통에 대한 '두려움'이 고통만큼 나쁘다는 의미였다.

번스는 약간 변화를 주었다. 실험자들은 당장 큰 충격을 받거나 (즉 시간을 통제하거나), 아니면 약한 충격이 언제 올지 모르는 채 기다리는 것 중에 선택할 수 있었다. 대부분이 지금 당장 강한 충격을 받는 편을 선택했다. 명백히 나쁜 선택이었다. 강한 고통이 약한 고통보다 나쁘지 않은가?

번스는 기본적으로 두려움이 있는 사람은 논리적으로 생각할 수 없다는 결론을 내렸다.

"두려움은 그것이 고통에 대한 두려움이든 직장을 잃는 두려움이든, 의사결정에 이상한 영향을 미친다. 두려움은 우리의 뇌를 능가한다. 두려움은 목숨을 지키는 것 외에는 어떤 것에도 집중할 수 없게 한다. 뇌에서 두려움 시스템이 켜지면 탐구 활동이나 위험 감수 기능은 꺼진다."

나는 번스를 애틀랜타에 있는 그의 연구실에서 만나 이 실험이 실직의 두려움 속에 사는 사람들에게 시사하는 바가 있는지 물었다. 그는 2008년 이후 지속된 경제 침체기 동안 항상 이 같은 일이 일어나는 것을 보았다고 대답했다. 사람들은 실직을 두려워했고 노후자금이 주식시장에서 사라질까 봐 전전긍긍했다. 그 두려움 때문에 그들은 최선이 아닌 '차선'을 선택했다.

"만약 실직의 두려움 속에서 산다면 당신이 하는 모든 결정과 행동은 위험을 감수하기보다 일자리를 지키는 데 맞춰집니다. 하지만 그것이 바로 잘못된 행동입니다. 불확실한 시기에는 위험을 감수하고 새로운 일을 시도하는 것이 최고 관심사가 되어야 합니다." 번스는 잠시 후 이렇게 덧붙였다. "하지만 실직을 걱정하면서 이렇게 행동하기는 어렵죠."

번스에 따르면 많은 사람이 실제로 직장을 스키너 상자처럼 생각한다. 어떻게 보상을 얻고 어떻게 처벌을 피할 수 있는지 알아내려고 애쓰는 스키너 상자 안의 쥐처럼 이리저리 헤맨다. 번스는 이렇게 말했다.

"당신은 상자 안에 있는 것과 같습니다. 그리고 당신에게 일어나는 일을 전혀 통제할 수 없어요. 모든 것은 외부에 있는 실험자들이 통제합니다. 당신은 상자의 특정 장소를 좋고 나쁜 것과 연관 짓는 법을 배우게 됩니다."

두려움에 찬 쥐는 오직 한 가지, 이 상자에서 벗어나 충격을 받지 않을 방법만 생각한다.

번스의 MRI 실험은 대기업의 최고경영자들이 이상한 일을 벌이는 이유를 설명할 수 있다. 자신의 회사가 업계에서 퇴출당할 위기에 있거나 몰락에 대한 비난을 받게 될 것이 두려운 최고경영자들은 해커톤을 개최하거나, 큰 규모의 기업인수 프로젝트를 추진하거나, 직원이 30만 명인 회사가 '스타트업'으로 변신할 수 있다고 상상하거나, 애자일이 실제 효과가 있다는 실증적 증거가 없음에도 직원들에게 애자일을 배우게 한다.

두려움에 찬 기업들은 나쁜 결정을 내린다. 최고경영자들은 어떻게든 두려움에 휘둘리지 않고 위협에 대처할 방법을 찾아야 한다. 두려움에 찬 직원들도 마찬가지다. 두려움 속에 사는 사람들은 최선을 다할 수 없다. 번스의 실험에서 얻은 가장 뚜렷한 교훈은 만약 기업이 직원들의 생산성을 높이고 놀라운 아이디어를 낳는 창의적인 사고방식에 참여하도록 유도하고 싶다면, 먼저 사람들을 안심시켜야 한다는 것이다. 트레이닝에 더 많이 투자하라. 조금 더 많은 임금을 지급하라. 건강보험 혜택과 고용 안정성을 제공하라. 언제든지 일자리가 사라질 수 있다는 두려움을 제거하라.

앞으로 자세히 이야기하겠지만, 안타깝게도 많은 기업이 정확히 반대로 행동하고 있다.

LAB RATS

2
▼

**직장을
절망스러운
곳으로
만드는
요인들**

5장

미안하지만 나가줘야겠어요

어떻게 하면 실험실의 쥐를 우울하게 만들 수 있을까? 우스갯소리를 시작하려는 것처럼 들리겠지만, 이것은 실제로 과학자들이 대답해야 하는 질문이다. 이 질문의 궁극적인 목표는 새로운 항우울제를 개발하는 것이다. 그러려면 인간에게 사용하기 전에 실험실의 쥐에게 시험해봐야 한다. 하지만 항우울제를 시험하려면 먼저 실험 대상을 우울하게 만들어야 한다. 동물을 우울하게 만드는, 간단하지만 확실한 방법이 하나 있다. 실험 대상에게 낮은 수준의 스트레스를 가하고 잠시만 이 스트레스를 유지하라. 자, 당신은 우울증을 만들어냈다!

과학자들은 이것을 'UCMS(unpredictable chronic mild stress) 프로토콜'이라고 부른다. 예측할 수 없는 가벼운 만성 스트레스를 만드는 실험 방법이라는 뜻이다. 이 과정에는 쥐를 새로운 우리(전에 다른 쥐가 쓰던 곳일 수도 있다)에 옮기는 것처럼 작은 변화를 주는 일이 포함된다. 우리를 살짝 기울이거나 밤낮의 주기를 바꾸거나 축축한 잠자리 또는 다른 쥐가 사용해서 대소변이 그대로 있는 톱밥을 제공할 수도 있다. 10분 동안 포식자 새의 소리를 들려주거나 꽉 조이는 튜브 속에 15분에서 30분 정도 넣어두었다가 풀어주는 방법도 있다. 이런 변화는 무작위로 일어나기 때문에 쥐는 새로운 환경에 적응할 수 없다. 하지만 실험용 쥐에게는 음식과 물이 제공되고 물리적 고통도 가하지 않는다. 쥐 입장에서는 생명을 위협하는 일은 일어나지 않고 실제 위험도 없다. 단지 몇 가지 환경 변화와 가벼운 스트레스가 있을 뿐이다. 그게 전부다.

몇 주 만에 쥐는 인간에게 나타나는 우울증과 매우 비슷한 상태가 된다. 무관심하고 무기력해지고 몸단장을 하지 않아 털이 엉키고 더러워진다. 보금자리를 만들지도 않고 쳇바퀴를 돌리는 것에도 흥미를 잃고 숨겨둔 먹이를 찾아내려 하지도 않는다. 과학자들은 이것을 쾌감을 느낄 수 없는 '무쾌감' 또는 '쾌락 불감증(anhedonia)' 이라고 부른다. 몸무게도 늘어난다. 절망의 징후가 나타나고 의사결정이 어려워지며 수면 장애를 겪는다. 면역계 기능 장애를 보이고, 해마와 편도체에 문제가 생기고, 스트레스 호르몬인 코르티솔의 수치가 높아진다. 인간이라면 심장 질환이나 우울증과 관련이 있는 증상이다.

나는 실험에 대해 들었을 때 깜짝 놀랐다. 인간에게 직장이 점점 어떤 곳이 되는지와 소름 끼칠 정도로 비슷했기 때문이다. 직장에는 신체적 안전을 위협할 만한 것은 없지만, 끊임없이 무작위로 발생하는 여러 가지 변화가 존재한다. 사생활과 친밀함이 사라지고, 우리의 직장 환경을 파고드는 나쁘고 성가신 기술들을 상대해야 한다.

웨스트버지니아대학교에서 실시한 쥐에 대한 새로운 연구에 따르면, 만성 스트레스가 혈관 기능을 저하하는 것으로 나타났다. 정상 체중인 쥐의 혈관이 비만 상태의 혈관 상태로 바뀐 것이다. 한 연구자는 이 같은 연구 결과가 노동자와 직접 관련이 있다고 밝혔다. 피츠버그대학교 박사 후 과정에 있는 에번 드벨런스(Evan DeVallance)는 스트레스로 지친 노동자는 '심혈관계 질환과 고혈압, 뇌졸중, 심장마비, 심혈관 질환에 따른 사망률의 위험이 증가'할 수 있다고 말한다.

대기업들이 애자일과 린 스타트업을 도입하려고 서두르는 상황을 생각해보라. 일하는 장소와 방법을 바꾸고, 새로운 업무 절차를 받아들이도록 강요하며, 시끄럽고 (때로는 냄새도 나는) 개방된 사무실처럼 스트레스가 많은 새로운 환경으로 직원들을 몰아넣는다. 우리는 더 많은 시간을 일하지만, 점점 그 시간을 예측할 수 없다. 또한 이전 어느 때보다 더 많이 직장을 잃고 건강보험을 걱정하며 과연 은퇴를 할 수 있을지 고민한다. 게다가 '오직 변한다는 사실만이 변하지 않는다'라는 말을 직장에서 자주 듣지 않는가.

조금만 눈을 가늘게 뜨고 보면 모든 것이 인간 버전의 UCMS 프로토콜로 보일 것이다. 이런 점은 1장에서 살펴본 항우울제 사용 및 자살률 증가와 관계가 있지 않을까? 그렇다면 다른 건강 문제와는 관련이 없을까?

2부에서는 노동자의 불행에 기여하는 네 가지 요인인 돈, 불안정, 변화, 비인간화 속으로 깊게 들어가 볼 것이다. 또한 실리콘밸리와 인터넷이 이 네 가지 요인에 기여해온 방법도 살펴보고자 한다.

왜 우리는 지금 이렇게 많은 혼란과 격변, 갑작스러운 소동을 겪고 재창조에 관한 말들을 듣는 걸까? 이 모든 것은 워크숍과 강의, 역할극 게임과 함께 끊임없이 변화할 것을 강요한다. 이 가운데 일부는 두려움에서 비롯된다. 기업들은 사라지는 것이 두려워 광기 어린 질주를 시작했고, 모든 것을 뒤집고 자신을 완전히 바꾸려고 노력한다.

이 모든 소란과 광기가 주의를 분산시키기 위한 것은 아닌지 의심스럽다. 우리를 정신없게 만들고 겁먹게 해서 한때 사업주와 근로자 사이에 존재했던 협상 조건을 회사가 계속 무너뜨리는 것을 눈치채지 못하도록 눈가림 쇼를 벌이는 것이다. 레고 워크숍으로 직원들의 주의를 다른 곳으로 돌리고, 새로운 사무실로 옮기고, 간식과 탁구대와 명상실을 억지로 권하고, 사명과 목적과 '세상을 바꾸자'라는 미사여구를 퍼붓는다. 그러면 아마 노동자들은 급여가 깎이고, 복지 혜택이 줄어들고, 연금이 날아가고, 일자리가 더는 보장되지 않는다고 해도 불평하지 않을 것이다. 어쩌면 이 모든 것이 교묘한 속임수일지 모른다. 기업이 잘못된 방향으로 가는 하나의 패턴인 것이다. 마술사의 손에 들린 카드에 집중하느라 그가 당신의 손목시계를 훔쳐 가는 걸 알아채지 못하는 것과 같은 상황이다.

IBM에서 일어난 일을 생각해보자. 이 회사는 36만 6,000명의 직원 모두 애자일 트레이닝을 받도록 할 뿐 아니라 지난 20년을 직원들을 괴롭히면서 보냈다. 수천억 달러의 비용이 들어가는 IBM의 대대적인 애자일 캠페인은 4년을 예정하고 2015년에 시작됐다. 지금까지 20만 명 이상의 IBM 직원이 이 트레이닝 과정을 이수했다. IBM의 목표는 단지 소프트웨어 개발자들이 더 빨리 코드를 작성하도록 교육하는 것을 넘어 훨씬 더 야심 차다. IBM은 애자일을 영업이나 마케팅을 비롯한 사업의 모든 부분에 적용하여 기업의 DNA를 완전히 바꾸려고 한다. 2017년 7월 IBM의 인사 담당 부사장 샘 라다(Sam Ladah)는 애자일이 '비즈니스 혁신을 위한 엔진'이 될 뿐 아니라 IBM의 '미래 인력' 구축에 기여할 거라고 블로그에 썼다.

이 '미래 인력'에 관한 부분은 IBM이 애자일로 하는 일을 덮기 위해 기업이 일부러 모호하게 말하는 약삭빠른 행동이었다. 그들은 애자일을 직원 해고에 사용했다. '비즈니스 혁신'의 하나로 IBM은 미국 내 여섯 개 도시에 '애자일 허브'라는 새로운 사무실을 열었다. 멋진 실내장식과 좁은 공간 안에 빼곡히 놓인 책상들을 가리켜 온라인 매체 〈퀴츠〉는 '애자일 오피스의 시트콤 버전'이라고 표현했다.

IBM은 재택근무 중인 수천 명의 직원에게 이제부터 애자일 허브 가운데 한 곳에서 일해야 하고 그렇지 않으면 회사를 떠나야 한다고 통보했다. 선택은 직원의 몫이었다. 문제는 이들 가운데 많은 직원이 가장 가까운 허브에서도 수백 킬로미터 떨어진 곳에 살고 있다는 것이었다. 그들은 일자리를 지키기 위해 집을 팔고 이사를 해야 했다. 얼마나 많은 직원이 이사 대신 회사를 그만뒀는지는 명확하지 않다. 라다는 자신의 블로그에서 5,000명의 직원이 재택근무 대신 사무실 근무로 돌아올 거라고 말했다.

〈월스트리트저널〉은 이 회사 직원 가운데 40퍼센트가 전통적인 사무실에서 일하지 않고 있을 것으로 추정했다. IBM에 이처럼 원격 근무자가 많은 이유는 지난 몇 년 동안 회사가 재택근무를 '권장'했기 때문이다. 그 덕분에 IBM은 사무실 비용을 절감할 수 있었다. 이제 IBM은 직원들을 다시 끌어당기면서 '재택근무' 혜택을 없애고 있는데, 이 결정을 (대기업이 좋아하는) 웃으면서 거짓말하는 수법을 사용하여 발표했다.

"지금은 제2막, 승리할 시간!"

IBM의 최고마케팅책임자 미셸 펠루소(Michelle Peluso)가 재택근무 정책의 종말을 알리며 마케팅 직원 5,000명에게 보낸 메시지의 제목이다. 이 메시지가 준 것은 응원이 아니었다. 많은 직원이 받은 것은 큰 충격이었다. 이 발표는 회사 전체에 큰 파문을 일으킨 것으로 알려져 있다.

IBM의 애자일 캠페인은 20년 동안 회사가 느리지만 꾸준히 노동자의 주머니를 털어 최고 경영진과 월스트리트 투자자들을 부자로 만든 다음 시작됐다. 〈월스트리트저널〉 기자 출신인 엘런 슐츠(Ellen Schultz)가 2011년에 출간한 책 《강탈당한 은퇴(Retirement Heist)》에서 밝혔듯이, 루이스 거스너(Louis Gerstner)가 IBM을 이끌던 1990년대에 이 회사는 직원들의 연기금에서 돈을 빼내 이 돈의 일부를 기업 실적을 부풀리는 데 사용했다. 또한 '수년간 회사 소득에 추가된 새로운 회계상 이익을 창출하기 위해' IBM은 퇴직자들의 의료 혜택도 대폭 줄였다. 1993년에 거스너는 노동자 6,000명을 날려버리는 기업 역사상 최대 규모의 정리해고를 단행했다.

주식시장 감시 웹사이트 풋노티드닷컴(Footnoted.com)에 따르면, 그로부터 9년 뒤인 2002년에 거스너는 1억 8,900만 달러의 퇴직금을 받고 춤추듯 회사를 나갔다. 그의 후임자로 2002년부터 2012년까지 IBM 최고경영자를 지낸 샘 팔미사노(Sam Palmisano)는 2억 7,000만 달러를 받고 회사를 떠났다.

현재 IBM의 최고경영자 지니 로메티(Ginni Rometty)는 2016년에 3,300만 달러를 벌었다. 지난 몇 년 동안 로메티는 특히 나이 많은 직원들을 겨냥해 일자리를 줄이느라 분주했다. 2018년 3월 비영리 인터넷 언론 프로퍼블리카(ProPublica)는 탐사 보도를 통해 IBM이 2014년부터 2017년까지 미국 노동자 30만 명을 해고했다고 밝혔다. 그중 2만 명이 마흔 살 이상이었으며 "경력 후반에 있는 노동자들을 연령차별에서 보호하려는 미국 법과 규정을 공공연히 어기고 피해 나갔다"라고 썼다. 프로퍼블리카는 후속 보도에서 미국 평등고용기회위원회가 수사에 착수했다고 밝혔다.

2012년부터 2017년까지 IBM이 노동자들을 해고할 동안 회사는 막대한 수익을 냈고 현금으로 92억 달러를 벌어들였다. 그 돈은 어디로 갔을까? 월스트리트의 투자자문 회사 샌퍼드번스타인(Sanford Bernstein)의 애널리스트 토니 사코나기(Toni Sacconaghi)에 따르면, IBM은 수익의 80퍼센트를 배당금과 자사주 취득의 형태로 투자자에게 넘겨주었다. 사코나기는 IBM이 그 돈을 다른 기업을 인수하는

데 사용할 수 있었다고 말했다. 또한 IBM은 새로운 제품을 출시하거나 비즈니스를 시작할 수도 있었다. 그러나 IBM은 그 돈을 주가를 부풀리는 데 사용했다. 자사주 매입을 통해 IBM은 발행 주식 수를 줄였고 주식 수가 줄어들자 주당 순이익이 증가했다. 주당 순이익이 높을수록 주가가 부양되는 경향이 있으므로, 단기적으로 투자자들에게는 좋은 일이다. 하지만 장기적으로 볼 때, 회사는 사라지는 사업을 대체할 새로운 사업을 개발하는 편이 훨씬 낫다. 기업이 주식 환매에 돈을 쓰는 것은 종종 경영진이 링 위에 수건을 던지며 좋은 사업 계획이 없다는 것을 인정한다는 뜻이다.

그렇다면 IBM은 주식 환매에 필요한 돈이 어디서 났을까? 부분적으로는 수만 명의 노동자를 정리해고해서 얻었다. 사실 IBM은 그 돈으로 자사주를 매입하고 주가를 부풀렸다. 왜 그랬을까? 경영진의 보상이 주가와 연동되기 때문이다. 하지만 이런 속임수는 실제로는 효과가 없었다. IBM 주가는 2013년부터 2018년까지 3분의 1이 줄어들어 주당 213달러에서 141달러로 급락했다. 그런데 주식 환매가 없었다면 얼마나 더 나빠졌을지 누가 알겠는가.

적어도 경영진에게는 이 계략이 성공적이었다. 세계 최대 의결권 자문 회사 ISS에 따르면, 2017년 IBM 이사회는 최고경영자 로메티에게 5,000만 달러의 연봉과 혜택을 보상으로 제공했다. 이번이 처음은 아니었다. 〈LA타임스〉 기자 마이클 힐트지크(Michael Hiltzik)는 2016년 1월 로메티가 450만 달러의 보너스를 받자 "IBM의 최고경영자가 실패를 부(富)로 전환하는 방법에 관한 새로운 장을 썼다"라고 꼬집었다.

그러면 이제 애자일에 대해, 미래의 인력에 대해, 어떻게 하면 IBM을 스타트업으로 바꿀 수 있을지에 대해 이야기해보자! 속임수가 어떻게 작동하는지 보게 될 것이다.

IBM만 노동자를 함부로 대하는 것은 아니다. 엘런 슐츠는《강탈당한 은퇴》에서 GE나 버라이즌(Verizon), AT&T를 포함한 수많은 대기업이 1990년대에 자사의 연기금을 도둑질했고, "수백만 명의 노동자를 위한 퇴직연금에서 수천억 달러를 가져다 기업 금고와 주주 그리고 경영진의 주머니를 채웠다"라고 밝혔다.

1999년 닷컴 버블의 절정기이자 주식의 시장가치가 치솟은 지 몇 년 지나지 않았을 당시, 많은 대기업이 연기금에서 발생한 막대한 잉여금의 돈방석에 앉게 됐다. GE의 추가 자산 250억 달러와 버라이즌의 240억 달러를 포함하여 총 2,500억 달러가 넘는 금액이었다. 이것은 이들 기업이 향후 몇십 년 동안 한 푼도 들이지 않고 모든 직원의 연금을 지불할 수 있다는 것을 의미했다.

기업들은 해당 기금 안에 잉여금을 보유해야 했지만, 연기금에서 돈을 빼내 회사 수익에 적용할 방법을 찾았다. 2011년까지 버라이즌에서는 잉여금 240억 달러가 사라지고 오히려 연기금에 65억 달러의 부족분이 발생했고, GE의 잉여금 250억 달러는 2011년에 130억 적자로 변했다고 슐츠는 책에서 밝혔다. 이것은 단지 시작일 뿐이었다. 2017년에 GE는 300억 달러에 가까운 연금 결손을 기록했다. 500억 달러 이상의 변동이 생긴 것이다.

그 돈은 어디로 갔을까? 일부 기금은 2008년과 2011년 주식시장 붕괴 때문에 잃었다. 하지만 기업들은 이전에는 운영 예산에서 충당하던 퇴직자 의료 혜택에 연기금을 가져다 쓰기 시작했다. 그렇게 하면 손익계산서상 비용이 줄어들고 분기별 수익이 증가하기 때문이다. 손댈 수 없는 연기금에 접근하는 또 다른 방법은 사업부문 하나를 매각하고 이 매각에 연금 잉여분을 패키지로 묶는 것이다. 인수자는 더 높은 가격을 지불하는 반면, 이 거래를 통해 기업은 연금에 있던 돈을 수익에 적용하여 현금으로 전환할 수 있다.

잉여금을 빼내는 것은 단지 시작일 뿐이었다. 기업들은 연금 혜택을 삭감하기 시작했다. 퇴직 후 수령할 수 있는 금액에 대해 직원들과 약속한 것을 근본적으로 어길 방법을 찾은 것이다. 한 가지 속임수로 퇴직 시 직원이 받을 수 있는 연금 금액을 계산하는 공식을 바꿨다. 또 다른 방법은 퇴직연금을 직종이나 직장이 바뀌어도 존속되는 통산 퇴직금 적립제로 전환하거나 401(k) 퇴직연금(미국의 대표적 퇴직연금 제도로, 매달 일정량의 퇴직금을 회사가 적립하되 근로자가 직접 금융상품을 골라 운용하고 손익의 책임을 지는 방식-옮긴이)으로 교체하는 것이다.

슐츠의 책에는 직원 혜택을 줄이기 위해 대기업 경영진이 전문 컨설턴트들과 공모한 역겨운 행태가 담겨 있다. 새로운 연금 제도로 바꾸는 것처럼 말하지만, 너무 복잡해서 대부분 직원은 어떻게 사기를 당하는지 이해할 수도 없는 속임수를 쓰면서 거짓말을 하는 것이다.

"퇴직할 때가 되어서야 얼마나 적은 돈을 받는지 알게 됩니다."

왓슨와야트(Watson Wyatt)의 보험계리사이자 이 분야의 전문 컨설턴트가 1998년에 열린 한 콘퍼런스에서 단언했고, 이 말을 하자 청중석에서 웃음이 터져 나왔다고 슐츠는 기록한다.

IBM도 다양한 속임수를 썼다. 우선 혜택을 계산하는 공식을 바꿨다. 1995년에는 '연금 자산 계획'으로 변경하여 이 금액을 삭감했고, 1998년에 통산 퇴직금 적립제로 변경하여 다시 한번 금액을 대폭 줄였다. 나중에는 직원이 은퇴하거나 퇴직할 때 일시불로 지급하여 돈을 아꼈다. 그 과정에서 IBM은 수익을 부풀리기 위해 연기금에서 돈을 가져다 썼다고 슐츠는 설명한다. 1999년에 IBM은 연기금 잉여분이 70억 달러에 달했다. 2017년 말에 IBM이 이 기금에 5억 달러를 출연할 거라고 발표했지만, 이는 자신들이 가져간 것보다 한참 적은 금액이다.

연금을 도둑질하는 것은 노동자의 영향력을 빼앗는 다양한 전략 중 하나일 뿐이다. 다음 네 장에 걸쳐 직장을 절망적인 곳으로 만드는 네 가지 요인인 돈, 불안정, 변화, 비인간화를 살펴볼 것이다. 먼저 돈에서 시작한다. 사람들이 비참한 이유를 알고 싶다면, 대개 지갑부터 살펴보는 것이 좋다. 거기서 무엇이 사람들을 우울하게 만드는지 알 수 있다.

돈
빛의 속도로 쓰레기가 되다

2018년 2월 어느 날, 예순한 살의 뉴욕 택시 운전사 더그 시프터 (Doug Schifter)는 시청 앞에 차를 세우고 총으로 자신의 얼굴을 쐈다. 몇 시간 앞서 시프터는 페이스북에 그 이유를 설명하는 긴 글을 올렸다. 한때 그는 뉴욕에서 리무진을 운전하며 근교 포코노에 집을 살 정도로 벌이가 좋았다고 했다. 하지만 우버나 리프트에서 일하는 새로운 운전자들이 마구 쏟아지고 요금이 곤두박질치자 택시 운전으로 더는 생계를 유지할 수 없었다. 시프터는 하루 17시간씩 일했지만, 시간당 4달러도 못 벌 때가 있었다. 그는 빚에 빠졌다. 주택담보대출금의 이자를 갚지 못했고 집을 잃을 위기에 처했다. "나는 파산했다. 푼돈 때문에 일하는 노예가 되고 싶지 않다. 차라리 죽음을 택하겠다"라고 그는 썼다.

실리콘밸리는 긱 경제(gig economy: 임시직 경제)를 수백만 명에게 일자리를 창출하는 혁신적인 신경제라고 선전한다. 하지만 생겨나는 일자리는 대부분 좋지 않은 것들이다. 게다가 긱 경제 기업들은 기존 산업을 위협한다. 에어비앤비는 호텔 사업을 도용했고, 우버와 리프트(Lyft)는 허츠(Hertz)와 에이비스(Avis) 같은 렌터카 회사의 사업에 타격을 가하고 택시 운수 사업을 완전히 초토화했다. 전문가들은 '창조적 파괴'를 추상적인 개념처럼 말하길 좋아한다. 하지만 시청 앞에 차를 세우고 자신의 머리를 날려버린 운전기사의 눈에 진보라는 이름의 이 모든 변화는 실제 인간의 존재를 크게 희생시키는 것으로 보일 뿐이었다. 〈뉴욕타임스〉가 보도한 것처럼, 시프터는 "긱 경제의 참여자가 아니었다. 그는 긱 경제의 피해자였다".

다른 피해자들도 많다. 뉴욕의 택시 · 리무진 운전자들은 곧 파산하거나 집을 잃거나 아파트에서 쫓겨날 것이다. 2013년부터 2016년까지 뉴욕 택시 기사의 연간 평균 예약이 22퍼센트 감소했고, 뉴욕 택시 면허의 가치는 100만 달러를 웃돌다가 85퍼센트 급락해 20만 달러를 밑돌게 됐다고 〈뉴욕타임스〉는 전했다.

시프터의 자살 이후 몇 달 사이 뉴욕에서 네 명의 운전자가 스스로 목숨을 끊었다. 그들이 속했던 노동조합은 항의 시위를 열었다. 뉴욕 시청 앞에 네 개의 관을 놓고, 차량공유 운전자를 규제하라고 시 당국에 요구했다. 노조 대표는 이렇게 절규했다.

"우리의 형제들을 땅에 묻는 것도 이제 지칩니다."

20년 전에 전문가들은 인터넷이 민주주의를 완성하는 것부터 지구를 구하는 것까지 모든 면에서 세상을 더 나은 곳으로 만들 거라고 믿었다. 그 가운데 최고는 경제적 영향력이었다. 첫 번째 닷컴 호황으로 주가가 급등하고 사람들이 웹의 마법 같은 힘에 넋이 나가 있었을 때, 〈와이어드〉의 초대 편집장 케빈 켈리(Kevin Kelly)는 인터넷이 '완전 고용 및 생활 수준의 향상'과 함께 '초번영(ultraprosperity)'의 시대를 열 거라고 단언했다.

"좋은 소식은 당신이 곧 백만장자가 된다는 것이고, 나쁜 소식은 다른 사람들도 마찬가지라는 것이다."

또한 그는 빠르면 2005년에 빌 게이츠가 조만장자가 되고, 2020년까지 미국 평균 가계소득이 15만 달러가 되며, 보통 사람들이 개인 요리사를 두고 6개월의 유급휴가를 받게 될 것으로 예측했다. 하지만 우리는 '급증하는 최하위층'으로 추락하고 있다.

더 정확한 예측은 괴짜 경영 구루 톰 피터스가 내놨다. 그는 "사실 글로벌 경제가 빛의 속도로 쓰레기가 될까 봐 염려스럽다"라고 말했다. 피터스가 옳았다. 인터넷 경제 구축에 참여하고 그 혜택을 받은 사람들조차 지금은 자신들이 괴물을 만들었을까 봐 두려워한다. 페이스북의 공동창업자 크리스 휴즈(Chris Hughes)는 신경제가 "계속 일자리를 파괴할 것"이라고 말했다. 그리고 2018년에 출간한 그의 책 《페어 샷(Fair Shot)》에서 상위 1퍼센트에게 세금을 부과하여 거둬들인 재원으로 특히 성인 실업자에게 보편적 기본 소득을 지급할 것을 주장했다.

내가 이야기하고자 하는 네 가지 요인 가운데 첫 번째 요인의 핵심은 이것이다. 인터넷이 시작된 지 25년이 지났지만, 우리 모두 백만장자가 된 것은 아니다. 사실 정반대에 가깝다. 우리 대부분은 25년 전보다 더 힘들게 살아가고 있다.

미국에서 소득 불평등은 1929년 대공황 이후 본 적이 없는 수준에 도달했다. 가진 자와 못 가진 자 사이의 커지는 격차를 전적으로 기술 탓으로 돌릴 수는 없지만, 기술이 중요한 구실을 한 것은 분명하다. 적어도 인터넷이 나쁜 행동을 부추기는 견인차 역할을 하면서 이미 자리 잡고 있던 반노동자 관행의 속도를 높였다. 실리콘밸리의 벤처캐피털리스트 빌 다비도(Bill Davidow)는 2014년 〈디애틀랜틱〉에 기고한 글에서 "(인터넷이) 인류 역사상 불평등의 가장 뛰어난 법률 조력자"가 됐다고 썼다.

인플레이션을 반영한 실질 임금은 수십 년 동안 그대로이거나 오히려 낮아졌다. 2017년 청년권익단체 영인빈서블스(Young Invincibles)가 발표한 연구 결과에 따르면, 미국의 밀레니얼 세대는 부모 세대가 인생의 같은 시기에 벌었던 것보다 20퍼센트 적게 벌고 있다. 경제는 성장했지만 성장의 열매 대부분은 고소득층에게 돌아가고 나머지 사람들에게는 부스러기만 남았다.

2015년 퓨리서치센터(Pew Research Center) 보고서에 따르면, 1970년대 중산층 가정은 미국 전체 가계소득의 62퍼센트를 차지했지만 2014년에 그 비중은 43퍼센트로 떨어졌다. 같은 기간 상위 소득 가정의 비중은 29퍼센트에서 49퍼센트로 증가했다. 2000년부터 2014년까지 중산층 가정의 중간 소득은 실제로 4퍼센트 감소했다. 2001년에서 2013년 사이에 이들의 순자산은 28퍼센트 감소했으며, 결과적으로 중산층 자체가 줄어들고 있다. 같은 보고서에 따르면 1971년 미국인의 61퍼센트를 차지했던 중산층이 2015년에는 50퍼센트로 감소했다.

정작 사람들을 일깨운 것은 도널드 트럼프의 대통령 당선이었다. 2017년 1월 선거가 끝나고 트럼프 대통령이 취임하기 전, 스위스 다보스에서 열린 세계경제포럼에 참석한 엘리트들은 모두 소득 불평등에 관해 이야기했다. 세계경제포럼은 확대되는 소득 불평등이 글로벌 경제를 위협한다고 지적했다. 일부는 트럼프의 당선을 인터넷 시대의 희생자들이 표출하는 경고라고 해석했다. 영국의 경제학자 가이 스탠딩(Guy Standing)은 "세계 사람들은 자신이 최하위층에 속한다는 것을 깨닫고 분노했다. 트럼프는 단지 시작일 것이다"라고 단호히 말했다. 스탠딩은 직업 안정성과 예측 가능한 소득이 부족하고, 그 때문에 심리적으로 고통받는 새로운 계층의 사람들을 설명하기 위해 '프리카리아트(precariat)'라는 용어를 사용했다.

경제학자와 정부 각료들이 손을 잡을 동안 몇몇 억만장자와 기술계 리더들은 스스로 문제를 해결해왔다. 상황을 개선하려는 노력 대신 어떤 비극이 닥쳐도 탈출할 수 있는 계획을 세운 것이다. 트럼프가 촉발하는 폭력의 결과가 내전이든, 무산계급의 봉기든, 전력망 붕괴든, 경제 몰락이든 상관없다. 2017년에 에번 오스노스(Evan Osnos)가 〈뉴요커〉에 기고한 '슈퍼 리치를 위한 최후 심판 준비'라는 글에 따르면, 부유한 사람들은 총기와 식량, 골드바, 비트코인을 비축해왔다. 그리고 뉴질랜드처럼 미국에서 멀리 떨어진 곳에 도피처를 구축해두었다. 실리콘밸리의 신흥 재벌 피터 틸도 뉴질랜드에 은신처를 마련하고 뉴질랜드 시민권을 취득했다. 오스노스는 억만장자 벤처캐피털리스트 리드 호프먼의 말을 인용했다.

"사실 '뉴질랜드에 집을 산다'라는 말은 일종의 비유입니다. 속뜻은 '제가 아는 브로커가 오래된 미사일 격납고를 팔아요. 핵에도 끄떡없죠. 그 안에서 잠시 살아보는 것도 재미있을 거예요'라는 겁니다."

호프먼은 실리콘밸리의 억만장자 가운데 50퍼센트 이상이 이런 은신처를 마련해두었을 것으로 추측했다. 캔자스의 한 기업가가 오래된 지하 미사일 격납고를 서바이벌 벙커로 개조해 한 채당 약 300만 달러에 내놓았다. 이 벙커는 순식간에 팔려나갔다.

2조 달러의 사기

닉 하나우어(Nick Hanauer)는 시애틀에서 가족이 운영하는 사업 덕분에 태어날 때부터 부자였다. 심지어 기술 분야에서도 큰돈을 벌었다. 1997년에 그는 에이퀀티브(aQuantive)라는 온라인 광고 회사를 설립했고, 10년 뒤 이 회사를 60억 달러를 받고 마이크로소프트에 매각했다. 하지만 그가 가진 재산 대부분은 단 한 번의 투자에서 얻었다. 이 투자는 지난 100년 동안 가장 현명한 단일 투자로 평가된다. 1990년대 초 하나우어는 머리는 좋지만 세상 물정은 잘 모르는 제프 베조스라는 한 젊은이를 만났고, 처음으로 아마존에 투자한 사람이 됐다.

우주 탐사 회사를 시작한다든지 개인 소유의 섬을 구매하는 것처럼 일반적인 억만장자가 즐기는 취미 대신, 하나우어는 뜻밖에도 노동자 계층의 지지자가 됐다. 2018년 어느 날 그는 시대별 총소득 비중의 변화를 보여주는 미국 국세청 데이터를 들여다보다가 깜짝 놀랐다고 한다. 1980년대에 상위 1퍼센트 소득자가 차지하는 총소득의 비중은 8.5퍼센트였다. 2008년에 이 숫자는 21퍼센트로 증가했다. 같은 기간 하위 50퍼센트 소득자에게 돌아가는 몫은 17퍼센트에서 12퍼센트로 줄어들었다. 하나우어는 정신이 번쩍 들었다.

"그 데이터를 스프레드시트에 넣고 현재 추세가 앞으로 30년 동안 지속된다고 가정해봤습니다. 천재가 아니어도 이런 상황은 지속될 수 없다는 걸 알 수 있죠. 만에 하나 추세가 지속된다면, 이 나라는 무너지고 말 겁니다."

하나우어는 상위 1퍼센트 동료 부자들에게 이 문제를 무시하거나 외면하지 말고 해결하기 위해 노력하라고 촉구했다. 그들이 이 문제를 만든 장본인이므로 이것이 공정한 방법이었다. 하나우어는 책을 쓰고 연설을 하고, 최저임금 인상처럼 확대되는 빈부 격차를 뒤집을 수 있는 정책 입안을 위해 로비 활동을 시작했다. 2014년에 쓴 '쇠스랑을 든 사람들이 우리 부자들에게 오고 있다'라는 글에서 하나우어는 만약 우리가 계속 같은 길로 가면 프리카리아트에 속하는 수백만 명이 결국 혁명을 일으킬 거라고 경고했다.

"(부자인 당신이) 나에게 극도로 불평등한 사회를 보여주면 나는 당신에게 경찰 국가나 폭동을 보여주겠다. 반례는 없다."

게다가 하나우어는 폭동을 일으키는 사람들이 완전히 정당화될 것으로 보았다. 그들은 사상 최대 사기 사건의 피해자이기 때문이다. 노동자에게 갈 돈을 1년에 2조 달러씩 부자들이 가져갔다고 그는 말한다.

그가 계산한 내용은 이렇다. 먼저 기업은 노동자에게 지급할 임금을 대폭 삭감하고 그 돈을 가져갔다. 미국 경제분석국에 따르면, 40년 전에 임금은 미국 국내총생산(GDP)의 52퍼센트를 차지했지만 오늘날에는 46퍼센트에 그친다. 현재 미국의 GDP는 17조 달러이므로, 약 6퍼센트에 해당하는 1조 달러를 노동자들이 도둑맞은 것이다. 같은 기간 기업의 이익은 1980년 GDP의 6퍼센트에서 지금은 GDP의 12퍼센트로 증가했다. 기본적으로 기업은 전체 경제에서 6퍼센트를 진공청소기처럼 빨아들여 자기 호주머니에 넣었다.

또 다른 1조는 정규직 노동자들에게 더 적은 임금을 주면서 도둑질했다. 40년 전에 정규직 노동자는 전체 임금의 92퍼센트를 가져갔다. 하지만 오늘날에는 78퍼센트를 가져갈 뿐이다. 이렇게 감소한 14퍼센트가 해마다 도둑맞은 또 다른 1조다. 그렇다면 이 돈은 어디로 갔을까? 40년 전에 상위 1퍼센트 임금 노동자는 전체 임금의 8퍼센트를 가져갔지만 지금은 22퍼센트를 가져간다.

"결과적으로, 전에는 보통 사람들에게 돌아갔지만 지금은 부자들이 가져가는 돈이 1년에 2조 달러입니다."

그 2조 달러를 미국의 정규직 노동자 수 1억 2,500만 명으로 나누면 1만 6,000달러가 나온다. 미국 평균 정규직 노동자의 연간 임금이 4만 4,000달러이므로, 1만 6,000달러의 추가는 36퍼센트의 임금

상승을 의미한다. 만약 최저임금 노동자라면 이 뜻밖의 횡재는 자신들이 버는 돈의 두 배보다 많은 금액이다. 가벼이 볼 문제가 아니다.

우리는 대낮에 눈 뻔히 뜨고 2조 달러를 강도당했다. 하지만 이런 일이 천천히 일어났기 때문에 대부분 사람이 놓쳤다. 미국인 대부분은 청구서를 처리하고 생활을 유지하기가 점점 더 어려워진다고 느낀다. 어떤 사람들은 개인의 운과 자신이 선택한 직업 탓이라고 생각한다. 하지만 그들의 불행은 시스템에서 비롯됐음이 드러났으며, 이 사실이 사람들을 분노하게 한다. "우리는 궁핍의 순환 속에 있습니다. 사람들은 분노했고, 화낼 권리가 있습니다"라고 하나우어는 말한다.

어떻게 기업들은 노동자들에게 터무니없는 강도질을 하고도 무사했을까? 이 이야기는 거의 50년 전인 1970년에 경제학자 밀턴 프리드먼(Milton Friedman)이 〈뉴욕타임스매거진〉에 '기업의 사회적 책임은 이익을 높이는 것이다'라는 제목의 글을 기고한 것에서 시작한다. 꽤 지루한 제목이지만 이토록 많은 사람에게 이토록 큰 피해를 준 글도 없다.

당신의 연금을 훔친 자

프리드먼은 시카고대학교 경제학 교수였고 20세기 후반에 가장 큰 영향을 미친 경제학자였다. 그는 자유주의자이자 자유시장경제 옹호자였으며, 소설 《파운틴 헤드》와 《아틀라스》를 집필한 작가 에인

랜드의 사상을 높이 평가했다. 그는 로널드 레이건을 비롯한 세계 지도자들의 조언자였고, 1976년에는 노벨상도 받았다. 그리고 자신의 사상을 다른 대학과 경영대학원에 퍼트릴 여러 세대의 경제학자를 길러냈다.

〈뉴욕타임스매거진〉에 실린 그 유명한 글에서 프리드먼은 기업 경영자는 오직 한 가지 목표만을 가져야 한다고 주장했다. 그것은 투자자들을 위해 가능한 한 많은 돈을 벌어야 한다는 것이었다. 최고경영자는 '일자리를 제공하고 차별을 없애고 공해 발생을 피하는' 일을 걱정할 필요가 없다고도 했다. 기업의 최고 경영진은 주주들에게 고용됐기 때문에 원하는 것을 자유롭게 할 수 없었다. 사적인 시간에 자기 돈으로 자선 활동을 하고 싶다면 그것은 괜찮았다. 하지만 직장에서 경영진은 오직 투자자에게 돌아갈 최대한의 수익을 창출할 의무만 있었다.

프리드먼은 1962년에 《자본주의와 자유》를 출간해 정부가 개입하지 말고 시장이 스스로 문제를 해결하도록 내버려 두어야 한다고 주장했다. 그 책이 세계적인 베스트셀러가 되면서 일약 유명 인사가 됐다. 프리드먼은 1970년에 발표한 글에서 한 걸음 더 나아갔다. 정부가 기업에 간섭하지 말아야 할 뿐 아니라, 기업에는 사회를 이롭게 할 의무가 없다고 말했다.

사실 기업에는 고객, 직원, 사회와 같이 다양한 이해관계자가 있다. 주주 자본주의의 반대편에는 기업이 오직 투자자를 위해서가 아니라 이 모든 이해관계자에게 봉사해야 한다고 주장하는 이해관계자 자본주의가 있다. 미국 노동부 장관을 지낸 로버트 라이시(Robert Reich)는 2014년에 쓴 글에서 프리드먼 이전 시대에는 이해관계자 자본주의가 좋은 것으로 간주됐다고 지적한다.

"존슨앤드존슨은 자신들의 '최우선적 책임'이 투자자가 아니라 환자와 의사, 간호사에 있다고 공개적으로 밝혔다."

라이스는 뉴저지 스탠더드오일의 회장이었던 프랭크 아브람스(Frank Abrams)가 1951년에 한 말도 인용했다.

"경영은 주주와 직원, 고객과 일반 대중 같은 다양하고 직접적인 이해관계자들의 요구 가운데 공평하고 제대로 작동하는 균형을 유지하는 것이다."

하지만 세계적인 유명 인사 밀턴 프리드먼이 등판했다. 머지않아 노벨상을 받게 될 이 인물은 최고경영자는 직원이나 지역 사회를 더는 걱정할 필요 없다고 말했다. 그런 걱정을 하는 사람을 가리켜 "때 묻지 않은 순진한 사회주의를 설교하는 것"이라고도 했다. 사회주의라니! 세상에!

프리드먼의 교리는 곧 사업의 기준으로 받아들여졌다. 이런 사상이 주입된 새로운 세대의 MBA 학생들은 기업 세계를 향해 거침없이 나아갔고, 1980년대에 유행했던 정크본드와 차입 매수, 적대적 합병의 보병이 됐다. 당연히 월스트리트는 프리드먼의 교리를 환영했다. 프리드먼에 따르면 자신들만이 중요한 사람들이기 때문이다. 프리드먼의 교리는 최고경영자들의 생활도 단순하게 만들어주었다. 그들이 걱정해야 할 일은 분기별 목표 달성과 주가 부양이 전부였다. 게다가 최고경영자들은 이 계약에서 이득을 얻을 방법을 재빨리 생각해냈다. 자신의 보상을 주가와 연결한 다음 주가를 올릴 방법을 찾은 것이다.

방법은 다양했다. 안타깝게도 많은 방법이 노동자를 쥐어짜는 일과 관련이 있었다. 기업은 노동자들이 은퇴자금으로 계획했던 퇴직연금을 빼돌릴 수 있었다. 각종 복지 혜택을 줄이거나, 직원들이 더 저렴한 건강보험으로 전환하는 대신 더 많은 월 보험료를 부담하도록 할 수 있었다. 미국 노동자를 해고하고 그 일을 인도나 중국에 넘길 수도 있었다.

또 다른 전략은 간단히 임금을 삭감하는 것이다. 〈하버드비즈니스리뷰〉에 따르면, 프리드먼이 칼럼을 기고했던 1970년 이후 미국 평균 노동자의 시급은 매년 0.2퍼센트 상승했다. 일반적으로 사람들은 생산성에 비례해 임금이 오르기를 기대한다. 제2차 세계대전이 끝나고 프리드먼의 사상이 나오기 전까지 미국에서는 실제로 그랬다. 하지만 미국 경제정책연구소에 따르면, 1970년 이후 미국의 생산성이 75퍼센트 성장했지만 임금은 단 9퍼센트 증가했다. 중년 노동자의 임금은 그보다 적은 고작 6퍼센트 증가에 그쳤다. 가장 심각한 타격은 저임금 노동자들이 받았다. 생산성은 급격히 증가했지만, 임금은 오히려 5퍼센트 감소했다.

한때는 노동조합이 임금 보호에 나섰지만, 노조는 1980년대 초부터 급격히 쇠퇴했다. 부분적으로는 법 제도의 변화 때문이었다. 지금은 미국 노동자의 단 11퍼센트만이 노조에 가입되어 있다. 1980

년대 초기의 절반 수준이다. 노동역사학자 레이먼드 호글러(Raymond Hogler)는 노동운동이 '노동 계층과 중산층 번영을 책임지는 제도'였다고 말했다. 그런데 노동운동을 발전시킨 집단주의적 성향에서 멀어지는 쪽으로 문화적 변화가 일어났다. 2017년 갤럽 조사에서 설문자의 절반 가까이가 앞으로 노조가 더 약해지고 영향력을 덜 행사할 것으로 예상한다고 응답했다.

그런 다음 인터넷이 출현했고 모든 것의 속도가 빨라졌다. 프리드먼의 교리에 열광하여 노동 착취와 임금 압박에 헌신했던 기업들은 이제 막강한 새 무기를 장착했다. 바로 아웃소싱이다. 2000년까지 세계는 빠르게 연결됐고, 소프트웨어는 자유로운 커뮤니케이션을 실현했으며, 컴퓨터 성능은 18개월마다 두 배로 증가했다. IT 업무와 지원 업무가 인도로 옮겨가고, 제조업은 중국으로 이전했다. 2000년부터 2016년까지 인도의 GDP는 다섯 배가 됐고 중국의 GDP는 1조 달러에서 11조 달러로 성장했다. 같은 기간 미국의 GDP는 33퍼센트 성장했다.

아웃소싱이 시작될 무렵, 나는 그 동향을 일찍이 엿볼 수 있었다. 2001년에 제프리 이멜트가 GE의 최고경영자로 취임하자 〈포브스〉에서 나에게 인터뷰 기사를 의뢰했다. 웹이 아직 걸음마 단계에 있을 때였다. 웹사이트는 유치할 정도였고 대부분 사람이 다이얼식 모뎀을 사용했다. 그러나 이멜트는 몇 년 앞의 미래를 내다보았고 인터넷이 얼마나 성장할지, 일자리를 어떻게 해외로 옮길 수 있을지 앞서 생각하고 있었다. 그는 GE의 IT 업무와 지원 업무 대부분을 인도로 이전하여 GE의 수익을 개선한다는 계획에 대해 열변을 토했다.

"웹을 통해 큰 규모의 자원 재배치가 이루어질 겁니다. 이제 시작일 뿐이죠."

하지만 GE에서 정리해고된 노동자들이 어디로 갈 것인지에 대해서는 이야기하지 않았다. 그 후 15년 동안 GE는 6만 5,000명의 미국 노동자를 해고했다. 특히 노조에 가입한 노동자를 겨냥한 듯, 실직한 노동자의 3분의 1이 노조원이었다. 오늘날 GE의 전체 인력은 30만 명으로 규모 면에서는 2000년도와 비슷하지만 구성 비율이 달라졌다. 2000년에는 미국인이 GE 직원의 절반 이상이었는데 지금은 3분의 1 정도에 불과하다.

2장에서 언급했듯이, 2000년도는 여러 면에서 중요한 전환점이었다. 미국 우편국에 근무하는 인원은 1999년에 최고치를 찍어 80만 명에 약간 못 미쳤다. 이후 36퍼센트 감소하여 약 50만 명이 됐고, 오늘날 이 조직은 1967년과 비슷한 규모다. 제조업은 2000년 이후 이상한 방향으로 선회했다. 제조업 일자리는 1980년대부터 줄어들었지만, 2000년 이후에는 급격히 감소하여 2000~2016년에 약 30퍼센트에 해당하는 500만 명의 노동자가 직장을 잃었다.

임시직의 딜레마

정리해고된 공장 노동자와 사무직 노동자, 중간 관리자와 우체국 직원들은 어디로 갔을까? 일부는 서비스업 일자리로 이동했다. 미국 노동통계국에 따르면 이 분야 고용이 2000년 1억 800만 명에서 2017년 1억 2,700만 명으로 17퍼센트 증가했다. 하지만 최근에는 많은 사람이 우버 운전자가 되거나 잡무 대행 서비스 태스크래빗(TaskRabbit)에서 심부름을 하면서 결국 긱 경제로 편입되었다.

긱 경제는 실리콘밸리가 임금을 끌어내리는 데 활용한 두 번째 방법이다. 직원을 고용하는 대신 기업은 인터넷을 이용하여 계약직 인력을 모집한다. 긱 일자리로의 전환은 글로벌 경제 대침체의 영향을 받았고, 2007~2010년에 8,700만 명이 실직할 때 우버나 에어비앤비 같은 기업이 나타났다. 문제는 이전 직장에서는 회사가 건강보험과 퇴직연금 일부를 부담했지만, 긱 일자리는 아무것도 부담하지 않고 어떤 혜택도 제공하지 않는다는 것이다. 우버 같은 앱은 소비자에게 마법처럼 느껴지겠지만 긱 경제 안에서 생계를 해결해야 하는 사람들에게는 전혀 그렇지 않다.

그럼에도 긱 경제는 급성장할 전망이다. 금융 소프트웨어 기업 인튜이트(Intuit)는 긱 경제 일자리가 2017년 미국 경제의 34퍼센트를 차지하는데, 2020년에는 43퍼센트에 이를 것으로 봤다. 컨설팅 회사 매킨지는 미국에 6,800만 명의 긱 경제 '프리랜서'가 있고, 이들 가운데 약 30퍼센트에 해당하는 2,000만 명이 긱 경제에 전적으로 의존하는 것으로 추정했다. 이들은 긱 경제 일자리가 매력적이어서 택한 게 아니다. 더 나은 급여를 보장하는 진짜 일자리를 구할 수 없기 때문에 절망한 나머지 마지막 수단으로 선택한 것이다.

긱 경제 모델은 화이트칼라 노동자에게도 접근하고 있다. 긱 경제 변호사는 단기 계약이나 프로젝트 단위로 고용된다. 뉴욕의 스타트업 워크마켓(WorkMarket)은 그래픽 디자이너와 카피라이터, 편집자, 컴퓨터 기술자를 위한 온라인 '주문형 인력 클라우드'를 운영한다. 이들은 월그린(Walgreens) 같은 대기업에 계약직으로 고용되어 일하고, 기업은 적은 수의 정규직 직원을 유지하며 비용을 절감한다.

워크마켓은 개별 일자리를 놓고 노동자들이 서로 경쟁하게 만들어 임금을 낮춘다. 영화 〈헝거게임〉의 현실 버전인 셈이다. 하지만 수요는 엄청나다. 2,000개 이상의 기업이 워크마켓을 통해 계약직 직원을 채용한다. 수십만 명의 노동자가 등록된 이 회사는 연간 80퍼센트씩 성장하고 있다.

워크마켓의 최고경영자 스티븐 디윗(Stephen DeWitt)은 자사 서비스가 기업의 효율적인 운영에 도움을 준다고 말한다. 그는 2016년 인터뷰에서 "낡은 모델의 비효율성이 크게 제거될 것"이라고 말했다. 그렇다면 누가 고통받게 될까? "많은 사람이 해당하죠. 아마도 대학살이 일어날 것입니다"라고 디윗은 인정하면서 "너무 냉정하게 말해서 겁을 주었다면 미안합니다"라고 덧붙였다.

난 정말 겁이 났다. 일부가 '비효율'이라고 생각하는 것이 노동자에게는 급여나 건강보험이기 때문이다. 인터넷 때문에 정규직 노동자를 계약직으로 대체하기 쉬워졌다고 해서 우리가 반드시 그렇게 해야 하는 것은 아니다.

소매업의 종말

3장에서 토이저러스의 폐업을 예로 들면서 소매업의 위기를 언급했다. 지금은 믿기 어렵지만 1980년대 후반에서 1990년 초반에 토이저러스는 장난감 판매 분야를 완전히 장악하여 '카테고리 킬러(category killer)'로 불렸다. 한 분야에서 다양성과 전문성을 겸비한 이 같은 소매 기업은 새로운 경쟁자가 감히 시장에 진입할 수도, 경쟁할 수도 없는 압도적인 시장 지배력을 가졌다. 토이저러스는 고질라 기업이었다. 1997년 미국 연방거래위원회가 내린 판결에 따르면 토이저러스는 지역 시장을 박살 내고 작은 장난감 가게들을 퇴출시켰으며, 장난감 제조 업체들이 경쟁사에 제품을 공급하지 못하도록 협박했다.

하지만 월마트와 타깃이 장난감 시장 점유율을 조금씩 가져가기 시작했고 그다음에는 누구도 대적할 수 없는 아마존이 나타났다. 2013년부터 토이저러스는 적자를 기록하기 시작했고, 2017년에 표면적으로 구조조정을 희망하며 파산보호신청을 했다. 그리고 6개월 후 경영진은 미국에 남아 있던 700개 매장을 폐쇄할 거라고 발표했다. 3만 3,000명의 직원이 일자리를 잃게 된 것이다.

이를 애널리스트들은 '소매업의 종말'이라고 불렀다. 인터넷의 첫 번째 파괴 대상은 블록버스터(DVD 대여), 타워레코드(음반 판매), 보더스북스(대형 서점) 같은 기업이었다. 미디어 산업도 마찬가지였다. 독자들이 종이로 인쇄된 신문과 잡지를 버리고 온라인 출판물로 옮겨

갔기 때문이다. 하지만 2010년 무렵에 시작돼 소매업을 강타한 태풍에 비교하면 이것은 아무것도 아니었다.

토이저러스에서 실직한 수천 명의 노동자가 메이시백화점에서 잘린 1만 명의 노동자와 스포츠오소리티(Sports Authority)가 파산하면서 일자리를 잃은 1만 6,000명에 더해졌다. 〈비즈니스인사이더〉에 따르면 2017년에 8,000곳 이상의 매장이 문을 닫으면서 실직한 소매업 노동자를 모두 합하면 10만 명이 넘었다. 심지어 상황은 더 나빠질 수 있다. 2017년 11월 〈블룸버그〉는 "지금을 소매업의 종말이라고 말하지만, 다음에 닥칠 일은 정말 무시무시하다"라고 보도하면서 이 폭풍이 끝날 즈음에는 대부분 저소득층인 800만 명이 일자리에서 밀려날 것으로 예상했다.

정리해고를 당한 800만 명의 소매업 노동자들은 어디로 가야 할까? 실리콘밸리 사람들은 경제학자 조지프 슘페터(Joseph Schumpeter)가 말한 '창조적 파괴'에 대해 논하길 좋아한다. 창조적 파괴의 행복한 버전에서 기술은 낡은 일자리를 없애고 새롭고 더 좋은 일자리를 창출한다. 공장 노동자들은 로봇에게 일자리를 내어주고 로봇을 만드는 회사로 일하러 간다. 하지만 현실에서, 쫓겨난 800만 명의 소매업 노동자들은 아마존으로 흡수되지 못할 것이다. 이 온라인 소매 기업은 50만 명을 고용하고 있다. 많은 것처럼 들리지만 사실 굉장히 적은 숫자다. 아마존은 월마트 매출의 절반을 창출하지만 고용하는 인력은 4의 1 수준이다. 즉 월마트보다 직원당 두 배가량 많은 매출을 올리는 것이다.

실직한 소매업 노동자가 아마존 물류센터에 취업할 수도 있지만, 아마존은 그들을 필요로 하지 않는다. 아마존은 (상대적으로) 적은 직원으로 많은 돈을 벌기 때문에 보수가 훌륭하다고 생각할 수 있다. 특히 아마존의 창업자이자 최고경영자인 제프 베조스가 1,400억 달러의 재산을 가진 세계 최고 부자이기 때문이다. 세계 최고 부자가 경영하는 회사에서 일하면 연말 보너스로 얼마를 받을까?

크리스마스가 정말 싫을 정도다. 베조스는 현대판 스크루지다.

아마존, 실리콘 사이코패스

워싱턴D.C.에 있는 권익단체 지역자립연구소에 따르면, 아마존 물류창고 노동자들은 다른 창고 노동자보다 평균 15퍼센트 적은 임금을 받는다. 권익단체 폴리시매터스오하이오(Policy Matters Ohio)에 따르면, 오하이오주의 아마존 노동자 700명은 급여가 너무 적은 나머지 푸드 스탬프를 받고 있다.

베조스는 단지 검소하거나 절약하거나 인색한 것이 아니다. 그는 현대판 노동 착취 업주다. 아마존 물류창고에서 사람들은 스톱워치를 든 프레더릭 테일러가 테레사 수녀처럼 여겨질 만큼 한계를 넘어 일하도록 강요받는다. 베조스는 데이터만 좋아할 뿐 실제 인간에 대해서는 무관심해 보인다.

2011년 펜실베이니아의 한 신문은 이 지역 아마존 물류창고에서 일하는 노동자들이 섭씨 37도를 웃도는 날씨에 냉난방 장치가 없는 건물에서 혹사당한다고 보도했다. 아마존은 쓰러지는 노동자들을 치료할 구급요원들과 구급차를 대기시켰다. 2018년 6월, 영국의 노동조합이 조사한 바에 따르면, 지난 3년 동안 영국 내 아마존 물류창고에서 구급차 호출이 600차례 있었던 것으로 나타났다. 루겔레이 지역 한 곳에서만 구급차 호출이 115차례 있었고 '영국에서 일하기 가장 위험한 장소 중 한 곳'이 됐다고 노조 관계자는 말했다.

"아마존은 부끄러운 줄 알아야 합니다."

노조에 따르면 임신한 여성조차 하루 10시간 동안 서서 일하고 육체적으로 힘든 일을 하도록 강요받았다. 그 때문에 한 여성은 일하는 도중 유산하는 아픔을 겪었다. 지역 신문의 보도 직후 〈비즈니스인사이더〉가 후속 보도를 냈는데, 아마존 측에서는 "회사 근무 환경이 안전하지 못하다고 언급하는 것은 옳지 못하다"라고 주장했다.

아마존은 노동 비용을 낮추기 위해 다양한 방법을 사용한다. 하청 계약을 통해 고용하거나 노동자에게 정식 직원이 아니라 '영구 임시직'을 강요한다. 이 회사는 배송 비용을 낮출 방법도 생각해냈다. 긱경제 모델을 도입하여 우버 운전자처럼 자기 차량을 사용하고 비용도 부담하는 파트타임 운전자와 계약을 맺는다. 아마존 운전자는 배달한 상자의 개수에 따라 돈을 받는다.

아마존은 본사 화이트칼라 직원들도 마찬가지로 혹독하게 대한다. 대부분 기술 기업은 직원에게 스톡옵션(이미 상장된 기업은 양도제

한조건부주식)을 부여하여 4년에 걸쳐 주식을 나눠주고 직원들은 해마다 25퍼센트씩 갖게 된다. 하지만 저널리스트 브래드 스톤(Brad Stone)이 《아마존, 세상의 모든 것을 팝니다》에서 밝힌 것처럼 아마존은 이 보상을 1년 뒤에 5퍼센트, 2년 뒤 연말에 15퍼센트, 그다음 2년 동안은 6개월마다 20퍼센트씩 제공하는 방식으로 지급을 연기했다. 이에 대해 아마존이 직원들의 근속을 위해 인센티브 제공을 늦췄다고 생각할 수 있다. 하지만 진실은 정반대다. 아마존은 대부분 직원이 이 가혹한 직장 문화에서 오래 살아남지 못한다는 것을 알고 있기에 지급을 미룸으로써 회사의 지출을 줄인 것이다. 임금 정보 분석 업체 페이스케일(PayScale)의 조사에 따르면, 2013년 아마존 직원의 평균 근속 기간은 1년으로 〈포천〉 선정 500대 기업 가운데 가장 높은 이직률을 기록했다.

아마존에서 물류창고 임금만큼 나쁜 것은 근무 환경이 더 열악해졌다는 것이다. 화장실에 가는 시간도 모니터링하고 제한한다. 평면 스크린 TV로 노동자가 물건을 훔치거나 규칙을 어기는 모습을 '해고'나 '체포' 같은 문구와 같이 보여준다. 한 노동자는 "겁을 주는 이상한 방법"이라고 〈블룸버그〉에 말했다. 또 다른 노동자는 "사람들에게 감시당하고 있다는 걸 알려주는 것"이라고 말했다.

노동자들은 감시 속에 높은 할당량을 맞추느라 시간을 아끼려고 병에 소변을 보기도 한다. 2015년 영국 노동조합은 지속적인 스트레스 때문에 아마존 직원들이 육체적·정신적으로 병들고 있다고 항의했다. 노조 대표는 〈런던타임스〉와의 인터뷰에서 아마존 노동자들은 "평균 이상의 아마봇"이 되도록 압력을 받고 "가혹한 문화에 고통을 당한 뒤 헌신짝처럼 내버려진다"라고 말했다.

영국 아마존 노동자 가운데 일부는 형편없는 급여를 받는 탓에 고속도로 옆 텐트에서 생활해야 했다. 2016년 12월의 어느 날 크리스마스를 며칠 앞두고, 스코틀랜드의 신문기자 크레이그 스미스(Craig Smith)는 A90 고속도로를 달리던 중 들판에 몇 개의 텐트가 있는 것을 보았다. 던펌린에 있는 거대한 아마존 시설에서 800미터도 안 되는 거리였다.

'누가 12월에 캠핑하러 왔지? 그것도 이렇게 생뚱맞은 곳에? 기온도 영하로 떨어지고 있는데 말이야.'

그는 차를 한쪽에 세우고 풀숲으로 들어섰다.

"누가 안에 있는지 보려고 텐트 옆쪽을 '노크'했어요."

스미스가 말했다. 그곳의 거주자는 근처 아마존 배송센터에서 일하는 사람이었다. 집이 직장에서 약 50킬로미터나 떨어진 곳에 있기 때문에 이곳에서 야영을 해온 것이다. 아마존에서 교통편을 제공했지만 요금을 내야 했다. 이 요금이 급여에서 많은 부분을 차지하기 때문에 그는 불편한 생활을 감수하기로 했다.

"딱하게도, 분명히 그 사람은 직장을 붙들고 싶어 했어요. 그렇게 가혹한 조건이라면 아마 저는 포기했을 겁니다."

스미스가 작성한, 텐트에서 생활하는 아마존 노동자에 관한 기사가 〈커리어〉 1면에 실리자 즉시 전 세계로 퍼져나갔고, 영국 안에서는 분노가 끓었다. 스미스는 회사가 수천 개의 일자리를 창출했고 '경쟁력 있는 임금'을 지불하고 있다는 아마존 대변인의 말도 기사에 인용했다. 스코틀랜드의 한 정치인은 교통비 청구와 무급 점심 시간을 포함하면 아마존이 최저임금보다 60펜스 적은 임금을 지급한다고 계산했다.

아마존은 어렵지 않게 더 잘할 수 있었다. 2017년에 아마존은 약 1,800억 달러의 매출과 30억 달러의 이익을 기록했다. 이 회사는 물류창고 노동자가 중산층의 생활을 유지하고 재정적으로 안정적인 은퇴 생활을 할 만큼 충분한 급여를 지불할 여유가 있다. 하지만 그렇게 하지 않는다.

아마존은 아직 이익을 내지 못해 허덕이는 허접한 스타트업이 아니다. 창업자가 사업을 빨리 현금화해서 전리품을 가지고 떠날 생각만 하는 기술 기업도 아니다. 아마존은 24년이나 된 회사이고, 베조스는 장기적으로 회사를 구축하는 데 열중하는 것 같다. 새로운 시장을 집어삼키겠다는 끝없는 야망을 가진 이 회사는 이미 금세기의 가장 중요한 기업 중 하나가 됐다. 그럼에도 베조스는 앞으로 아마존 물류창고는 인간 없이 운영될 것이고, 지금 그들을 잘 대우하는 것은 아무 의미가 없다고 생각하는 것 같다. 노동 비용을 낮추려는 끝없는 압박과 명백히 부족한 인간 존엄에 대한 존중은 여전히 실망스럽다.

2017년 아마존이 제2 본사를 짓겠다는 계획을 발표했을 때, 베조스는 어디에서 가장 좋은 일을 할 수 있고 어떻게 많은 사람을 도울 수 있을지 고민하지 않았다. 대신 그는 자기 사업을 위해 누가 가장 많은 혜택을 내놓을지를 놓고 미국의 여러 도시를 경쟁시켰다. 이 계획에 200개 이상의 도시가 참여했는데 그중에는 미국에서 가장 가난한 디트로이트, 클리블랜드, 신시내티, 밀워키 같은 도시도 있었다. 뉴저지주는 뉴워크 같은 저개발 도시에 아마존이 들어오길 바라며 70억 달러의 세금 감면 혜택을 제안했다.

결국 우리는 볼썽사나운 광경을 보게 됐다. 세계 최고 부자에게 돈을 더 벌게 해주겠다는 도시에서 그는 사무실 단지를 지어 은혜를 베풀겠다고 한다.

세상의 종말을 기다리며

억만장자에서 사회활동가로 변신한 하나우어는 한때 베조스와 가까운 사이였다. 나는 그가 자신의 오랜 친구에게 노동자들에게 더 많은 임금을 주고 그들을 더 인간적으로 대우하도록 말해본 적이 있는지 물었다.

"그 문제에 관심을 갖게 할 만한 기회가 있었죠." 하나우어가 말했다. 하지만 베조스는 설득되지 않았다. "최근에는 제프와 연락이 끊겼어요."

그는 더 말하기를 주저했다. 몇 년 동안 하나우어는 최저임금을 현재 시급 7.25달러에서 두 배 이상인 시급 15달러로 올리도록 의원들을 설득해왔다. 시급 15달러도 상황을 바로잡기에 충분하지 않지만 적어도 출발점은 될 것이다.

"1968년부터 최저임금이 생산성 성장률을 따라왔다면 지금쯤 22달러는 될 겁니다. 상위 소득자 1퍼센트에 맞췄다면 29달러는 될 테고요."

그는 돈을 돌려줘야 하는 이유가 그 1퍼센트들이 목숨을 부지하기 위해서라고 했다. 하나우어는 도널드 트럼프의 당선이야말로 훨씬 더 나쁜 쪽으로 가는 첫걸음에 불과하다고 생각했다.

"사람들은 상처받았고 분노를 표출했습니다. 그런데 도리어 자신들을 맹렬히 공격하는 사람에게 투표한 셈이죠."

부자들이 자신들의 부를 노동자 쪽으로 다시 가져다 놓지 않고 지금 방식을 계속 유지한다면, 결국 영화 〈매드맥스〉와 같은 현실을 맞게 될 거라고 하나우어는 예상한다.

"당신이 가진 것을 돌려주지 않으면 상황은 나아지지 않을 것이다. 우리는 평탄치 않은 길에 있다. 사람들의 분노는 누그러지지 않을 것이다. 사람들의 삶은 더욱 나빠질 것이다. 사람들은 더욱 분노하고 양극화는 심해질 것이다. 이 말이 사람들을 더 화나게 할 것이다. 폭력을 계획하고 실행하라. 사람들은 화났을 때 어리석은 행동을 한다. 상황은 좋아지지 않을 것이다. 우리는 많은 국내 불안을 겪게 될 것이다. 다행히 내전은 피할 수 있을 것이다. 1968년 이후에 미국이 이 같은 위기에 빠진 적은 없었다. 기억하는가? 수백 건의 폭탄 테러와 폭동을 겪었다. 불과 50년 전이다. 우리는 지금 그 주기에 들어섰다."

나는 이 나라가 곤경에 처했다고 생각한다. 특히 서부 지역은 지금 문제를 겪고 있다. 우리는 소수가 혜택을 받고 다수가 궁핍해지는 역학 관계를 제도화했다.

7장

불안정
우리는 가족이 아니라 팀이다

2009년 8월 1일 넷플릭스의 창업자이자 최고경영자인 리드 헤이스팅스(Reed Hastings)는 슬라이드 자료를 공유하는 웹사이트 슬라이드셰어(SlideShare)에 파워포인트 프레젠테이션을 게시했다. 이 프레젠테이션은 헤이스팅스와 인사 담당 임원 패티 맥코드(Patty McCord)가 작성한 것으로, 128장의 슬라이드에 넷플릭스의 기업 문화를 설명한 일종의 선언문이었다. 헤이스팅스와 맥코드는 이 자료를 단순히 채용 도구로 생각했다. 하지만 이 문서는 '넷플릭스 컬처 데크'라는 이름으로 널리 알려져 실리콘밸리에서 직장의 본질을 바꾸었고, 기술 회사가 직원들을 대우하는 방식을 확립했다.

넷플릭스의 가장 크고 유명한 아이디어 가운데 하나가 바로 이 문장에 담겨 있다.

'우리는 가족이 아니라 팀이다.'

이 문장으로 넷플릭스는 직원을 어떻게 대우해야 하는지에 대해 수십 년 동안 쌓여온 전통적 지혜를 날려버렸다. '가족 같은 회사'라는 개념은 너무나 널리 받아들여져 이제 진부할 정도다. 직원을 가족처럼 대하는 것은 감성적으로 보일 수 있지만, 이것은 휴렛팩커드에서 발전된 'HP 방식'의 핵심이었고 수십 년 동안 실리콘밸리의 황금률이 되어왔다.

하지만 그런 것은 신경 쓰지 않는다고 말하는 인터넷 혁명의 대명사 넷플릭스가 나타났다. 우리는 당신의 가족이 아니다. 친구도 아니다. 우리는 팀이다. 우리는 최고의 선수들만 데려온다. 회사에서 잘린다면, 애석하지만 어쩔 수 없다. '가족이 아니라 팀'이라는 의미는 정말 잔인하다. 넷플릭스에 고용 보장이란 없다. 당신의 상사는 언제든 당신을 해고할 수 있다. 회사가 잘되고 있어도, 심지어 당신이 맡은 일을 훌륭히 해내고 있어도 해고될 수 있다.

세상에서 임금 삭감보다 더 나쁜 것은 없겠지만, 만약 있다면 '불안정'이다. 나는 이것을 직장을 망치는 네 가지 요인 중 두 번째로 꼽는다. 당신이 어디서 일하든, 얼마나 일을 잘하든 상관없이 적용되는 새로운 개념이자 새로운 협약의 일부분이다. 당신의 일자리는 절대 보장되지 않는다. 당신이 하는 일이 더는 필요하지 않거나 다른 일을 하도록 교육하는 것이 귀찮다는 이유로 회사는 당신을 해고할 수 있다. 당신이 기업 문화에 맞지 않는다고 생각하는 상사 때문에 해고될 수도 있다.

넷플릭스 컬처 데크에 따르면, '성과보다 고용 보장이나 안정성을 더 가치 있게 생각하는 것'은 부적합자가 되는 길이다. 직업 안정성을 소중히 여기는 사람들은 '넷플릭스에서 두려움을 느끼게' 되고 회사는 '그가 이곳에 적합하지 않다는 것을 깨닫도록 돕는' 절차에 들어간다. 다시 말해 당신이 실직을 두려워할수록 실제로 일자리를 잃을 가능성이 커진다.

그리고 해고당할 때 당신은 화를 내서는 안 된다. 맥코드는 미국 공영 라디오 방송 NPR과의 인터뷰에서 한 여성이 해고당하면서 눈물을 터뜨리는 것을 보고 깜짝 놀랐다고 말했다. "지금 우는 거예요?"라며 그녀를 비웃었다는 것이다. 맥코드의 비전을 공유하는 사람들에게 이직은 (비록 원치 않은 경우라 해도) 그저 어쩔 수 없는 현실일 뿐이다. 살다 보면 주거래 은행을 바꾸기도 하지 않는가. 그와 마찬가지로 하나의 거래에 불과하다.

물론 이것은 끔찍하게 비현실적인 얘기다. 경력이나 회복력과 상관없이, 대부분 사람은 해고당하는 것을 대단히 고통스러워한다. 정신과 의사들은 사람들이 해고당할 때 사랑하는 사람이나 친구가 죽었을 때 느끼는 것과 비슷한 감정을 경험한다고 말한다.

더 나쁜 것이 무엇인지 아는가? 일자리를 잃을 '수 있다'는 두려움이다. 직장을 잃을지 모른다는 불확실성과 두려움 속에서 사는 사람은 해고당한 사람보다 더 심한 정신적 고통을 겪는다. 낮은 직업 안정성은 높은 우울증이나 자살 충동을 포함하여 모든 종류의 문제와 연결돼 있다. 안타깝게도, 지금 우리 가운데 절반 가까이가 속이 뒤틀리는 고통과 우울을 유발하고 불안을 유도하는 공포를 느끼며 살고 있다. 연구조사기관 콘퍼런스보드는 1987년부터 노동자를 연구하면서 그동안 고용 불안정이 증가했다고 밝혔다.

맥코드나 그와 비슷한 부류의 사람들은 스트레스 수준을 더 높이려고 한다. 본질적으로 그들은 조직 행동의 실제 실험을 창안해냈다. 인간을 실험실의 쥐처럼 끊임없는 두려움 속에 살게 하면 어떤 일이 일어날까?

'가족이 아니라 팀'이라는 개념은 맥코드 혼자 만들어낸 것이 아니다. 2018년에 그녀는 자신의 비전을 자세히 설명한 책《파워풀: 넷플릭스 성장의 비결》을 출간했다. 그 책에서 맥코드는 관리자나 회사의 누군가가 경력 개발이나 새로운 기술 습득에 도움을 주길 기대해서는 안 된다고 밝혔다. 회사는 그럴 시간이 없다. 그녀는 이렇게 지적했다.

"관리자는 커리어 플래너가 될 수 없다. 오늘날 빠르게 변화하는 비즈니스 환경에서 그런 역할을 수행하려는 것은 위험할 수 있다."

또한 회사는 부진한 직원을 성과 개선 프로그램에 넣거나 개선 기회를 주는 것 같은 일에 신경 쓰지 말아야 한다. 대신 그들을 즉시 해고하라고 맥코드는 말한다. 또한 직원을 해고하기 전에 그들의 결점을 문서화하는 것을 너무 걱정하지 말라고 인사 담당자들에게 조언한다. 그냥 처리하라! 그들은 감히 소송을 걸지 못할 것이다. 맥코드는 매우 안심되는 소제목을 달고 책의 한 부분을 할애하여 이 문제를 설명했다.

"사람들은 거의 고소하지 않는다."

얼마나 유용한 정보인가! 또한 맥코드는 '멋지게 헤어지는 기술'에 하나의 장을 온전히 할애했다.

맥코드가 사는 현실에서 사람들은 해고당하는 것에 크게 개의

치 않는다. 당신은 누군가를 해고할 수 있고 그들의 삶(과 그들의 배우자와 자녀의 삶)을 완전히 뒤집을 수 있지만, 거기에 눈물은 없어야 한다. 모두 친구로 남아야 한다. 그녀는 실제 이런 일이 가능하다고 믿는 것 같다. 이 책에서 맥코드는 자신이 해고했던 한 디자이너를 우연히 만나 반갑게 안부를 주고받고 꼭 안아주며 헤어졌던 경험을 묘사했다. "나는 그 디자이너를 그때도 참 좋아했고 여전히 좋아합니다!"라고 맥코드는 썼다. 그녀는 자신에게 걷어차인 그 디자이너도 같은 생각을 한다고 믿는 것 같다.

나는 이 부분을 조금 더 생각해봤다. 책에서 맥코드는 자신이 해고한 사람들의 이야기를 양념처럼 곁들였고, 그 일을 잘 해낸 것을 자랑스러워했다. 한 인터뷰에서 말했듯이 그렇게 처리한 사람이 '수백 명'이었다. 그녀는 '해고'라는 단어를 좋아하지 않고 '사람들이 (직장을) 옮긴다'라고 말하길 선호한다고 덧붙였다. 그녀가 '옮기게 한' 많은 사람은 일을 잘하고 있었다. 단지 넷플릭스에서 그들이 더는 필요하지 않았을 뿐이다. 맥코드는 왜 이런 일에 사람들이 눈물을 글썽이는지 이해할 수 없었다. 왜 그들은 그냥 옮겨갈 수 없었던 걸까?

넷플릭스 컬처 데크의 영향력은 상당히 과대평가되어 있다. 처음 게시된 2009년 이후 이 문서는 약 1,800만 번 조회됐다. 페이스북의 최고운영책임자 셰릴 샌드버그(Sheryl Sandberg)는 "이제까지 실리콘밸리에서 나온 문서 중 가장 중요한 것"이라고 말했다. 미국 최대 IT 매체 테크크런치(TechCrunch)에 따르면, 넷플릭스 컬처 데크는 "인터넷 경제 중심점을 위한 문화 성명서이자 현대 직장생활의 미래를 볼 수 있는 수정구슬"이 됐다.

하지만 '가족이 아닌 팀'이라는 개념과 관련된 모든 것은 분명히 어리석고, 심지어 형편없는 기업 정책을 뭔가 바람직한 것으로 포장하려고 만들어낸 명백한 거짓말이다. '노동자를 홀대하는 잔인한 멍청이'라는 정체성을 가리기 위해서 말이다. 넷플릭스는 조직 안에 '높은 성과를 추구하는 문화'가 작동한다고 주장한다. 그리고 그 기준은 많은 사람이 쉽게 측정할 수 없을 정도로 높아야 한다. 컬처 데크에 따르면 넷플릭스는 모든 포지션에 스타 선수를 배치해야 하는 '프로 스포츠팀'과 같다. 최근 몇 년 동안 넷플릭스는 많은 직원을 해고하면서 '올림픽 팀에서 탈락한 것이 부끄러워할 일은 아니다'라고 말해왔다.

잘났다. 욕이 나오지만, 한편으로는 충격적이다. 이렇게 지나친 자신감은 어디서 시작된 걸까? 우선 이것이 넷플릭스다. 이 회사는 TV 프로그램을 제작하고 인터넷에서 영화 스트리밍 서비스를 제공한다. 사람을 달에 보내거나 인간 유전체를 연구하여 암 치료법을 찾는 일을 하는 곳이 아니다. 그다음, 이 회사에서는 거의 5,000명의 직원이 일하지만, 대부분이 고객센터의 전화 상담원이고 이들 중 일부는 겨우 시급 14달러를 받는다. 이 사람들은 1년에 수백만 달러를 버는 프로 농구 선수나 올림픽 아이스하키팀의 일원이 아니다.

사실 전문 스포츠팀이라 해도 모든 포지션에 스타 선수를 배치하진 않는다. 게다가 최고의 프로 스포츠팀은 선수들이 서로 '한 가족처럼 생각하기 때문에' 성공한다. 2004년 월드시리즈에서 우승한 전설적인 프로 야구팀 보스턴 레드삭스 팀원들의 이야기를 들어보자. "이 사람들은 가족입니다. 단지 팀이 아닙니다." 한 선수가 말했다. "우리는 가족입니다. 형제들과 함께 싸우러 가는 겁니다." 또 다른 선수가 말했다.

미국 프로 미식축구팀 뉴잉글랜드 패트리어츠의 톰 브래디(Tom Brady) 선수 역시 이렇게 말했다. "라커룸을 같이 쓰는 이 많은 선수가 진짜 나의 가족입니다."

스포츠와 리더십 분야의 전문가이자 《캡틴 클래스》의 저자인 샘 워커(Sam Walker)의 말도 들어보자. "훌륭한 스포츠팀들은 실제 가족 같습니다. '가족적인 분위기'가 필수적인 것은 아니지만 내가 연구한 대부분의 엘리트 팀은 선수들끼리 서로 가까웠습니다. 여러 차례 역경을 극복한 팀일수록 일반적으로 유대감이 강했어요."

넷플릭스의 최고 경영진은 자신들의 문화가 훌륭하다고 생각하겠지만, 그곳 직원들은 자기 의견을 정확하게 드러내지 않는다. 익명으로 자신이 근무하는 회사를 평가하는 구직 사이트 글래스도어 (Glassdoor)에서 넷플릭스는 5점 만점에 3.7점을 받았다. 구글, 애플, 페이스북보다 낮은 점수이고 심지어 포드자동차나 존슨앤드존슨, P&G, 엑손모빌보다도 낮다.

넷플릭스의 사무직 직원들은 높은 이직률과 빠르게 닥치는 번아웃으로 고통받는다. 한 콜센터 노동자는 글래스도어에 이렇게 썼다.

"화장실에 있는 시간부터 특정한 유형의 통화에 사용한 시간까지 모든 것이 초 단위로 나뉘어 기록됩니다. 솔직히 내가 경험한 가장 까다로운 근무 환경입니다."

물론 일부 행복한 넷플릭스 직원들은 회사를 격찬한다. 하지만 "입사한 지 3주 동안 본 해고자 수가 믿을 수 없을 정도입니다" 또는 "조직 문화에 대한 내용은 사실 홍보 문서입니다"라는 부정적 언급이 훨씬 많다.

넷플릭스가 가치를 두지 않는 한 가지가 다양성이다. 넷플릭스가 최근 공개한 다양성에 관한 연례보고서에 따르면, 넷플릭스 직원 가운데 흑인이 4퍼센트이고 히스패닉이 6퍼센트인 데 비해 백인은 49퍼센트를 차지하는 것으로 나타났다(아시아인은 24퍼센트, '기타/복합'이 4퍼센트이고 13퍼센트는 '미확인'이었다). 넷플릭스의 기술직군, 즉 사람들이 선호하는 엔지니어 자리이자 급여도 높은 이 부문에서는 흑인이 2퍼센트, 히스패닉은 4퍼센트뿐이었다. 고위직은 더 심각했다. 회사 최고 경영진 여덟 명 가운데 일곱 명이 남자였고 모두 백인이었다. 넷플릭스는 '가족이 아니라 팀'이라고 말하지만, 이 팀은 마치 재키 로빈슨(Jackie Robinson)이 입단하기 전 브루클린 다저스 같다(재키 로빈슨은 흑인 최초로 메이저리그에 진출한 선수다-옮긴이).

명백한 단점들이 있지만 맥코드가 만든 컬처 데크는 하나의 모범이 됐다. 수십 개 기업이 넷플릭스의 정신인 오만과 자만을 빌려와 '컬처 코드'를 작성했다. 내가 일했던 허브스팟은 '가족이 아니라 팀'을 포함하여 넷플릭스 데크의 일부를 그대로 가져다 문화 코드를 만들었다. 스포티파이는 '문화는 성공을 가능하게 하지만 성공의 원인은 아니다'라는 문구를 포함시키고, '가족이 아닌 팀'이라는 문구를 기업 문화를 보호하기 위해 '해고도 중요하다'라고 바꿔 더욱 강조했다. 창작자 후원 사이트 패트리온(Patreon)의 컬처 데크는 '높은 성과'에 관한 맥코드의 말을 모방하여 '세계 정상급 인재'만 살아남는다고 말한다. 금융 스타트업 카르타(Carta)는 맥코드의 말을 인용해 '목표는 공유하되 느슨하게 연결된' 그룹을 통해 '프로 스포츠팀처럼 회사를 운영한다'라고 했다.

컬처 코드는 뭔가 대단한 것이 됐지만, 사실 불쾌하고 어리석고 무의미한 것이다. 톰 피터스가 말한 것처럼 "글로 써서 벽에 붙이는 순간 망한다. 그것은 문화가 아니다". 하버드대학교의 심리학자이자 《자존감은 어떻게 시작되는가》의 저자 에이미 커디(Amy Cuddy)는 '인스타 컬처(insta-culture)'에 대해 꼬집었다. 회사가 코드를 만들고 탁구대를 사 온 다음 "자, 우리도 문화가 생겼다"라고 말한다는 것이다. 진정한 문화가 자리를 잡으려면 시간이 필요하다.

온라인에서 기업 컬처 데크를 검색하면 수십 개는 찾아 읽을 수 있다. 이것을 꼼꼼히 읽다 보면 아마도 진절머리가 날 것이다. 경건한 척하는 신경제 기업의 끈적거리는 말을 바가지로 뒤집어쓴 기분일 테니 말이다. 그들은 별반 다르지 않은 말들을 경쟁적으로 늘어놓는다. 그들은 팀이고 관리자는 코치다. 그들은 윤리와 정직, 공감과 투명성을 좋아한다. 그들은 남다르게 뛰어나고 적응력이 높고 열정적이며 호기심이 많고 두려움을 모른다. 그들은 최고 중의 최고지만 자기중심적이지 않고 겸손하다. 그들은 성공을 축하하고 실패를 통해 배운다. 그들은 자유를 좋아하고 규칙을 싫어한다. 아, 그리고 마지막으로 그들은 한 사람, 한 사람 모두 특별하다. 이처럼 진지하지만 아무 뜻도 없는 마케팅 허언을 가리켜 '의미심장한 의미 없음(meaningfullessnes)'이라고 한다. 컬처 코드를 작성하는 사람들은 이것에 통달했다.

'가족이 아닌 팀'이 가진 문제는 회사가 이런 개념을 받아들이는 순간 직원을 해고하면서 비뚤어진 자부심을 갖기 시작한다는 것이다. 누군가를 해고하는 일은 이전에는(물론 지금도 그래야 하지만) 드물고 유감스러운 일이었으며, 고용주나 고용인 모두 최대한 피해야 하는 마지막 수단이었다. 하지만 지금 일부 회사에서는 사람을 해고하는 일이 명예 훈장이나 심지어 자랑거리가 됐다.

맥코드의 신념과는 반대로, 어떤 사람들은 해고당할 때 끔찍한 고통을 겪는다. 믿어도 좋다. 나는 내 책을 읽고 보내온 독자들의 절절한 경험담을 읽으며 몇 개월을 보냈다. 해고를 긍정적이고 희망차게 생각하는 사람은 단 한 명도 없었다! 그들은 상처받았고 증오와 분노가 치솟았다. 하지만 그것을 개인의 일로 받아들였다.

스티브 잡스는 졸업식 축사에서 죽고 싶어 하는 사람은 없다고 말했다. 심지어 천국에 가고 싶어 하는 사람조차 천국에 가기 위해 죽으려고 하지는 않는다고 했다. 마찬가지로, 직장생활이 비참해서 더 나은 직장을 찾고자 하는 사람도 해고되면 분노하고 상처를 받는다. 계약이 종료됐다는 데 안도하기도 하지만, 동시에 마지막 모욕처럼 느끼기도 한다.

이 고통은 오래갈 수 있다. 즉시 회복하고 고통을 극복하는 사람은 없다. 20대의 자비에(역시 가명이다)는 넷플릭스에 영향을 받은 문화 코드가 있는 회사에서 7개월 만에 쫓겨났다. 그는 잘못한 일이 없었다. 하지만 회사에서 새로 채용한 부사장이 일부 인원을 정리하고 싶어 했다.

"우선 회사가 당신을 왜 고용했는지 이해가 안 되는군요."

부사장이 그에게 한 말이었다. 부사장은 전혀 미안하게 생각하지 않겠지만, 자비에에게 이 경험은 너무나 큰 충격이었다. 이 일 때문에 한 번도 겪지 못한 심각한 우울증에 빠져 1년 동안 휘청거렸다고 한다.

레나타(역시 가명이다)도 같은 회사에서 5개월 만에 해고됐다. 대학 졸업 후 들어간 첫 직장이었고 채용 업무 담당자로 고용됐다. 야심과 열정이 앞서 그녀는 추가 업무를 요청했고 모든 일이 잘되고 있다고 생각했다. 하지만 어느 날 예고 없이 그녀의 20대 상사가 회의실로 불러 해고를 통보했다. 이유는? 상사가 이렇게 말했다고 한다.

"충분히 신나 하지 않는 것 같아요."

레나타는 이 말이 무슨 뜻인지 이해할 수 없었다. 상사는 한 번 더 기회를 주거나 더 잘하도록 돕거나 회사 안에서 다른 역할을 찾아주지 않았다.

"상사는 나를 배려하는 거라고 말했어요. 내가 채용 업무에 열정이 없기 때문에 대신 다른 분야를 탐색할 기회를 주는 거라고 하더군요."

상사는 책상을 치울 것도 없이 지금 당장 회사를 떠나라면서 개인 물품은 회사에서 보내줄 거라고 했다. 레나타는 외투만 챙겨 일어서야 했다. 레나타는 휘청거리며 건물을 나왔다. 방금 무슨 일이 일어났는지 기가 찰 노릇이었다.

"혼란스러웠고 패닉에 빠졌습니다. 단기적으로는 생활비 걱정을 했지만, 장기적으로도 패닉이었습니다."

이력서에 적힌 5개월 경력이 어떻게 보일지, 미래의 고용주에게 어떻게 설명해야 할지 걱정스러웠다. 그녀는 자신이 직장생활에 적합하지 않은 사람일까 봐 두려웠다.

"완전히 실패한 것 같았어요."

몇 달 뒤 레나타는 새로운 직장을 찾았지만, 해고당한 경험과 상사가 그 과정을 처리한 방식에 대한 기억이 여전히 그녀를 괴롭혔다.

경력이 아니라 복무 기간일 뿐

넷플릭스의 모델인 '가족이 아닌 팀'의 가장 크고 영향력 있는 팬은 실리콘밸리의 신흥 억만장자이자 링크드인의 창업자인 리드 호프먼이다. 2014년 호프먼은 자신의 책《얼라이언스》를 홍보하면서 '당신의 회사는 가족이 아니다'라는 제목의 글을 〈하버드비즈니스리뷰〉에 기고했다. 맥코드의 표현을 빌려온 것이다.

맥코드처럼 호프먼도 자신이 경영의 신탁을 받았고, 실리콘밸리의 성공을 흉내 내는 방법을 기술 전문가가 아닌 사람들에게 가르칠 만한 위치에 있다고 생각했다. 그는 넷플릭스 코드를 받아들여 기업이 마음대로 채용과 해고를 할 수 있고, '경력'은 없고 오직 단기 임시직으로 일하는 복무 기간만 있는 새로운 협약을 상상하며 이 개념을 더욱 발전시켰다.

일부 기술 스타트업은 고용 불안정과 해고의 두려움을 경영 도구로 사용한다. 이런 노력으로 스톡옵션이라는 강력한 무기를 얻었다. 대부분 노동자는 스톡옵션을 얻기 위해 연봉의 일부를 포기한다. 회사를 제대로 선택하면 옵션이 하루아침에 수백만 달러로 둔갑할 수 있다. 하지만 약속된 주식을 다 받으려면 4년을 버텨야 한다. 대부분 사람은 급여가 사라지기 때문에 해고를 두려워하지만, 유망한 기술 스타트업에서 해고되면 급여보다 더 많은 것을 잃는다.

2009년 창립 이후 몇 년 동안 우버는 세계에서 가장 주목받는 기술 유니콘 기업이었다. 샌프란시스코에 본사를 둔 이 차량공유 회사에 취업하는 것은 황금 티켓에 당첨되는 것과 같았다. 하지만 우버 경영자들은 이 점을 최대한 활용했다. 우버는 직장 내 괴롭힘과 성추행, 가혹하기로 악명 높은 기업 문화와 함께 해롭고 스트레스가 많은 직장이 됐다.

전 우버 직원 한 명은 2017년 버즈피드에 이렇게 이야기했다. "물질 숭배죠. 사람들은 돈 때문에 엄청난 학대, 특히 정신적 학대를 견디고 있습니다." 직원들은 스톡옵션을 놓치지 않으려고 극도로 고된 업무를 견뎠다. "사람들은 그 주식을 자신의 미래이자 은퇴자금으로 생각했어요. 그것이 미국으로 이주하거나 미국을 가로질러 이사한 이유였죠."

우버의 공포 문화 속에서 직원들은 과도한 업무에 시달렸다. 한밤중에도 긴급 상황을 해결하기 위해 출근해야 했고, 때로는 동료들 앞에서 관리자에게 수치를 당해야 했다. 일부는 공황 장애를 겪었고 일부는 입원을 해야 했다고 버즈피드는 보도했다.

조지프 토머스(Joseph Thomas)에게 이 압력은 너무 벅찼다. 토머스는 우버에 채용된 서른세 살의 흑인 소프트웨어 엔지니어였다. 토머스는 약속의 땅에 들어왔다고 생각했지만, 스트레스가 극심했던 나머지 몇 개월 만에 자살을 택했다. 그는 어린 두 아들과 아내를 두고 세상을 등졌다. 그의 아내 제콜 토머스(Zecole Thomas)는 남편의 자살이 극심한 직장 스트레스 탓이라고 했다. 그녀는 〈USA투데이〉에 이렇게 말했다.

"남편은 멈춘 기계 같았습니다. 망가진 상태였어요. '바보가 된 것 같아. 모두 나를 비웃어'라고 말하곤 했습니다."

그녀는 남편을 죽음으로 몰고 간 회사를 비난하며 변호사를 선임하고 소송을 제기했다. 신문에서 소송에 관한 기사를 보도하자 우버는 "어떤 가족도 토머스 씨 가족이 겪은, 말할 수 없이 가슴 아픈 일을 겪어서는 안 됩니다"라는 성명을 발표했다. 그런데 소송이 해결됐는지는 불명확하다. 내가 연락했을 때 제콜 토머스와 그녀의 대리인은 이 일에 대해 이야기하고 싶어 하지 않았다.

우버의 경영진은 조지프 토머스의 자살이 안타까웠겠지만, 이 회사는 과도한 업무 스트레스를 완화할 어떤 계획도 발표하지 않았다. 토머스가 자살한 지 6개월 뒤 한 인터뷰에서 우버의 최고기술책임자는 우버에서 일하는 것을 다이아몬드가 만들어지는 과정에 비유했다.

"다이아몬드가 수천 년 동안 열과 압력을 받아 견고해지는 것처럼, 그 과정을 견디고 이를 통해 발전할 수 있는 사람만이 다이아몬드가 될 수 있습니다."

충격을 금할 길이 없다. 정신이 올바른 사람이라면 이것이 회사를 경영하는 건강한 방법이라고 생각하지 않을 것이다.

고용 불안정이 주는 스트레스

아님 아웨(Anim Aweh)는 베이 에어리어에서 전문 치료사로 일하면서 실리콘밸리에 있는 노동 착취 기업의 희생자들을 만났다. 주로 젊은 기술 노동자를 상담하는 20대 후반의 이 사회복지사는 "어떤 사람들은 여기서 엄청난 돈을 벌고 있지만 하는 일이 지나치게 힘듭니다"라고 말했다. 그녀는 다양성이 부족하기로 악명 높은 실리콘밸리에서 특수한 도전에 직면하는 유색인들을 돌본다.

"그들은 오랜 시간 일해야 합니다. 서로 경쟁하고 있어요. 극심한 생존 경쟁이죠. 상담했던 한 여성은 '똑똑하게 일하는 것이 아니라 열심히 일해야 한다는 기대가 있고, 더 할 수 없을 때까지 그저 일,

일, 일만 해야 한다'고 말하더군요."

어떤 이유에서인지 밀레니얼 세대는 직업 안정성을 신경 쓰지 않고 직장을 옮겨 다니길 좋아하고 '가족이 아니라 팀'이라는 방식을 '선호'한다는 근거 없는 믿음이 있다. 사실 그렇지 않다. '가족 같은 분위기'는 밀레니얼 세대를 포함한 많은 사람이 직장에서 '열망'하는 것이다. 2015년 2,200명의 직장인에게 실시한 조사에서 대부분이 '가족 같은 분위기와 조직에 대한 충성심, 그리고 전통으로 결속된' 회사에서 일하고 싶다고 응답했다. 그런데 단 26퍼센트만이 현재 직장에서 그처럼 느끼는 것으로 나타났다. 영국에 기반을 둔 인사 담당 인력 전문 기관이자 이 조사를 한 영국 공인인력개발연구소에 따르면, 가족적인 분위기를 바라는 것은 단지 고연령층뿐만 아니라 모든 연령층에서 일관되게 나타났다.

워싱턴주립대학교의 조직심리학자 타히라 프로브스트(Tahira Probst)는 데이터분석을 통해 젊은 노동자들이 새로운 심리적 계약을 받아들이지 않고, 고용 불안정이 중요한 스트레스 요인이며, 조직이 제공하는 고용 안정이 많이 감소했음에도 노동 시장의 신규 진입자들은 여전히 고용 안정을 바란다는 사실을 확인했다.

2013년 퓨리서치센터 보고서에 따르면, 밀레니얼 세대는 베이비부머 세대보다 고용 보장과 안정성을 '더' 중요하게 생각했다. 약 90퍼센트가 매해 연봉 인상과 승진 기회가 있다면 10년 이상 한 직장에서 근속할 거라고 응답했다. 퀄트릭스(Qualtrics)와 액셀벤처스(Accel Ventures)가 실시한 조사에서는 약 80퍼센트가 고용 보장과 안정성이 크다면 임금 감소를 감수할 수 있다고 응답했다.

일자리 불안은 늘 존재했지만, 대부분 사람에게 이것은 일시적인 현상이었다. 회사가 힘든 시기를 겪고 있거나 다른 회사를 합병하거나 '인력 축소' 같은 소문이 돌면 그때 잠시 실직을 걱정했다. 그러나 '가족이 아닌 팀'이라는 가치가 지배하는 이 시대에는 고용 불안정이 직장인들의 머릿속을 떠나지 않는다. 어느 정도의 불안감은 사람들을 긴장시키고 생산성을 높일 수 있다고 믿는 관리자도 있다. 하지만 두려움을 경영 기법으로 사용하는 것은 완전히 터무니없는 생각이다.

지난 10년 동안 고용 불안정에 관해 연구해온 벨기에 루벤대학교의 조직심리학자 틴 반데르 엘스트(Tinne Vander Elst)의 연구에 따르면, 고용 불안정이 창의력 감소와 업무 성과 및 생산성의 전반적인 저하, 높은 수준의 직장 내 괴롭힘과 상관관계가 있는 것으로 나타났다. 고용 불안정을 경험한 노동자는 건강 악화와 높은 수준의 감정 고갈, 수년간 지속될 수 있는 우울증을 보였고, 사고와 부상을 더 많이 당하고 윤리적 판단 실수를 더 많이 하는 경향이 있었다. 이런 사람들은 노력은 적게 하는 반면 회사 험담을 하고, 다른 직장을 알아보며 시간을 보낼 가능성이 크다.

또한 과학자들은 만성적이고 낮은 수준의 스트레스가 강렬하지만 오래가지 않는 스트레스보다 더 위험하다고 말한다. 우리 뇌는 포식자에게서 도망치거나 불타는 건물에서 탈출하는 것처럼, 강렬하지만 짧은 스트레스에 대처하도록 설계되어 있다. 상대적으로 경미하지만 만성적으로 지속되는 스트레스를 처리하는 방법은 입력되어 있지 않다. 그런데 우리가 '가족이 아닌 팀'이라는 직장에서 얻는 것은 이런 스트레스다. 5장에서 언급한 것처럼 연구자들이 쥐에게 사용하는 '예측할 수 없는 가벼운 만성 스트레스를 만드는 실험 방법'을 인간에게 적용한 것이다.

장기간에 걸쳐 높아진 공포 반응을 감수하고 살 때 우리 뇌에는 아주 놀라운 일들이 일어난다. 두려움이 기억력을 떨어뜨리고 뇌 일부를 손상시킬 수 있다. 메이오클리닉(Mayo Clinic)에서 실시한 두 개의 뇌 스캔은 건강한 뇌와 스트레스 및 우울을 겪는 뇌의 차이점을 보여준다. 건강한 뇌는 노란색과 주황색 부분이 넓게 나타나면서 활발히 빛나지만, 스트레스를 받은 뇌는 짙은 푸른색이나 검은색 부분이 넓게 나타나고 노란색 점이 드문드문 흩어져 있어 마치 가동을 중지한 것처럼 보인다.

뇌가 가동을 멈추면 어떤 일이 생길까? 인도 푸네에서 스물다섯 살의 소프트웨어 엔지니어가 "IT 업계에는 고용 보장이 없습니다. 가족이 무척 걱정됩니다"라는 글을 남긴 채 스스로 목숨을 끊었다. 2016년 시애틀에서는 스트레스에 지친 아마존의 화이트칼라 노동자 한 명이 건물에서 뛰어내렸다. 직장을 잃을 두려움에서 비롯된 자살 시도였다. 그는 다른 부서로 이동을 요청했지만, 상사는 그를 해고로 이어지는 성과 개선 프로그램(PIP)에 보냈다. 이 사건 이후 비통해하는 아마존 직원들은 익명의 앱을 통해 고용 불안 속에 사는 스트레스를 분출했다.

"저는 울면서 밤새워 일했습니다. 건강에도 문제가 생겼습니다. 저도 PIP 대상자가 될까 봐 두려웠기 때문입니다."

뿌린 대로 거둔다

이렇게 말하면 이상하지만, 기쁘게도 넷플릭스의 최고인사책임자 패티 맥코드는 자신이 만든 코드의 피해자가 됐다. 2012년에 최고경영자 헤이스팅스가 맥코드를 내쫓은 것이다. 그녀는 14년 동안 헌신한 회사를 떠나고 싶어 하지 않았지만, 이후 출간한 책에서 이 사건을 거의 언급하지 않았고 무슨 일이 있었는지도 밝히지 않았다. "떠나야 할 때였다"가 그녀가 말한 전부였다.

나는 자신이 당한 해고가 그녀에게는 깨달음의 순간이자 '가족이 아닌 팀'이라는 접근 방식을 다시 생각하는 계기가 됐으리라고 생각했다. 하지만 아니었다. 맥코드는 해고됐을 때 "떠난다고 생각하니 고통스럽고 이런 상황에서 느끼는 감정에 면역이 없었다"라고 인정했다. 하지만 그녀의 신념은 흔들리지 않았다.

지금 맥코드는 컨설팅 회사를 운영하면서 다른 기업들이 넷플릭스가 가진 마력을 얻도록 돕는다. 그녀의 고객사에는 거대 광고 기업 제이월터톰슨(J. Walter Thompson), 세계 최대 자산운용사 블랙록(BlackRock), 온라인 안경 판매 기업 와비파커(Warby Parker)가 있다. 내가 한때 일했고 우리는 '가족이 아니라 팀'이라는 기업 철학을 처음 접했던 소프트웨어 기업 허브스팟도 그녀의 고객사다.

재미있는 점은 맥코드나 호프먼은 사람들이 새로운 직장을 찾아 많이 옮겨 다녀야 한다고 생각했지만, 정작 자신들은 이런 궁리를 열심히 하지 않았다는 것이다. 호프먼은 2002년에 링크드인을 창업하고 2016년에 마이크로소프트에 인수될 때까지 회사 경영에 참여했다. 2009년 그는 벤처캐피털 회사 그레이록파트너스(Greylock Partners)에 합류했지만, 그 후로도 계속 링크드인에 남아 있다. 맥코드는 13년에 걸쳐 네 곳의 기술 회사에서 근무한 다음 넷플릭스에 정착하여 내리 14년 동안 있었다. 해고당하지 않았다면, 아마 지금도 여전히 넷플릭스에서 일하고 있을 것이다.

또한 '새로운 협약'이 성공적이고 지속 가능한 사업을 창출할 수 있는지도 명확하지 않다. 호프먼이 세운 링크드인은 몇 년 새 빠르게 성장했지만 결국 큰 적자를 내기 시작했고 마이크로소프트에 인수됐다. 넷플릭스의 매출은 2017년에 30퍼센트 성장해 흑자로 전환했지만 벌어들인 것보다 훨씬 많은 돈을 소진했다. 넷플릭스는 280억 달러 이상의 부채가 있고 이 중 일부는 정크본드로 조달했다. 2018년 5월 〈크레인스뉴욕비즈니스〉는 이를 두고 "닷컴 시기를 떠올리는 위험한 전략"이라고 보도했다.

한편 우버는 자신의 기업 문화를 다이아몬드를 만들어내는 문화라고 주장했지만, 2017년에 그 문화 때문에 휘청했다. 일련의 스캔들이 터진 다음 이사회는 회사의 창업자이자 최고경영자인 트래비스 캘러닉을 해고했다.

20세기의 경영자들

얼마 전만 해도 직원의 복지와 가족을 신경 쓰는 최고경영자가 존경을 받았다. 최고경영자는 직원들에게 안정적인 일터를 제공하고 고용을 보장하는 것을 자랑스러워했다. 일부 기업은 직원에게 필요 이상의 급여와 조직 안에서 승진할 기회를 제공했다. 보너스 제도와 이익 분배 제도를 만들고 의료 혜택과 연금을 제공했다. 직원을 해고하는 것은 최후의 수단이었다. 정리해고는 비극이었고 회사는 이를 피하려고 애썼다.

나는 20세기에 최고경영자들이 출간한 책들을 살펴보았다. 경영과 채용에 관한 그들의 시각은 오늘날 거의 상상할 수 없는 것이었다. 리 아이아코카(Lee Iacocca)는 1984년에 낸 자서전에서 포드자동차의 최고 자리에서 해고됐을 때 수치와 분노를 느꼈지만, 이후 크라이슬러의 최고경영자로서 회사를 파산에서 지키고자 수천 명의 노동자를 해고해야 했을 때 더 큰 고통을 느꼈다고 털어놓았다. 이결정은 "더 많은 사람을 위해 크나큰 개인적 비용을 치른" 것이었다고 언급했다.

헨리 포드는 1928년에 낸 자서전 《나의 삶과 일》에서 일자리를 만들고 가능한 한 많은 사람이 잘살 수 있도록 기회를 제공하는 것이 자신이 회사를 세우는 핵심이라고 밝혔다. 그에게 중요한 것은 돈도, 심지어 자동차도 아니었다. 바로 사람이었다. 포드는 아이들이 수습 과정을 거쳐 졸업 후 포드에 취업할 수 있는 직업학교를 세웠고, 노동자 계층에 좋은 의료 서비스를 제공할 목적으로 병원을 운영했다.

한번은 경영진에게 장애인이 할 수 있는 작업 목록을 작성하도록 지시했다. 장애인을 위한 일자리를 창출하기 위해서였다. 시각 장애인이 어떤 일을 할 수 있을까? 한쪽 팔로 할 수 있는 일이 무엇일까? 그는 책에 이렇게 썼다.

— 나의 야망은 점점 더 많은 사람을 고용하고 (…) 산업 시스템의 혜택을 확장하는 것이다. 우리는 삶과 가정을 세우길 바란다.

IBM의 최고경영자였던 토머스 왓슨 주니어(Thomas J. Watson Jr.)는 기업의 최우선 순위를 '직업 안정' 정책이라고 생각했고, "24년 동안 정리해고 때문에 단 1시간도 낭비하지 않은" 것을 자랑으로 여겼다. 1963년에 쓴 회고록 《거인의 신념》에서는 만약 직원이 한 가지 일을 망친다면 IBM은 다른 일을 찾아줄 거라고 밝혔다.

— 우리는 직원 개인의 능력을 계발하고, 업무 요건이 바뀌면 재교육하며, 맡은 업무에 어려움을 겪고 있으면 다른 기회를 주기 위해 어떤 노력도 마다하지 않을 것이다.

빌 휴렛과 데이브 패커드는 매년 HP 직원 가족 야유회에서 직접 음식을 서빙했다. 그들은 HP의 '가족적인 분위기'를 자랑스러워했다.

직원과 가족의 여가를 위해 회사 근처 땅을 매입하기도 했다. 패커드는 1995년에 출간한 책《HP 웨이(The HP Way)》에서 캘리포니아에는 캠핑 장소로 딱 좋은 숲을, 스코틀랜드에는 좋은 낚시터가 있는 호수를, 독일에는 스키를 즐기기에 적합한 장소를 마련했다고 회고했다. 이 책에는 1960년에 패커드가 관리자들에게 했던 연설도 실려 있다. 직장에 대한 그의 관점을 알 수 있기에 일부를 여기 소개한다(진하게 표시한 부분은 내가 강조한 것이다).

— 우리는 직원에게 책임이 있다. 그들이 우리의 일을 계획하므로 우리는 직업 연속성을 보장할 수 있다. **우리는 그들을 쉽게 채용하고 쉽게 해고하는 작전을 쓸 의도가 없다.** 때로는 필요한 사람들을 고용한 다음, 가능한 한 많은 일을 시키고, 그 일이 끝나면 집으로 보내는(해고하는) 것이 가장 효율적인 방법인 것처럼 보인다. 설령 이것이 가장 효율적일지라도 우리는 결코 이런 식으로 회사를 운영하지 않았다. **우리는 능력이 닿는 한 기회와 고용 안정을 제공하는 것이 우리의 책임이라고 생각한다.**

오늘날 인터넷 기반의 신흥 재벌들은 이런 책들이 나온 뒤로 세상이 변했고, 디지털 시대에는 다른 교전 규칙이 필요하다고 말할 것이다. 나는 이것이 자신이 무슨 일을 하고 있는지 알지 못하는 사람들이 만들어낸 헛소리라고 생각한다. 우리가 사용하는 도구는 달라졌지만, 인간이라는 존재는 달라지지 않았다. 인간 존엄과 인간 존중,

안정성과 안전 보장은 여전히 중요하다. 지난 세대의 최고경영자들이 알고 있던 경영과 인간에 관한 모든 것은 지금도 여전히 의미가 있다.

결과를 살펴보라. 절정기에 있을 때 헨리 포드와 데이브 패커드, 토머스 왓슨은 오늘날 넷플릭스나 링크드인보다 훨씬 더 크고 중요한 기업을 경영했다. 포드나 패커드, 왓슨이 세상을 떠난 지 오래된 지금까지도 그들이 세운 기업은 지속 성장하고 있고, 사실 넷플릭스보다 더 많은 수익을 올리고 있다.

이 20세기의 경영자들은 무엇인가를 깨달았던 이들이다. 오래가는 회사를 세우려 한다면 당신이 귀 기울여야 할 사람은 바로 이 사람들일 것이다. 당신은 노동자에게 '우리는 가족이 아니라 팀'이라고 말하는 대신, 팀'이면서' 가족이 될 방법을 고민해야 할 것이다.

8장

변화
절대 끝나지 않는 허리케인 안에 살다

"거리낌 없이 의심하십시오."

브라이언 로버트슨(Brian Robertson)이라는 남자가 선언하듯 말했다.

"제게 도전해보십시오. 의심하고 파헤치고 질문하십시오."

나는 샌프란시스코 차이나타운 클레이 스트리트에 있는 야잉회관 2층, 울퉁불퉁한 소나무 벽에 중국화와 미국 국기가 걸려 있는 회의실에 앉아 있다. 나 외에 스무 명 남짓한 20~30대가 함께하고 있다. 우리는 홀라크라시(Holacracy)라는 것을 배우기 위해 반나절 '맛보기 워크숍'에 참석 중이다. 홀라크라시는 로버트슨이 철학과 심리학, 사회학, 인공두뇌학, 그리고 신만이 아실 무언가를 차용해서 개발한 뉴에이지 경영 방법론이다.

이때는 2017년 6월이었고 멘로파크의 한 카페에서 레고 강사를 만난 지 며칠이 지난 후였다. 나는 레고 워크숍이 직장에서 변화라는 이름으로 직원들에게 강제할 수 있는 가장 정신 나간 짓이라고 생각했지만, 여기 와서 생각을 바꿨다. 홀라크라시는 훨씬 더 심각했다. 내가 경험한 것 가운데 순수한 광기에 가장 가까웠다.

변화는 회사를 망치는 네 가지 요인 가운데 세 번째 요인이다. 우리가 일하는 '장소'부터 일하는 '방식'에 이르기까지 갑자기 일에 관한 모든 것이 변하고 있는 것처럼 보인다. 가장 큰 변화는 애자일이나 린 스타트업 같은 새로운 방법론과 관련이 있다. 홀라크라시는 이 두 가지를 환각제와 함께 믹서에 넣고 간 다음 번쩍거리는 포장지로 감싼 것과 같다. 로버트슨은 1,000개 이상의 기업에서 홀라크라시를 도입했다고 주장한다. 이 글을 읽는 당신의 회사가 부디 거기 속하지 않길 바란다.

이 워크숍에서 처음 만난 로버트슨은 서른여덟 살이다. 푸른색 폴로셔츠를 입고 짧게 깎은 머리에 염소수염을 깔끔하게 정리한 그는 기업 지배구조와 자율성, 목적에 관해 말한다. 그는 사람들에게 권한을 부여하면 자기 주도적인 구성원과 자율적인 시스템으로 발현된다고 믿고 있다. '권한'이라는 단어가 자주 등장한다. 로버트슨은 권한과 이 권한이 분배되는 방식에 집착하는 듯하다.

그는 계층적 권력 구조가 유사 이래 인류에 봉사해왔고 꽤 좋은 시스템 같다고 말한다. 모든 정부와 군대, 대학과 기업은 모두 계층 구조를 따랐다. 그러나 로버트슨은 산업혁명이 시작된 이후 모든 사람이 회사를 조직하는 문제를 잘못 생각하고 있다고 믿는다. 그는 이것을 고치고 싶어 한다.

2009년 그는 46페이지짜리 '홀라크라시 헌장'의 초안을 작성했다. 이후 아홉 번의 개정을 거치면서 이 헌장은 현재 버전 4.1.1로 알려진 39페이지 문서로 진화했다. 헌장은 전문과 부록, 로마숫자를 앞에 붙인 조항들로 구성된다. 각 조항은 세부 항목으로 나뉘고, 이 항목은 다시 영문자로 구분한 절로 나뉘며, 절 이하에는 소문자와 로마숫자로 구분한 세부 내용이 있다. 이 헌장은 규칙과 역할, 절차를 설명하고 서클(circle)과 도메인(domain), 책임 등을 정의한다. 그리고 마지막 페이지에는 헌정 채택 선언문이 있고, 회사의 누군가가 다음과 같은 내용을 읽고 서명하도록 되어 있다.

— 아래에 서명한 비준자는 첨부된 바와 같고 관련 문서('헌장')에 통합된 바와 같이 ＿＿＿＿＿＿('조직')의 지배구조이자 운영체제로 홀라크라시 헌장을 채택한다. 이와 함께 조직의 권한을 헌장에 명시된 절차에 따라 양도하고 5.1항에 세부적으로 명시된 대로 비준자가 가지던 비중과 권한을 양도로 비롯된 결과에 부여한다.

진심으로 하는 말이지만 어떤 미친 사람이 이런 걸 작성하겠는가? 누가 이런 헌장을 쓰고 앉았겠는가?

하지만 나는 지금 그 현장에 있다. 이렇게 말하긴 미안하지만, 내 생각에 로버트슨은 압도적이지도 않고 특별히 카리스마가 있는 것도 아니다. 하지만 확실히 그는 괜찮은 강연자이고 개인적으로 강연 코치도 받은 것 같다. 그는 기업 행사에서 기술 기업의 최고경영자들이 하는 것처럼 말한다. 무대에 올라 일상 대화를 하는 것처럼 보이려고 노력하지만 연습한 티가 역력하다. 리허설을 하는 동안 코치가 언제 어떤 몸짓을 하고 어떤 단어를 강조해야 하는지 알려준 그

대로 하는 것 같다. 이를테면 스티브 잡스 스타일이다. 무대 위를 조금씩 돌아다니면서 편안하고 자연스러워 보이려 하고, 여기저기서 말을 잠시 멈춘다. 그럼에도 잡스는 암기한 내용을 단지 입으로 말할 뿐이었고, 최선의 노력을 다했지만 항상 뻣뻣해 보였다. 다만 로버트슨은 말하려는 요점을 알고 있는 듯했고 외운 대로 막힘없이 이야기하긴 했다. 아마 같은 강연을 1,000번은 했을 테니 말이다.

나는 이런 사람이 불편하다. 그는 경영 구루가 되길 간절히 바라고, 기업을 넘어 인간 본성에 관한 심오한 것이라도 알아낸 것처럼 정말 위대하고 중요한 발견을 했다고 믿는 듯하다. 내가 보기에 로버트슨은 단지 경영 구루가 되기보다 전반적인 권위자 또는 종교집단의 지도자가 되는 게 더 어울려 보인다.

어쨌든 유감스럽게도 그는 오늘 자기편을 한 명도 얻지 못할 것 같다. 긴 접이식 탁자 앞에 앉아 있는 워크숍 참가자들은 모두 지루해 보인다. 이들 중에는 구글에서 온 한 남성과 스탠퍼드대학교에서 경영학 박사 과정을 밟으면서 회사를 창업하려는 두 여성이 있다. 워싱턴에서 작은 양조장을 운영하는 젊은 부부와 그들이 데려온 세 명의 직원도 있다. 커피와 병에 든 생수, 페퍼민트 차가 제공되지만 솔직히 모두 싸구려처럼 보인다.

내가 그의 웹사이트 동영상에서 본 내용 가운데 일부를 반복하며 로버트슨이 강연을 하는 동안 추종자들이 주위를 맴돈다. 로버트슨이 세운 컨설팅 회사 홀라크라시원(HolacracyOne)의 직원들이다. 로버트슨은 처음 홀라크라시 아이디어를 떠올린 후 이를 자신이 창업한 소프트웨어 회사 직원들에게 적용했다. 그는 소프트웨어 회사보다 경영 방법론이 더 흥미롭다고 판단하고, 소프트웨어를 판매하는 대신 사람들에게 회사를 경영하는 새로운 방법을 가르치며 살기로 마음먹었다.

로버트슨은 '홀라크라시 헌장'을 작성하고 2015년에 《홀라크라시》를 출간했다. '홀라크라시'라는 이름은 아서 쾨슬러(Arthur Koestler)가 1967년에 《기계 속의 유령(The Ghost in the Machine)》에서 사용한 용어 '홀라키(holarchy)'에서 가져왔다. 몸과 마음이 서로 어떻게 연결되어 있는지 밝히려 했던 쾨슬러는 인간이 '홀론(holon)'이라는 것으로 이루어져 있다고 가정했다. 각 홀론은 자율적이지만 커다란 전체 중 일부이기도 하다. 로버트슨은 '우주의 아키텍처'라고 주장하는 켄 윌버(Ken Wilber)의 통합 이론과 애자일에서도 아이디어를 빌려왔다.

그는 홀라크라시가 회사를 운영하는 장대한 접근 방법일 뿐 아니라 개인의 변화 통로라고 주장한다. 이 철학은 하나의 핵심 사상에서 시작한다. 바로 상사(boss)가 없다는 것이다. 다른 사람보다 더 많은 권한을 갖는 사람 없이 모두가 권한을 갖는다. 사람들은 자율적이고 자기 조직적인 그룹으로 일한다. 조직은 하향식 구조가 아니라 수평적이다.

"계층 구조는 한물갔습니다."

로버트슨이 말한다. 계층 구조는 안정적이고 단순하다는 장점이 있지만, 지금 우리의 문화는 지나치게 성장했고 이제 새로운 것이 필요하다. 그 해답은 '자기 조직화(self-organizatio)'다.

"인체를 생각해봅시다. 인간의 몸은 수백조 개의 세포로 이루어집니다. 하지만 각자가 자기 일을 할 뿐 대장 세포의 지시나 간섭은 받지 않죠."

말도 안 되는 소리지만 일단 넘어간다. 로버트슨은 자신도 한때는 평범한 직원이었지만 전통적 업무 문화가 무의미하다는 것을 깨달았기 때문에 일을 재창조하기 위해 연구를 시작했다고 한다. 그러면서 그의 뒤 화면에 나타나는 파워포인트 자료를 넘기려고 리모컨을 누른다.

"제 인생의 목적에 관해 이야기하고 싶군요. 제 목적은 권력을 조직하는 완전히 새로운 방법을 사람들에게 제시하는 것입니다."

이 말을 하면서 손을 흔드는 바람에 리모컨이 바닥으로 떨어져 큰 소리가 난다. 이런, 민망하게도! 그는 개의치 않고 리모컨을 집어 들어 누른다. 바뀐 화면을 가리키면서 그는 회사에서 홀라크라시를 실행할 때 직면할 가장 큰 장애물은 이 개념에 반대하는 사람들을 만나는 거라고 설명한다.

"관리자들은 얼마나 많은 직원에게 보고를 받는지에 따라 자신의 가치를 측정합니다. 지금 그들은 정체성을 잃었습니다." 그러고는 잠깐 쉬었다가 덧붙인다. "두려운 일이지요."

나에게 더 두려운 것은 이 정신 나간 개념을 채택한 회사에서 일하게 되는 것이다. 만약 그렇게 되면 일자리를 지키기 위해 세뇌 과정을 견디고 기분 나쁜 조직의 일원이 된 척해야 할 것이다.

어디서나 볼 수 있는 일

물론 홀라크라시는 주류가 아니고 아마도 계속 주변부에 머물러 있을 것이다. 당신이 홀라크라시에 노출될 기회는 거의 없겠지만, 대신 애자일이나 린 스타트업을 접할 가능성은 매우 크다. 끊임없는 변화와 새로운 지침, 현란한 아이디어에 현혹됐다가 곧 이를 폐기하는 관리자 등은 사람들에게 피해를 준다. 직장은 이미 크게 변화했고, 앞으로 10년 동안 직장에 대대적이고 파괴적인 혁신을 가지고 올 경영 유행은 반드시 또 나타날 테니 말이다.

괴짜 같은 경영 아이디어는 우리에게 몰아치는 변화의 한 부분일 뿐이다. 우리는 고용주와 새로운 협약을 맺는다. 2년마다 직장을 옮길 것이고, 이것은 많은 사람이 건강보험을 유지하고 은퇴자금을 모을 방법을 궁리해야 함을 의미한다. 예전에는 고용주들이 우리를 위해 처리했던 일들이다. 우리 앞에 있는 건 과로와 탈진, 스트레스를 축하하는 새로운 직장 문화다.

우리 가운데 많은 사람이 새로운 사무실로 거처를 옮긴다. 회사가 교외의 사무 단지를 버리고 도심으로 이전했기에 재택근무를 하던 사람들도 이제는 사무실로 출근해야 한다. IBM 직원 수천 명이 회사가 새로 세운 애자일 허브로 마지못해 가야 하지 않았던가. 심지어 우리가 일하는 물리적 공간도 달라졌다. 조용한 개인 사무실에서 일하는 대신 우리는 사생활이 없고 소음이 끊이지 않는 크고 개방된 공간에 콩나물처럼 빼곡히 들어서야 한다.

'오픈 오피스(open office)'라고 불리는 악몽 같은 소굴이 생산성을 저하하고 사람들을 비참하게 만든다는 여러 연구 결과가 있다. 하지만 회사는 개방형 사무실을 강요한다. '협업 장려'라는 목적으로 가장했지만 실상은 좁은 공간에 더 많은 사람을 채워 넣어 비용을 한 푼이라도 아끼려는 것이다.

더 극단적인 방법으로 일부 회사는 직원들에게 고정된 업무 공간을 일절 제공하지 않고 그들을 떠돌아다니는 '유목민' 신세로 내몬다. 사람들은 노트북을 들고 출근해서 일할 수 있는 빈자리를 찾아 돌아다녀야 한다. 스위스 금융 기업 UBS는 이 방법을 도입하여 전에 80명을 수용하던 공간을 이제 직원 100명이 사용한다고 자랑한다.

"무슨 이런! 빌어먹을, 젠장!"

이는 애플의 고위 기술 임원이 회사가 50억 원을 들여 캘리포니아 쿠퍼티노에 짓겠다는 우주선 모양의 본사 평면도를 보고 보인 반응이다. 자신의 팀이 개방형 사무 공간에 배치된다는 것을 보고 한 소리다.

"젠장, 우리 팀은 이런 식으로 일하지 않아."

애플 전문 블로거 존 그루버(John Gruber)에 따르면, 결국 애플은 별도 건물을 지었고 엔지니어들은 개방형 사무 공간을 사용하지 않아도 됐다. 아이폰을 작동하는 칩을 설계하는 기술 인력은 회사에 없어선 안 될 존재들이기 때문이다.

개방형 자리 배치 계획은 단지 불쾌한 것만이 아니다. 연구자들은 개방형 사무실이 스트레스를 높이고 몸을 아프게 할 수 있다고 말한다. 심지어 두뇌 손상을 일으킬 수도 있다. 코넬대학교 연구에서는 시끄러운 개방형 사무실에서 일하는 노동자의 아드레날린 수준이 단 3시간 만에 증가한 것으로 나타났다.

상황이 심각해지자 개방형 사무실 형태를 선도했던 일부 회사조차 이 방식의 오류를 깨닫게 됐다. 2017년 7월 나는 미시간주에 있는 세계 최대 사무가구 제조 업체 스틸케이스 본사를 방문했다. 스틸케이스는 책상이나 의자만 만드는 것이 아니었다. 이 회사는 일의 사회적 측면을 연구하는 연구 부서를 운영하고 있었다. 몇 년 전부터 연구원들은 칸막이를 없애고 직원들을 자유롭게 일하게 하는 방식, 즉 스틸케이스가 가장 잘하는 일이 결과적으로 해를 끼친다는 사실을 인식했다.

"너무 앞서갔어요."

인류학 박사 학위 소지자로 스틸케이스의 연구 그룹을 이끄는 도나 플린(Donna Flynn)의 말이다.

"지금 이 순간에도 직장에서 불행을 겪는 사람이 많습니다. 사생활의 가치를 중요하게 생각하는 사람들이 다시 늘어나고 있어요."

플린은 그 해답이 단지 개인 사무실이나 칸막이로 돌아가는 것은 아니라고 말했다. 미래의 사무실은 다양한 환경을 통합할 것이다. 서로 어울리거나 팀으로 일하는 개방형 공간도 필요하지만, 혼자 조용히 있을 수 있는 개인적인 공간도 필요하다. 스틸케이스는 내향성의 장점을 강조한 베스트셀러 《콰이어트》의 저자인 수전 케인(Susan

Cain)과 협업하여 '수전 케인의 콰이어트 스페이스'라는 제품 라인을 개발하고 있다.

"우리는 사람들에게 필요한 새로운 형태의 사생활을 만들어야 합니다."

플린은 지금처럼 사람들이 압도당하는 기분을 느끼지 않도록 기업들, 그리고 스틸케이스 같은 업무 공간 디자인 업체들이 새로운 기술을 도입하는 데 더 큰 노력을 기울여야 한다고도 말했다. 사람이 따라잡을 수 없는 빠른 속도로 기술이 발전하면서 반발도 일어나고 있다.

"엄청난 긴장감이 나타나고 있습니다. 우리는 센서나 빅데이터, 가상현실, 증강현실을 도입하고 있고, 이런 기술에는 많은 기회가 있습니다. 하지만 동시에 직장이 좀 더 인간적이고 진정성이 있으며 더 사회적인 관계로 연결되기를 바라는 사람들도 있습니다. 상반되는 생각이죠. 이 문제를 어떻게 풀어야 할까요?"

기술은 인류에 봉사하는 도구여야 한다. 그렇지만 때로는 인간이 기술에 종속된 것처럼 보인다. 또 때로는 우리를 더 편리하고 생산적으로 만들어주어야 할 새로운 기술이 오히려 일을 지연시키거나 우리를 괴롭히기도 한다. 우리가 이 문제의 해결을 기술 회사에 일임한 것도 해결을 더디게 했다. 실리콘밸리의 기술 전문가들은 칩과 코드에는 귀재지만 인간에 대해서는 아는 것이 별로 없기 때문이다.

기술 때문에 우리는 더 오랜 시간 일하게 됐다. 휴대 기기와 어디서나 접근 가능한 인터넷 때문에 언제든 통화에 응해야 하고, 한밤

중이나 주말에도 이메일에 답장해야 하며, 어디에 있든지 일하기를 기대받는다. 어떤 회사들은 '무제한' 휴가 정책을 실시하지만, 이런 제도 때문에 많은 사람이 오히려 적은 휴가를 보내고 일부는 휴가를 전혀 가지 못하기도 한다.

또한 기술은 한 세대 전에는 상상도 할 수 없었던 수준으로 노동자를 체력의 극한으로 몰아간다. 보스턴에서 매킨지 컨설턴트로 일하는 한 친구는 업무 때문에 매주 아시아와 유럽으로 날아간다. 일주일에 100시간 이상 일하고, 연간 40만 킬로미터를 오간다. 또 다른 컨설턴트 친구는 몇 달 동안 샌프란시스코에서 브라질의 리우데자네이루를 오가며 일했다. 이 친구 역시 1년 이동 거리로 24만 킬로미터를 기록했고, 집보다 호텔에서 더 많은 밤을 보냈다.

어떻게 보면 사람들이 보스턴에서 중국 선전으로 또는 샌프란시스코에서 리우데자네이루로 통근하는 것은 기적처럼 보인다. 다른 한편으로 나는 인간의 몸이 이런 조건을 견디지 못한다는 사실이 걱정스럽다. 두 친구는 40대다. 보스턴에 사는 친구는 이런 생활 방식을 좋아하지만 몇 년 이상 이 일을 계속할 순 없으리라는 걸 인정했다. 12년 동안 컨설턴트로 일해온 샌프란시스코의 친구는 "지쳤어. 그만두고 싶어"라고 말했다. 그는 결혼하여 두 자녀를 두고 있는데, 그가 다니는 회사의 임원들은 대부분 이혼했다고 한다.

당신의 긴장은 무엇입니까?

다시 홀라크라시 워크숍으로 돌아가 보자. 로버트슨은 홀라크라시 회의가 어떤 것인지 알 수 있도록 역할극에 참여할 지원자를 찾았다.

기세당당한 최면술사가 청중을 앞에 두고 무대 위에서 몇 사람에게 최면을 걸겠다고 단언하는 모습을 상상해보자. 그는 손을 흔들면서 주문을 외우고 상대방의 눈을 강렬히 쳐다보지만, 효과가 없다. 최면에 들지 않은 사람은 최면술사에게 실망하지만, 한편으로 다른 청중들을 생각하니 분위기를 망쳐선 안 된다고 생각한다. 그래서 마지못해 최면에 걸린 척한다.

이런 상황을 상상해보면, 이 슬픈 회의실에서 무슨 일이 일어났는지 눈치챌 수 있을 것이다. 내가 아는 한 홀라크라시는 미쳤다. 이 방법론에 상사 같은 관리자는 없지만, '리드 링크(lead link)'라는 비슷한 역할을 하는 사람이 있다. 관리자 같은 것이지만 관리자는 아니다. 사람들은 '서클' 단위로 일하고 자신이 느끼는 '긴장'에 대해 말한다. 로버트슨이 진행자가 되어 논쟁을 어떻게 해결할지 결정한다.

"무엇이 필요하죠?" 로버트슨이 묻는다.

"마케팅팀이 유입 고객을 영업팀으로 넘기기 전에 판매 가능성을 확인해주면 좋겠습니다." 영업팀 팀장이 말한다.

"좋습니다. 당신에게 이 업무를 요구할 권리가 있습니까? 한번 보죠. 없군요. 이 서클에 속해 있지 않아요. 우리가 책임을 추가해야 합니다. 그러면 마케팅팀 팀장님, 영업팀에 더 많은 잠재고객을 제공하는 것이 당신의 목적에 부합합니까?"

마케팅팀 팀장은 어리둥절해한다.

"제가 하는 질문이 '동의합니까?'가 아니라는 걸 기억하십시오. 저는 '당신의 목적에 도움이 됩니까?'라고 묻는 겁니다. 일을 받고 싶은지 아닌지는 중요하지 않습니다. 당신의 목적에 부합한다면 그 일을 해야 합니다."

"그렇습니다." 마케팅팀 팀장이 말한다.

"제 역할은 심판입니다. 당신의 목표에 도움이 되는지 그리고 어떤 일을 기대할 권리가 있는지 묻는 것입니다. 만약 대답이 '아니오, 권리가 없습니다'라면, 우리는 '좋습니다. 당신이 원하는 것을 어떻게 얻을 수 있을지 생각해봅시다'라고 말합니다."

다음 역할극은 이렇게 이어졌다. 영업팀에서는 더 많은 판매를 위해 제품 가격을 낮추길 원한다. 재무팀은 마진을 지키기 위해 가격을 높게 유지하길 바란다. 또 다른 사람은 시장조사를 해서 다른 회사가 책정하는 가격을 알아보자고 제안한다.

"자, '시장조사를 하자'라는 의견이 나왔습니다. 이것은 당신의 목적에 도움이 됩니까?"

로버트슨이 영업팀 팀장에게 묻는다.

"네, 그렇습니다. 우리가 하려는 일이죠."

회의는 이런 식으로 계속된다. 사람들은 역할극 회의에 슬슬 짜증이 나기 시작한다. 지켜보는 것만으로도 창문 밖으로 뛰어내리고 싶어진다. 한 근육질 남자가 불쑥 말했다.

"어이가 없군. 이런 일이 실제로 일어난다고 보는 겁니까? 지금 당신한테 짜증이 나네요."

로버트슨은 당황하지 않는다. 누가 어떤 반대 의견을 내놓든 그는 항상 대답을 가지고 있다. 그 대답은 어떤 문제든지 홀라크라시로 해결할 수 있다는 것이다.

나는 이런 일이 현실에서 일어날 수 있을지 생각해보았다. 그러자 주변 사람들을 방해하려고 이 시스템을 악용할 전 직장 동료 몇 명이 떠올랐다. 회사가 어떤 규칙을 만들든 그들은 다른 사람들에게 불리하게 사용할 방법을 찾아낸다. 정당한 이유가 있어서가 아니라 단지 못된 사람들이기 때문이다. 로버트슨은 사람들이 선하고, 모두가 일한 만큼 대가를 받길 원한다고 믿는 것 같다. 일부는 그렇지만, 대부분 사람은 일이 되지 '않게' 하거나 더 많은 업무를 떠맡기려는 시도를 차단하는 데 열을 올린다.

내가 물었다.

"만약 어떤 사람이 동료에게 무엇을 원한다고 말하고, 헌장에도 그 사람이 그것을 요구할 권리가 있다고 되어 있고, 또 목적에도 부합하지만, 그 동료가 그냥 싫다고 말하면 어떻게 됩니까? 그러니까 그 일을 하게 되어 있지만 거절하면 어떤 일이 일어납니까? 이런 상황도 역할극으로 할 수 있습니까?"

이제 이 시나리오대로 역할극이 진행된다. 로버트슨이 심판 역할을 하면서 논쟁을 해결한다. 즉, 그가 반대하는 입장의 사람에게 선택권이 없다거나 업무에 이 과제를 추가해야 한다고 말하면, 이 문제는 그렇게 해결된다.

그걸 보고 있자니 두 가지 생각이 들었다. 첫째, 일반 회사에서 일어나는 것과 무엇이 다른지 모르겠다. 상사가 어떤 일을 하라고 하면 그 일을 해야 하지 않은가. 둘째, 나도 로버트슨처럼 일단 심판이 결정을 내리면 모두 그 결정을 받아들이고 명령을 따르리라고 믿고 싶다. 하지만 내가 함께 일했던 사람들을 생각해보면, 과연 그렇게 끝날지 의심스럽다. 내 생각에 실제 일어나는 일은 이런 것이다. 새로운 '책임'을 떠안은 사람은 짜증을 내며 회의실을 떠난 다음, 몇 주 동안 동지들과 음모를 꾸민다. 그들은 지난번 회의 때 자신을 굴복시킨 놈들에게 복수할 요구 사항들을 잔뜩 챙겨 다음 회의 시간에 나타난다.

한 여성이 홀라크라시는 아주 작은 회사에서는 통할지 몰라도 이 시스템을 대기업에 적용하려고 확장한다면 매우 복잡한 문제가 많이 생길 거라고 지적했다.

"그 일 때문에 긴장을 느낍니까?" 로버트슨이 물었다. "그렇다면 그 긴장은 회의에 가져올 수 있는 것입니다. 우리는 그 긴장을 작게 만들거나 역할을 통합할 수 있습니다. 어떻게 하는지 보셨죠? 사람들이 불만을 가지고 오면 그들에게 저항할 수 없는 질문을 하십시오. '무엇이 필요합니까?'라고 물어보세요."

나는 그가 어떻게 하는지 지켜봤다. 어떤 이의를 제기하든지 그는 다시 질문으로 되받아친다. 정확한 답변을 들을 수 없다. 만약 당신의 상사가 이렇다면 당신은 미쳐버릴 것이다.

다른 역할극에서 우리는 거버넌스 회의에 대해 배웠다. 사람들이 '자신의 긴장'에 대해 말하고 팀은 그 문제를 해결하려고 노력하는 자리다. 홀라크라시에서 각 팀은 전술 회의를 일주일에 한 번, 거버넌스 회의를 한 달에 한 번씩 한다. 직원 한 명당 최대 여섯 개 팀에 속할 수 있으므로, 당신은 매달 스물네 번의 전술 회의와 네 번의 거버넌스 회의에 참석해야 한다는 뜻이다.

　"좋습니다. 거버넌스 회의는 처음에는 느리고 지루하게 느껴질 수 있습니다. 홀라크라시를 도입할 때 일어나는 일이죠. 사람들은 이 모든 것이 너무 느리고 오래 걸린다고 불평할 겁니다. 그리고 다들 옛날 방식으로 돌아가고 싶어 할 겁니다." 하지만 절대 그렇게 해서는 안 된다고 로버트슨은 말한다. "이 프로세스는 점차 빨라집니다. 일단 홀라크라시에 익숙해지면 모든 것을 빨리 처리하게 됩니다. 물론 힘이 듭니다. 처음 요가를 배우는 것과 비슷합니다. 매일 연습이 필요하죠."

　애자일 전문가들도 같은 말을 한다. 조직이 처음 애자일을 도입하면 모든 일이 오래 걸린다. 일은 지연되고 사람들은 불만스러워진다. 이 모든 것이 과정의 일부다.

　거버넌스 미팅은 정해진 절차를 따른다. 먼저 '긴장'이 있는 사람이 안건을 말한다. 그러고 나면 사람들이 반대 의견을 제시한다. 이때 심판이 반대 의견이 합당한지 결정한다. 바로 이 부분에서 내가 노트에 적어둔 것이 있다.

　'제정신들이 아니군.'

우리가 한 역할극에서 나온 안건은 판매 담당자에게 가격을 정하거나 필요할 때마다 가격을 바꿀 수 있는 권한을 주자는 것이었다. 즉시 한 남자가 반대했다.

"우리가 피해를 보거나 퇴보하게 될 이유가 있습니까?" 심판 역할을 맡은 로버트슨이 물었다. "'예' 또는 '아니요'로 대답하세요. 이 의견이 마음에 드는지 묻는 것이 아닙니다."

그 남자는 "예"라고 대답하고 이 제안이 회사에 피해를 줄 거라고 말했다.

"좋습니다. 피해를 일으킬 것을 '아는' 겁니까, 아니면 '추측하는' 겁니까?" 로버트슨은 퀴즈 프로그램 진행자 같은 목소리로 반대 의견을 내놓은 사람에게 다시 물었다. "이 제안이 피해를 유발한다면 그 피해는 빨리 고칠 수 있을 정도로 작은 것입니까?"

그 남자는 "예"라고 대답하고 필요하면 되돌릴 수 있다고 말했다.

"좋습니다. 방금 저에게 이것이 타당한 반대가 아니라고 말씀하셨습니다." 로버트슨이 결론을 지었다.

그러자 한 여성이 곧바로 또 다른 반대 의견을 내놓았다. 하지만 로버트슨은 그 반대 의견은 거버넌스 회의에서 결정할 수 없고 전술 회의에서 해결해야 한다고 말했다.

모든 회의 내용은 풀다운 메뉴와 입력란을 사용하여 소프트웨어에 기록된다. '긴장'이 있다고 제안한 사람이 그 안건을 작성해야 하고, 동사는 바꾸기(changing), 허락하기(allowing), 제거하기(removing)처럼 반드시 현재분사 형태로 시작해야 한다. 그리고 반대 의견은 서술형으로 기록해야 한다.

루시라는 여성이 다시 한번 반대 의견을 제시했다. 지금 고려하는 변화가 제안자의 '긴장'은 해결할 수 있지만, 루시 자신에게 새로운 '긴장'을 만들 거라고 했다. 즉 한 가지 문제를 해결하면 새로운 문제를 일으킨다는 것이다. 이에 대해 로버트슨은 타당한 반대 의견이 아니라고 말했다.

"일단 '긴장'을 가지고 있으면서 결과를 기다려야 합니다. 이전 제안자의 긴장이 당신에게 새로운 문제를 일으킬 것 같으면 그때 해결합시다. 하지만 차례를 기다려야 합니다."

또한 긴장과 이견을 조율하는 '통합' 단계도 있다. 회의는 90분, 120분 식으로 '시간제한'이 있다고 로버트슨은 말했다. 모든 사람이 그들의 긴장과 그에 대한 반대 의견을 검토해야 한다.

나는 그 자리에 2시간 내내 앉아 있는 것을 상상조차 할 수 없다. 15분 만에 이미 머리가 지끈거리기 시작했다. 그때쯤 나는 굵은 글씨로 노트에 이렇게 메모했다.

'지금 총이라도 맞으면 좋겠다. 실제로 이런 회의에 참석한다면 눈에 띄는 걸 되는 대로 박살 내고 있을 것이다.'

로버트슨은 홀라크라시가 업무 처리 방식을 뛰어넘어 '일종의 마음 챙김(mindfulness)'이라고 주장했다.

"때로 홀라크라시는 내밀한 자기 계발 도구가 됩니다. 개인의 삶과 배우자와의 관계에도 도움을 주죠." 그는 실제로 홀라크라시를 가정에서 아내와 함께 사용한다고 한다. "아내가 긴장을 가져오면 그때는 아내의 긴장을 처리할 차례가 됩니다. 나는 그 문제를 해결하는 걸 돕죠. 그런 다음 저는 '좋아, 이제 내가 가진 긴장 하나를 해결해볼까'라고 말합니다."

로버트슨이 운영하는 회사 홀라크라시원에는 스무 명의 직원이 있다. 그 밖에 인증을 받은 50명의 홀라크라시 강사가 독립적으로 활동한다. 1,000개 이상의 기업이 홀라크라시를 채택했고, 요구르트 제조 기업 다논(Dannon)과 컨설팅 회사 언스트앤영(Ernst & Young), 호텔 체인 스타우드(Starwood)는 작은 규모로 시험 프로그램을 운영하고 있다.

로버트슨은 홀라크라시로 전환하는 것이 고통스러울 수 있다는 점을 인정한다. 2015년 온라인 신발 판매 업체 자포스(Zappos)가 직원들에게 홀라크라시를 받아들이거나 회사를 떠나라고 요구했을 때, 거의 30퍼센트가 퇴사했다. 남은 직원들은 〈포천〉이 선정하는 '가장 일하기 좋은 직장'의 최상위에서 자포스가 밀려난 것에 무척 실망했다. 2016년 〈포천〉은 자포스에 대해 이렇게 보도했다.

"직원들이 수많은 의무 사항과 끝없는 회의, 누가 무슨 일을 했는지에 대한 혼란 속에 충격을 받고 불만을 느꼈다. 분기마다 전 사원이 참석하는 회의는 서커스와 심리 치료, 부흥 집회가 섞인 엉뚱한 자리가 됐다. 사람들은 혼란에 빠지고 사기가 저하됐으며 쉴 없는 변화 속도에 시달렸다."

자포스의 한 직원은 글래스도어 사이트에 이런 글을 남겼다.

"회사의 리더십이 제정신이 아니다. 파티는 재미있지만, 의사결정

과정에서 직원들과 현실이 완전히 무시되고 있다."

전통을 거부하는 권한 부여와 자유에 관한 이 요란스러운 행사에도 불구하고 홀라크라시는 교조적이고 권위주의적이라는 사실이 드러났다. 모든 사람이 반드시 규칙을 지켜야 했고, 지켜야 할 규칙이 매우 많았다. 내부정치를 줄이고 편파주의를 없애는 게 아니라 오히려 두 가지 모두를 갖게 됐다. 사람들은 사회 실험에 투입되고 실험용 쥐처럼 취급당한 데 분노했다. 시스템 자체가 그 안에서 일하는 사람보다 더 중시된다는 것도 몹시 싫었다. 에이미 그로스(Aimee Groth)는 〈쿼츠〉에 기고한 글에서 이렇게 언급했다.

"자포스는 홀라크라시 때문에 고심하고 있다. 인간은 소프트웨어처럼 작동하지 않기 때문이다."

자포스의 창업자이자 최고경영자 토니 셰이(Tony Hsieh)는 실패를 인정하는 대신 홀라크라시를 두 배로 강화하고 '틸(Teal)'이라는 새로운 개념을 추가했다. 틸은 매킨지 컨설턴트 출신 경영 전문가 프레더릭 라루(Frederic Laloux)가 만든 것으로 단순한 경영 개념이 아니다. 지지자들은 틸을 인간 인식 진화의 다음 단계라고 홍보한다.

자포스 직원은 '점수'와 '배지'를 받는다. 인간 의식의 다음 단계로 진보했다기보다 유치원으로 돌아간 것 같다. 살아남으려면 정규직 업무에 맞먹는 '서클'에 충분히 참여해야 한다. 서클에서 튕겨 나오면 '영웅의 여정'이라는 팀의 '와이(why) 코치'와 상담하거나 새로운 서클에 들어가는 '전환 지원'이 될 수 있다. 하지만 이것도 효과가 없으면 해고된다.

이런 광기가 정말로 장차 다가올 직장의 모습일까? 로버트슨은 전통적 계층 구조는 디지털 시대에 작동하지 않을 거라고 말한다.

"1950년대에 회사를 조직했던 방식은 당시에는 좋았겠죠. 하지만 세상이 급격히 변했습니다. 특히 지난 20년 동안은 말이죠. 이 변화가 우리의 일하는 방식을 무너뜨리고 변형시키고 있습니다. 따라서 조직을 운영하는 새로운 접근 방법을 찾아야 합니다. 최고경영자들은 대부분 회사를 경영하는 더 좋은 방법을 직감적으로 압니다. 그들은 홀라크라시를 발견했고 새로운 패러다임에 이끌렸습니다. 더 역동적이고 더 간결하며 더 민첩한 경영 방법이죠."

간결하고 민첩하다니 훌륭해 보인다. 하지만 나는 이런 아이디어 대부분이 기업의 성과를 개선하지 못할 것으로 예상한다. 최근에 나는 전임자가 홀라크라시를 도입한 기업의 최고경영자를 만나 대화를 나눴다. 그는 자신이 가장 먼저 한 일이 홀라크라시를 전부 걷어내는 것이었다고 말했다.

"홀라크라시는 사물의 자연스러운 상태가 엔트로피의 정반대라고 말하는 환상입니다. 사물이나 사람을 내버려 두면 점점 더 질서 있고 효율적으로 바뀔까요? 물론 엔트로피를 뒷받침하는 몇몇 우주적인 증거는 있을 테지만요."

이 회사에서 일하는 가장 불쌍한 사람은 홀라크라시 업무수행 방식을 배운 지 몇 달도 지나지 않아 이제껏 배운 모든 것을 지우고 배운 적도 없는 옛날 방식으로 돌아가야 하는 직원들이다. 우리는 디스토피아적인 미래에 위태롭게도 아주 가까이 있다. 이상한 리더가 우리를 어떤 길로 인도했는데, 또 다른 이상한 리더가 나타나 우리를 되돌려놓고 다른 길로 인도한다. 이 이상한 리더들이 의견 일치를 보이는 단 한 가지는 이 모든 변화가 우리에게 유익하다는 것이다.

변화, 심리적 대혼란

1990년대 초, 북아일랜드 얼스터대학교 경영대학원의 로저 스튜어트(Roger Stuart) 교수는 '조직이 급변하는' 시기에 노동자들이 받는 영향을 파악하기 위해 연구를 진행했다. 스튜어트와 네 명의 연구자는 비교적 큰 규모의 조직 개편과 조직 축소를 진행 중인 영국의 대기업 두 곳에서 63명의 관리자를 인터뷰했다. 직장을 떠난 노동자를 인터뷰하는 대신 인원 감축 명령을 수행하는 관리자들을 만난 것이다.

　연구자들은 이 과정에서 알게 된 내용에 충격을 받았다. 관리자들은 언뜻 양호한 것처럼 보였지만, 인터뷰 진행자와 단둘이 2시간 정도 대화를 하는 동안 감정을 주체하지 못하고 속내를 털어놓았다. 우리는 그들이 속을 내보이는 데 서툰 영국인이라는 점을 고려해야 한다. 그들은 엄청난 정신적 고통을 겪고 있다고 말했다. 고뇌에 찬 인터뷰가 심리 치료 시간으로 바뀌었다. 몇몇 관리자는 다시 와서 더 이야기해도 되느냐고 묻기도 했다. 스튜어트와 연구팀은 그들을 배려하려고 노력했다. 스튜어트는 '조직 변화의 트라우마'라는 제목의 연구 논문에 이렇게 썼다.

── 소수이지만 적지 않은 사람이 스트레스와 걱정, 분노와 슬픔을 드러냈다. 이것은 '감정적 딸꾹질' 같은 전환적 특징이 아니라 일반적으로 재해나 천재지변 또는 학대와 관련되어 나타나는 트라우마, 즉 정신적 외상 같은 것이다.

기업의 정리해고나 조직개편을 '지진 때문에 집이 무너지고 재산을 잃고 가족이 부상을 당한' 일에 비교하는 것은 지나치다고 생각할지도 모른다. 하지만 스튜어트는 타당한 비교라고 생각한다.

"사실 개인의 생각과 감정, 행동 면에서 두 가지 현상은 무척 비슷한 경험으로 여겨질 수 있다."

스튜어트의 연구 보고서는 기업 환경에서 고통받는 인간에 대한 평범하지 않은 섬뜩한 모습을 제시한다. 그는 경영 컨설턴트, 경영 전문가, 학계의 압력 아래에 있는 최고경영자들이 한계를 넘어 직원들을 밀어붙이는 세계를 묘사한다. 그는 드러커 같은 일반적인 경영 대가를 인용하는 대신 지크문트 프로이트나 정신과 의사 엘리자베스 퀴블러 로스(Elisabeth Kubler-Ross), 전쟁이나 폭력과 관련된 트라우마 연구로 유명한 정신과 의사 로버트 제이 리프튼(Robert Jay Lifton), 베트남 참전 군인의 외상 후 스트레스 장애를 연구한 사회학자 로버트 S. 라우퍼(Robert S. Laufer)를 인용한다.

관리자들과 인터뷰하면서 끔찍한 생각을 읽을 수 있었던 스튜어트는 많은 사람이 전쟁과 관련된 비유를 사용하는 것에 주목했다. 어떤 관리자는 인원 감축을 '수류탄'을 던지는 것에 비유했다. '사무실에 수류탄을 던져 인원의 20퍼센트를 날려버린다'라고 표현한 것이다. 또 다른 관리자는 내보내야 할 사람과 남을 사람을 정하기 위해 빨간색 또는 파란색으로 직원의 이름에 동그라미를 쳐야 했던 고통을 기억하면서 이렇게 말했다.

"악몽이었습니다. 우리는 이것을 '가스실 경영'이라고 불렀어요. 뇌리에서 떠나지 않을 겁니다."

스튜어트는 직원들이 새로운 것을 배우는 것 못지않게 기존에 알던 것을 '지워야' 하기 때문에 스트레스에 시달린다고 주장한다. 이렇게 '지우고 다시 배우는' 것의 목표는 '낡은 것에서 벗어나 새로운 것으로 비약적 발전'을 이루는 것이다. 어디서 많이 들어본 얘기 아닌가?

게다가 기업들은 사고나 물리적 손상에 대비해 안전장치를 설치하는 데는 철저하지만, 노동자에게 영향을 미치는 심리적 피해에는 관심을 기울이지 않는다. 스튜어트는 기업들이 '심리적 사후보고'를 실시하고 '슬픔을 공감하는 리더십'에 참여하기를 권유한다. 그는 손익에 집중하는 최고경영자를 설득하기 위해 이 일은 친절을 베풀기 위해서가 아니라 사업에 도움이 되기 때문이라고 강조한다. 직원들의 정신적 안녕을 돌보지 않는다면 구조조정을 통해 어떤 혜택을 얻든, 그것을 얻기 위해 드는 비용이 더 클 것이라고 말이다.

물론 아무도 귀 기울이지 않았다. 그로부터 20년이 지난 2011년에 영국 포츠머스대학교 경영학 교수 게리 리스와 샐리 럼블스(Sally Rumbles)는 새로운 직장 현상을 알게 됐다. 스튜어트는 조직 개편과 조직 축소 같은, 변화의 시기에 노동자에게 일어난 일을 연구했는데 그것은 일시적인 현상이었다. 조직 개편이 시작되면 6개월이나 1년 후에 끝난다. 리스와 럼블스는 이제 기업들이 '일상적인 변화'로 분주하다는 것을 발견했다. 그리고 이 변화는 서로 겹치고 뒤섞이고, 직원들은 업무 맥락에서 지속적인 스트레스를 받고 불확실성을 느낀다. 비유적으로 말하면, 스튜어트가 돌풍이 멈춘 직후 허리케인 피해자를 인터뷰한 데 비해 리스와 럼블스는 다른 질문을 던진 것이다. 즉, '멈추지 않는 허리케인 안에 살면 어떤 일이 일어날까?'라는 질문이다.

그들은 일상적 변화를 추진하는 100개 지역 회사의 인사팀 팀장을 대상으로 설문조사를 했고, 이를 통해 지속적인 변화를 감수하는 것이 노동자에게 엄청난 부담이 된다는 것을 발견했다. 인사 담당자의 절반 이상이 직원들이 스트레스에 시달리고 극도의 피로와 탈진 증세를 보인다고 응답했다. 기업도 마찬가지로 어려움을 겪고 있었다. 이 모든 변화를 통해 누구도 순전히 혜택만 얻지는 못하고 있었다. 리스와 럼블스는 이 연구 결과를 '지속적인 변화와 조직의 번아웃'이라는 제목의 논문으로 발표했다.

2017년 여름 나는 포츠머스 연구실에 있는 리스, 럼블스 교수와 스카이프로 대화를 나눴다. 나는 논문 발표 뒤 달라진 것이 있는지 물었다. 그들은 사실 많은 것이 달라졌다고 대답했다. 상황이 더 나빠졌다는 것이다. 럼블스가 말했다.

"업무 강도가 더 심해졌어요. 기업들은 믿기 힘들 정도로 스트레스가 심한 환경을 만들고 있습니다.”

그들은 스트레스가 자신들의 학생에게 미치는 영향을 목격했다고 말했다. 많은 학생이 대학을 다니면서 시간제로 일한다. 그런데 이제 더는 ‘시간제 근무’라는 개념이 존재하지 않는다.

“이제는 하루 24시간, 주 7일 내내 연결되어야 합니다.”

럼블스의 말에 리스도 덧붙였다.

“사람들은 항상 직장에서 바쁘게 일했지만 이건 다릅니다. 정상적이지 않아요. 너무 많은 변화가 너무 빠른 속도로 일어나면서 대혼란을 만들어냅니다. 오늘날 큰 조직은 20~30개의 변화 프로젝트를 동시에 추진합니다. 이것이 지금과 30년 전의 차이입니다.”

더 고통스러운 변화는 인사 담당자들이 더는 직원들을 신경 쓰는 척도 하지 않는다는 것이다. 리스와 럼블스가 조사한 대부분의 인사 담당자는 노동자들이 고통받는 것을 알지만 문제를 해결할 의사는 없다고 응답했다. 리스는 기억을 되살렸다.

“인사 담당자들은 ‘네, 변화의 양에 문제가 있죠. 물론 번아웃 문제도 있습니다’라고 말했습니다. 우리는 ‘그렇다면 이 문제를 어떻게 하실 겁니까?’라고 물었죠. 그들의 대답은 ‘아무것도 하지 않을 겁니다’였어요. 20년 전에 인사 담당자들은 적어도 신경 쓰는 척이라도 했는데, 지금은 달라졌어요.”

리스와 럼블스는 지속적인 변화에 대해 다시 생각하라고 기업에 촉구한다. 우선 변화의 많은 부분이 무의미하다. 1,500명의 임원을 대상으로 실시한 조사에서 일상적 변화 가운데 30퍼센트만이 지속적인 향상을 가져오는 것으로 나타났다고 럼블스는 말했다.

"단지 변화를 위한 변화일 뿐입니다."

기업들이 덜 자주 그리고 정해진 속도로 변화를 추진하되, 변화에 대해 더 깊이 생각하는 편이 훨씬 도움이 될 것이다. 변화 사이에 휴지기를 두어야 한다. 기업의 변화는 '가족과 사별하는 것'과 비슷하다고 럼블스는 말했다. 변화기 다음에 안정기가 뒤따른다면 새로운 아이디어는 더 크게 성공할 것이다.

그들이 강력히 권고하는 내용은 1995년에 스튜어트가 제안한 것과 같다. 기업은 직원이 인간이라는 점을 명심하고 이 '인적 요인'을 생산성 향상이나 재무 결과처럼 비중 있게 평가하고 의사결정에 포함해야 한다. 스튜어트는 이렇게 주장했다.

"인간 존중을 표현해야 합니다. 우리는 '인간성에 접근하려고 노력'하고 다른 사람과의 상호 작용과 관계에서 인간 존중이 더 큰 발언권을 갖도록 해야 합니다."

사람들을 인간적으로 대한다는 것은 일반적으로 속도를 늦추는 것이다. 유럽의 경영학자 하이케 브루흐(Heike Bruch)와 요헨 멩게스(Jochen Menges)가 2010년 〈하버드비즈니스리뷰〉에 기고한 글 '가속의 덫'에서 말한 것과 정확히 같은 내용이다. 속도를 늦추는 것은 직원들을 배려하는 문제이기도 하지만, 회사를 너무 빠르게 운영하면 결국 아무 성과도 얻지 못한다.

92개 기업을 대상으로 실시한 설문조사에서 브루흐와 멩게스는 절반에 해당하는 기업이 '과도하게 과속'된 상태이고 '가속의 덫'에

간했다는 것을 알아냈다. 즉 너무 많은 일을 너무 빠르게 하고 있었다. 브루흐와 멩게스가 발견한 또 한 가지는 회사가 애자일이나 린스타트업 같은 '새로운 경영 기법 또는 조직 시스템'을 채택하는 방식이었다. 이들은 최고경영자들에게 '지속적인 변화 습관 또는 끝없는 업무 가중'을 피하라고 경고했다. 직원들이 일을 덜 하고, 쉴 수 있는 시간을 주라고 말이다. 하지만 안타깝게도, 브루흐는 이 연구를 발표한 지 몇 년이 지났지만 "가속의 덫에 영향을 받는 기업의 비중이 증가한 것 같다"라는 이메일을 보내왔다.

나는 리스와 럼블스에게 상황이 개선될 희망적인 신호를 발견했는지 물었다. 그들의 대답은 우울했다. 리스가 말했다.

"아뇨, 속도가 늦어질 것 같지 않아요. 오히려 가속될 겁니다. 심지어 고용주들은 더 공격적으로 변할 겁니다." 오늘날 대부분의 일자리는 해외로 옮길 수 있다. 회사는 여기서 얻는 이득이 무엇인지 잘 안다. "고용주는 변할 필요가 없습니다. 사실 그들은 변화를 더 늘릴 겁니다."

30년 동안 연구자들은 업무 현장의 변화에서 오는 스트레스가 전투에 참여하거나 자연재해로 사랑하는 사람을 잃은 고통만큼 가혹한 정신적 외상을 초래할 수 있다고 기업가들에게 경고해왔다.

과거 20년 동안 일어난 기술 변화만큼 거대하고 심지어 더 큰 전환이 인공지능과 로봇공학의 형태로 우리를 향해 돌진하고 있다. 세계경제포럼을 이끄는 클라우스 슈밥 회장은 우리가 '제4차 산업혁명'에 진입했으며, 변화의 속도는 더욱더 빨라질 거라고 말했다. 인터넷 시대의 처음 25년은 이미 많은 사람이 한계점을 넘어 '환멸과 두려움'을 느끼고 불만과 불공정이 만연해졌다고 슈밥은 말했다.

"우리는 근본적으로 우리가 생활하고 일하고 다른 사람과 관계를 맺는 방식을 바꿀 기술 혁명 직전에 있다."

이제껏 경험하지 못한 더 큰 규모와 범위와 복잡성을 지닌 변화가 올 것이다. 지금부터 20년 후 지금은 상상도 할 수 없는 세상에서, 우리는 얼마나 환멸과 두려움을 느끼게 될까? 미래가 기적처럼 경이롭다고 해도 우리의 뇌는 그 미래에 알맞게 설계되어 있지 않다.

9장

비인간화
자신을 기계 속의 기계로 생각하라

2008년 7월 어느 날, 프랑스텔레콤에서 일하는 쉰세 살의 직원 한 명이 노동조합 대표에게 편지를 썼다. 그 노동자는 인공위성 기술자였지만 회사는 그를 콜센터로 발령을 냈다. 그는 그 일이 싫었다. '꼭두각시 기계'가 된 기분이었다. 관리자에게 다른 직무로 옮겨달라고 간청했지만 거절당했다. 그는 이 일을 더는 계속할 수 없다는 자신의 입장을 노조 대표가 알아주길 바랐다. 편지를 보낸 그는 기차역으로 걸어가 기차에 몸을 던졌다.

이 남자는 2008년부터 2014년까지 업무 스트레스 때문에 자살한 수십 명의 프랑스텔레콤 직원 가운데 한 사람이다. 의혹을 떨치기 위해 몇몇 직원은 오로지 일 때문에 자살한다는 내용의 글을 남겼다. 자살이 잇따르자 유럽에서 격렬한 항의가 일어났고, 결국 회사 최고경영자는 사임했다.

이것은 우연히 벌어진 일이 아니다. 자살 희생자 대부분이 50대 엔지니어나 기술자였다. 프랑스텔레콤은 이들을 내보내고 싶었지만, 공무원 신분이기에 법률상 해고할 수 없었다. 회사는 새로운 방법을 고안했다. 그들을 비참하게 만들어 그만두게 하는 것이다. 한 가지 전략이 콜센터로 보내는 것이었다. 이들은 심한 감시의 대상이 됐고 '말하는 로봇'처럼 상담 문구를 반복해야 했다. 〈영국의학저널〉에 따르면, 자유롭고 자율적으로 일하는 데 익숙한 전문가들이 조금만 지체해도 처벌을 받고 화장실에 갈 때도 허가를 받아야 하는 현장에서 일했다.

이 전략은 노동자를 비하하고 비인간화하며 인간성을 박탈하는 것이었다. 사람을 로봇처럼 취급한 것이다. 기계에 매여 기계처럼 행동하길 강요했다. 물론 자살은 극단적인 반응이었다. 그들은 왜 회사를 그냥 떠나지 않았을까? 이런 취급을 버티는 사람이 있는 반면, 왜 어떤 사람은 이런 일에 무너져 내릴까? 희생자마다 다르게 설명할 수 있을 것이다. 중요한 것은 자살을 통해 그들이 하던 일의 본질이 드러났다는 것이다. 더 구체적으로 말하면, 이런 종류의 일과 업무 환경이 점점 더 보편화되고 있다는 것이다.

긱 경제 일자리에서 일하도록 내몰린 사람들을 생각해보라. 또는 아마존 물류창고에서 주문을 처리하느라 바쁘게 뛰어다니고 용변도 참으면서 정신없이 일하는 사람들을 생각해보라. 또는 콜센터에서 기계의 감시와 측정과 관리를 받으며 조용한 절망을 견디며 사는 수천 명의 사람을 생각해보라. 일부 콜센터 직원은 인간 관리자와 거의 소통하지 못한다. 인간 관리자를 만날 때는 업무 감시 소프트웨어가 뭔가 잘못한 일을 '보고'하여 질책을 받을 때뿐이다.

평범한 화이트칼라 노동자에게도 현대 직장은 비인간적인 정책과 관행으로 가득하다. 어떤 것은 사소하지만 어떤 것은 매우 심각하다. 전염병 같은 노동자의 불행을 탐구하는 과정에서 나는 임금 삭감과 직업 불안정, 줄어들 줄 모르고 지속되는 변화 등의 스트레스 요인을 발견했다. 직장을 불행한 곳으로 만드는 네 번째 요인인 비인간화는 이 가운데 가장 위험한 것일 수 있다.

비인간화는 대부분 기술에서 비롯된다. 20년 또는 30년 전에 컴퓨터 기술이 처음 직장에 도입됐을 때, 그 의도는 사람이 업무를 더 효율적으로 처리할 수 있도록 지원하는 것이었다. 워드 프로세서와 스프레드시트가 실행되는 PC를 갖게 되면서 몇 시간을 들여 힘들게 처리해야 했던 업무를 간단히 마칠 수 있었다. 그때는 우리가 기술을 이용했음이 확실하다. 하지만 오늘날에는 기술이 우리를 이용하는 것 같다.

컴퓨터는 측정할 수 없을 만큼 더욱 강력하고 보편적이며 지능적으로 변했다. 기술은 영업 부서와 회계 부서 담당자가 생산 공급망을 공유하게 한다. 기술은 고객 서비스나 지원 업무를 하는 인간을 감시하고, 어떤 경우에는 인간의 도움 없이 고객 지원 업무를 직접 처리한다. 기술은 텔레마케터가 할당량을 채우면 성과를 알려주고, 그렇지 못하면 경고를 보낸다. 사람을 채용해야 할지 해고해야 할지를 기술이 판단한다. 이제 우리는 회사 자체를 일종의 컴퓨터, 즉 우리 인간들이 접속해 있는 크고 촘촘한 전자 기계처럼 느끼게 됐다.

회사는 비용을 절약할 목적으로 판매와 마케팅부터 고객 지원까지 조직의 모든 측면을 자동화했다. 심지어 부서 이름에 실제 '인간'

이라는 단어가 있는 인사 부서까지 자동화하고 있다. 건강보험에 가입하는 방법을 질문하면 챗봇과 대화를 나누게 된다. 직장을 구할 때 이력서를 보내면 사람이 아니라 소프트웨어 프로그램이 심사할 수 있다. 사람과 면접을 하려면 먼저 소프트웨어에 깊은 인상을 남겨야 한다. '지원자 추적 시스템'은 갈수록 똑똑해지고, 기업이 여기 의존할수록 구직자들은 시스템의 필터를 능가하는 새로운 '해킹' 방법을 계속 알아내야 한다. 심지어 일부 기업은 자신의 인공지능 무기를 사용하여 다른 기업의 인공지능 무기와 맞서 싸우게 한다.

일례로 V모크(VMoc)라는 프로그램은 기계학습과 인공지능을 활용하여 이력서를 살펴본 다음 어떻게 개선할지 알려준다. 어떤 단어를 사용하고 어떤 단어는 피해야 할지 제안하고, 심지어 사용할 글꼴과 문서 양식도 추천한다. 2018년 6월 〈와이어드〉는 2025년까지 10억 명 이상이 인공지능 비서와 소통하게 될 거라고 내다봤다.

기업 경영진은 직원들의 사기를 어떻게 측정할까? 이 일도 기계가 할 수 있을까? 물론이다. 현장을 다니며 사람들과 대화하는 대신, 오늘날 관리자들은 노동자의 행복도를 조사하기 위해 타이니펄스(TinyPulse) 같은 앱을 이용한다. 그들은 인간미 없는 전자 설문조사가 노동자를 불행하게 만드는 이유라는 사실을 전혀 알지 못한다. 스타트업에서 일하던 당시 나도 이런 방식으로 끊임없이 설문조사를 받았다. 한번은 회사가 어떻게 직원을 행복하게 할 수 있을지 질문을 받았다. 나는 '더 많은 설문조사'라고 입력했다.

서로 대화를 나누는 것과 같은 우리의 가장 기본적인 일상조차 점차 기술이 매개하고 있다. 이메일이나 문자 메시지뿐만 아니라 슬랙(Slack)이나 힙챗(HipChat) 같은 새로운 플랫폼 탓이다. 직장에서 나란히 앉거나 마주 보고 있는 두 사람이 말 대신 문자 메시지로 의사소통하는 것을 본 적이 있을 것이다. 분명히 이제는 많은 사람이 이 방식을 선호한다. 문제는 사람들을 연결한다고 주장하는 전자 기기가 인간관계를 단절하고 우리를 고립시키는 효과를 낳는다는 것이다. MIT의 사회학자 셰리 터클(Sherry Turkle)은 이것을 '다 함께 홀로(alone together)'라고 표현했다.

이 정도는 작은 일이다. 비인간화의 '라이트' 버전이라 할 수 있다. 가장 극단적인 버전은 아마존 배송센터와 같은 작업장에서 볼 수 있다. 많은 작업을 로봇이 하지만, 여전히 일부 작업에는 사람이 필요하다. 놀라운 것은 아마존이 사람에게 가능한 한 로봇처럼 행동하길 기대한다는 것이다. 아마존 노동자들은 할당량을 맞추기 위해 거의 쉬지 않고 뛰어다녀야 한다. 또한 반복적인 작업을 하고, 성과를 기록하고, 규칙을 위반하면 벌금을 매기는 소프트웨어의 감시를 받는다. 비영리 권익단체인 지역자립연구소는 보고서를 통해 '심각하게 비인간적인 직장 환경'이라고 지적했다.

화이트칼라 노동자에게 아마존에서 일하는 것은 '접속'을 의미한다. 직원들을 감시하고 성과를 측정하며 데이터에 기반하여 처벌을 내리는, 거대하고 보이지 않는 기계에 접속하는 것이다. 이를 두고 전 아마존 직원은 〈뉴욕타임스〉에 '끊임없는 성과 개선 알고리즘'이라고 표현했다. 놀랍게도, 아마존의 많은 전문직 종사자가 이 시스템에 동의한다. 그들은 자신의 정체성을 시스템에 포함시키고 알고리즘과 하나가 된다. 의미심장하게도 실제로 그들은 자신을 '아마봇'이라고 부른다.

자동화 계층

우버는 300만 명의 운전자를 거의 소프트웨어만으로 관리한다. 그게 뭐 대수겠는가. 이 회사는 언젠가(단, 가능한 한 빨리) 인간 운전자를 완전히 없애고 자율주행차로 대체하고자 한다는 속내를 숨기지 않는다. 현재 이 차량공유 기업은 인간 운전자와 최대한 거리를 두고 제대로 대우하지 않는다. 소프트웨어는 노동자와 고용주 사이에 쳐진 칸막이다.

운전자에게 우버는 어떤 존재일까? 우버는 어디에 있을까? 어떻게 생겼을까? 우버는 블랙박스다. 우버는 스마트폰 화면에 뜨는 앱이다. 우버 운전자들은 채용될 때를 제외하고 인간 관리자와 거의 대화하지 않는다. 심지어 가끔은 채용 때마저도 접하기 어렵다. 운전자들은 성과를 추적하고 특정 점수 이하로 떨어지면 활동을 정지시키는 소프트웨어 '상사'와 대화한다.

소프트웨어 기업가 데이비드 하이네마이어 핸슨(David Heinemeier Hansson)은 우버 운전자를 비롯한 긱 경제 노동자들이 새로운 계층을 형성한다고 말한다. 이 자동화 계층은 말 그대로 '운송과 배달 기계의 톱니바퀴 취급'을 받는다. 이제는 인간이 아니라 기계 또는 소프트웨어가 기업의 핵심이다. 인간은 기계를 보조하는 존재다. 우리는 알고리즘에 묶여 있는 인간 꼭두각시다.

기업은 처음에는 비용 절감 때문에 소프트웨어를 사용하여 노동자를 관리하는 아이디어를 받아들였다. 그러다가 부수적인 혜택을 발견했다. 소프트웨어가 직원들의 심리에 영향을 미치고 그들의 취약점을 이용할 수 있다는 사실이다. 우버는 운전자를 심리적으로 조종하기 위해 중독성 있는 비디오 게임의 기법을 활용한 소프트웨어를 사용한다. 우버는 운전자가 더 긴 시간 동안 일하도록 행동과학 기법을 만들기 위해 수백 명의 사회과학자를 고용했다.

이것은 테일러리즘과 경영학 개념에 대한 새로운 해석을 보여준다. 소프트웨어 기반의 심리적 조작은 긱 경제에서 시작됐지만, 곧 다른 분야에도 적용될 것이다. 이와 관련하여 〈뉴욕타임스〉는 "심리적 레버를 당기는 것은 결국 노동자를 관리하는 지배적인 방법이 될 것이다"라고 보도했다. 실제로 기업은 제품 구매를 유도하기 위해 소비자에게 심리적 기법을 사용하고 있다.

이미 60년 전에 심리학자 에리히 프롬은 《건전한 사회》에서 자본주의와 자동화가 결합하면 깊은 정신적 손상을 일으키고, 이것이 소외와 우울, 일종의 문화적 광기로 이어질 수 있다고 경고했다.

—— 앞으로 50년에서 100년 후에 (…) 자동화는 인간처럼 행동하는 기계를 생산하고 기계처럼 행동하는 인간을 만들어낼 것이다. 과거

의 위험은 인간이 노예가 되는 것이었지만, 미래의 위험은 인간이 로봇이 될 수 있다는 것이다.

PC 출시를 거쳐 인터넷 초창기에 이르는 동안 많은 사람은 늘어나는 기술 이용이 노동자에게 도움이 될 것으로 믿었다. 기술은 우리에게 권한을 부여하고 더 많은 자율성과 자유를 줄 것 같았다. 직장을 민주적으로 만들고, 평범한 노동자들이 회사 경영에 더 큰 목소리를 낼 수 있을 것 같았다.

하지만 새로운 노동 방식을 개발한 사람들을 포함하여 한편에서는 우려의 목소리가 나오기 시작했다. 뱁슨 칼리지의 경영학 교수 토머스 데이븐포트(Thomas Davenport)는 1990년대에 '비즈니스 프로세스 리엔지니어링(business process reengineering, BPR: 업무 프로세스 재설계)'이라는 개념을 만들어내는 일에 참여했다. 컴퓨터 기술을 활용하여 조직을 구조조정하는 전략이다. '리엔지니어링'은 좋은 의도로 만들어졌지만, 기업은 이 개념을 받아들여 많은 사람을 해고하는 구실로 사용했다. 리엔지니어링의 아버지로 불리는 데이븐포트는 소스라치게 놀랐다. 그는 대규모 해고를 "회사 내부 직원들을 단지 수많은 비트나 바이트처럼 취급하는" 관리자들이 자행한 "이유 없는 유혈 사태"라고 비난했다. 그는 이것을 "인간성을 상실한 행위"라고 표현했고 이 일에 참여한 것을 후회한다고 말했다.

상황은 더 나빠졌다. 2005년 뱁슨 칼리지의 또 다른 교수 제임스 후프스(James Hoopes)는 기술이 "인간을 자유롭게 할 뿐 아니라 통제하는 데도 사용될 수 있다"라고 경고하면서 관리자들이 기술에 의존할수록 직원들은 더 비인간화된다고 우려했다. 2018년 나는 후프스에게 지금 상황은 어떤지 물었다. 그는 이렇게 대답했다.

"가장 걱정했던 일이 현실로 나타나고 있습니다. 지금은 직원의 비인간화를 넘어 고객의 비인간화로 확산되고 있습니다."

보스턴 외곽 뱁슨 칼리지 연구실에서 후프스를 만났을 때 그는 기업이 정보기술을 사용하여 고객 서비스를 자동화하고 고객을 컴퓨터 시스템과 상호 작용하게 한 것에 실망했다고 말했다. 더욱이 기업은 고객이 제품을 어떻게 사용하는지 추적하고 정보를 수집하는 데에도 기술을 사용하고 있다. 가장 큰 실망은 기술이 직원을 등지는 방식에서 기인했다.

"나는 정보기술이 일을 효율적으로 만들어 경영진에 봉사하기보다 일을 더 잘할 수 있는 수단으로 직원들에게 봉사하는 장면을 보고 싶습니다."

직장 내 비인간화에서 비롯된 피해에 관해 많은 연구가 진행됐다. 한 가지 연구 결과는 비인간화가 따돌림과 괴롭힘으로 이어진다는 것이다. 또한 우울증이나 불안, 스트레스 관련 장애처럼 정신질환의 원인이 될 수 있다는 사실도 드러났다. 2014년에 이뤄진 밴쿠버 브리티시컬럼비아대학교 심리학과 칼리나 크리스토프(Kalina Christoff) 교수의 연구에 따르면, 직장 내 비인간화는 "일상적인 슬픔과 분노 감정"을 유발하거나 "피해자가 자기 비하, 무력감, 사기 저하"를 느끼게 할 수 있다. 또 다른 연구에서는 비인간화된 노동자들이 수치심과 죄책감을 느끼는 한편, 인지 저하를 보인다고 밝혔다.

특히 유해한 현대 직장의 한 측면은 전자 감시의 사용이 계속 증가한다는 것이다. 개인정보보호법은 정부가 개인 생활을 감시하는 것을 불법으로 규정한다. 하지만 고용주들은 이런 제약을 받지 않는다. 당신은 그들이 마음대로 할 수 있는 직원일 뿐이다. 고용주는 원하는 만큼 당신을 괴롭힐 수 있다. 게다가 괴롭힘은 해가 갈수록 강도가 심해진다.

파놉티콘에서 일하기

18세기 영국의 철학자 제러미 벤담은 한 명의 간수가 많은 수감자를 통제할 수 있는 기발한 감옥을 설계했다. 중앙 감시탑에 한 명의 간수가 있고 이를 둘러싼 감방에 죄수들이 있는 원형 건물이다. 한 명의 감시자가 모든 수감자를 지켜볼 수 있는 메커니즘이다. 수감자들은 언제 감시를 받는지 알 수 없기 때문에 항상 감시당한다고 추측하고, 걸려들지 않도록 행동한다. 이 방식은 심리를 활용한 것으로, 소수의 교도관만 두고도 수감자가 스스로 통제하게 한다. 벤담은 그리스어로 '모든 것을 본다'라는 의미에서 이것을 '파놉티콘 (panopticon)'이라고 이름 붙였다.

이 아이디어는 실제 감옥을 짓는 방법으로는 사용되지 않았지만,

현대 사회의 권력과 통제에 대한 비유로 자주 사용된다. 특히 프랑스 철학자 미셸 푸코가 이 개념을 사용한 것으로 유명하다. 직장 내 감시를 연구하는 사람들은 감시가 직원에게 영향을 미치는 '파놉티콘 효과'를 언급할 때 종종 푸코의 글을 인용한다.

오늘날 직장 내 전자 감시는 대부분의 기업에 존재하며, 종류도 다양할 뿐 아니라 강력한 도구로 활용된다. '전자 성과 모니터링' 시스템은 출퇴근 시간과 휴식 시간, 일하지 않고 빈둥거리는 시간을 비롯하여 당신이 직장에서 하는 대부분 행동을 추적한다. 보통 키워드 스캔 방식의 알고리즘을 사용하여 직원들의 이메일을 엿보지만, 때로는 실제 사람이 내용을 살펴보기도 한다. 2007년 미국 경영자협회 조사에 따르면, 기업의 40퍼센트가 직원의 이메일을 사람이 직접 검토하도록 했다. 동료에게 메일로 최고경영자 욕을 하고 싶은 충동이 들 때 이 점을 꼭 기억하기 바란다.

기업은 우리의 소셜 미디어 활동도 감시한다. 심지어 어떤 곳은 우리가 사용하는 컴퓨터 카메라를 통해 우리를 관찰한다. 전화 통화를 도청하고 녹음하며 출입증, 손목밴드, 휴대전화로 위치를 추적한다. 출퇴근 시간을 확인하기 위해 직원들이 '근태 관리' 시스템에 지문을 등록하게 하는 건 아주 일반적인 일이 됐다. 위스콘신의 스리 스퀘어마켓(Three Square Market)이라는 회사는 직원의 손에 RFID(무선인식) 칩을 이식하고 손을 움직여 인식하는 방식으로 건물을 출입하도록 했다. 또 음성이나 홍채, 지문 같은 직원들의 생체정보를 수집하는 곳도 있다.

일리노이주에서는 인터콘티넨탈호텔을 비롯한 수십 곳의 사업체가 고용인들에게 지문 등록을 강요한 일로 소송을 당할 상황이다. 이 업체들에는 개인의 생체정보 보호에 관한 일리노이 법을 위반한 혐의가 적용될 것이다. 뱅가드(Vanguard) 같은 금융기관은 계좌 소유자를 인증하기 위해 음성 정보를 사용한다. 음성 인식 기술을 판매하는 뉘앙스커뮤니케이션(Nuance Communications)은 3억 명의 음성 정보를 수집하여 연간 50억 건의 인증을 실행한다고 밝혔다.

기업은 우리의 뇌도 자유롭게 들여다본다. 직원들에게 성격 검사를 실시하여 뇌 속의 버튼을 어떻게 눌러야 할지를 알아낸다. 〈월스트리트저널〉에 따르면, 제강 회사 SPS컴퍼니 같은 일부 기업은 직원 설문조사를 실시해 그 답변을 평가하고, 사람들이 실제로 일을 어떻게 생각하는지 알아내기 위해 인공지능 기반 도구를 사용한다.

기업은 생산성을 높이고 도산을 방지하기 위해 감시가 필요하다고 주장한다. 하지만 많은 기업은 저항할 수 없는 매력에 현혹되어 새로운 기술을 덜컥 도입한다. 한 연구는 이들 기업이 손익분석도 하지 않고 "단지 할 수 있기 때문에 직원들을 감시"한다고 말했다. 그리고 감시를 통해 고용주가 얻는 혜택이 무엇이든, 노동자들에게는 더 큰 피해가 발생한다고 경고했다.

피해는 정말 심각하다. 감시는 유해하고 비인간적인 환경을 조성한다. 디지털 시대의 노동 현장은 스트레스와 불안, 우울, 피로, 분노, 자신감 상실로 가득 차 있다. 1980년대에 전미여성노동자협회가 여성 콜센터 노동자를 대상으로 직장 내 감시에 관해 조사했을 때, 여성들은 감시당하는 기분을 종종 강간이나 성적 학대라는 이미지를 사용하여 설명했다. 또 다른 연구에서는 건강 문제가 급격히 증가했음을 발견했다. AT&T에서 비슷한 업무를 하는 사무직 노동자 가운데 감시를 당하는 쪽과 그렇지 않은 쪽을 비교한 연구조사에서다. 이에 따르면 감시를 당하는 노동자에게 목 결림, 손목 통증, 손가락 마미 같은 신체 질병이 '심장이 뛰고 두근거리는 증상'이나 위산 과다와 마찬가지로 현저히 많았다.

캐나다 개인정보보호위원회 상임위원 제니퍼 스토더트(Jennifer Stoddart)는 2006년 강연에서 감시가 "직원의 존엄과 자유, 자율에 심각한 영향을 미칠 수 있다"라고 말했다. 또한 "우리가 점점 더 보편화되는 감시의 선을 지키지 못하면 미래의 직장은 아주 무서운 곳이 될 것"이라고 경고했다.

12년이 지나 이 글을 쓰는 지금, 우리는 스토더트도 예상할 수 없었던 방식으로 감시당하고 있다. 대부분의 감시 기술은 실리콘밸리에서 개발된다. 또한 이 기술 기업들은 이메일과 대화, 메신저, 웹사이트 방문을 추적하는 감시 기술을 가장 적극적으로 사용한다. 기자에게 정보를 유출했다는 이유로 해고된 페이스북의 한 직원은 〈가디언〉과의 인터뷰에서 이렇게 말했다.

"회사가 나에 대해 얼마나 많이 알고 있을지 생각하면 소름이 끼칩니다."

그는 페이스북이 내부적으로 '쥐잡이팀'으로 알려진 비밀경찰팀을 고용하여 기밀 정보를 유출한 것으로 의심되는 직원들을 잡아낸다고 밝혔다.

"누구든 선을 넘으면 벌레처럼 짓뭉개집니다."

애플은 직원을 염탐하기 위해 조직 전체에 두더지를 심는다는 소문이 있다. 직원들은 그들을 나치스의 비밀경찰에 빗대어 '애플 게슈타포'라고 부른다. 구글과 아마존은 직원들이 동료를 고자질하도록 부추긴다. 심지어 아마존은 고자질을 쉽게 하는 소프트웨어까지 활용한다. 실리콘밸리의 소프트웨어 개발 업체 워크데이(Workday)는 2,000개 이상의 기업에서 사용되는 인사 프로그램 제품에 비슷한 고자질 기능을 제공한다.

많은 기술 기업이 현대판 '세일즈 보일러룸(sales boiler room)'을 운영한다. 거대한 콜센터를 가리키는 말인데, 이곳에서는 대학을 갓 졸업한 수백 명의 노동자가 전화기에 매달려 매일 수십 명과 통화한다. 기본적으로 이들은 텔레마케터다. 어떤 사람에게 이 일은 영혼을 파괴하는 것과 같다. 특히 노동자를 관찰하고 감시하는 방식 때문이다.

한 여성은 캘리포니아의 좋은 대학 인문학과를 졸업하고 6개월 만에 온라인 리뷰 사이트 옐프(Yelp)에 취업했다. 그녀는 샌프란시스코의 힙한 지역에 있는 근사한 기술 회사에 채용돼 기대에 들떴지만, 얼마 안 가 환멸을 느끼게 됐다. 그녀의 모든 행동이 소프트웨어를 통해 감시됐고 통화는 녹음됐다.

"하루 8시간 동안 2분마다 같은 일을 반복해야 한다는 것에 진절머리가 났어요. 비인간적이었습니다. 점점 우울해졌죠. 퇴근해서 집에 오면 8시부터 잠을 잤어요. 일하러 가는 것이 점점 두려워졌습니다."

그녀는 한 달을 버텼다. 첫 번째 업무 평가를 받기에는 충분히 긴 시간이었고, 예상했던 대로 그녀의 평가 점수는 좋지 않았다.

"믿기 어려울 정도로 실망스러웠고 끔찍한 경험이었습니다."

로봇이 안내하는 면접의 세계

당신은 다음번 구직 활동을 할 때 첫 번째 면접을 인간이 아니라 인공지능 기반 소프트웨어 시스템과 할 가능성이 크다. 인사 부서의 채용 담당자와 대화하는 대신 컴퓨터 앞에 앉거나 스마트폰 화면에 나타나는 질문에 대답하는 것이다. 당신이 가진 기기의 카메라를 사용하여 자신의 반응을 영상으로 녹화하거나, 문제를 풀거나, 게임을 하라는 요구를 받을 수 있다.

이 모든 것이 10분이면 된다. 인터뷰가 끝나면 인공지능 알고리즘은 당신이 얼마나 말을 잘하고 어떤 단어를 사용했는지와 미묘한 표정까지 평가하면서 당신의 영상을 빠르게 검토한다. 미소를 짓고 있는가? 눈을 깜박이는가? 눈썹을 자주 움직이는가? 로봇 면접관이 당신이 실제 인간의 관심을 끌 만하다고 판단하면, 그제야 다음 단계의 면접이 진행될 것이다. 반면 이 소프트웨어에 좋은 인상을 남기지 못했다면, 지원해주셔서 감사하다는 친절한 인사를 받게 될 것이다.

마치 공상과학 소설의 한 장면 같지 않은가. 영화 〈블레이드 러너〉에서 질문을 통해 복제인간을 식별하는 보이트 캄프(Voight-Kampff) 테스트 같기도 하다. 하지만 이런 일이 현실에서 일어나고 있다. 하이어뷰(HireVue)라는 유타주의 기술 회사는 유니레버와 힐튼호텔앤리조트를 비롯한 100여 개의 기업에 이 서비스를 제공한다.

기업은 전통적 대면 방식보다 열 배나 많은 구직자를 볼 수 있고 적은 시간을 들여 많은 지원자를 검토할 수 있기 때문에 인공지능 시스템을 좋아한다고 하이어뷰는 주장한다. 힐튼에서는 하이어뷰의 인공지능 인터뷰 시스템을 사용한 이후 채용에 걸리는 시간이 평균 6주에서 5일로 단축됐다. 또 다른 이유는 다양성이다. 컴퓨터는 인간이 지닌 무의식적인 편견을 가지고 있지 않다. 하이어뷰는 소프트웨어가 인간 채용 담당자보다 지원자를 더 잘 선택한다고 주장한다.

하이어뷰는 2004년에 사업을 시작했다. 처음에는 녹화된 영상을 통해 지원자들을 인터뷰할 수 있는 서비스를 제공했다. 이 방법은 회사의 비용을 절감해주었다. 1차 면접을 위해 대학으로 채용 담당자들을 보낼 필요가 없었기 때문이다. 이는 곧 기업이 더 많은 대학에서 훨씬 더 많은 지원자를 볼 수 있다는 의미이기도 하다. 하이어뷰의 최고경영자 케빈 파커(Kevin Parker)는 "이 방법 덕분에 실제로 기업들의 시야가 훨씬 넓어졌습니다"라고 말했다.

하지만 여기에도 병목 구간이 있었다. 여전히 인간 채용 담당자가 영상을 검토해야 했기 때문이다. 물론 영상을 빠르게 재생하면서 판단할 수도 있겠지만 여기에도 한계가 있다. 하이어뷰는 사업을 키우기 위해 어떻게 하면 기술을 사용하여 인간이 하는 일을 대체할 수 있을지 고민하기 시작했다.

하이어뷰는 데이터과학자들과 산업 및 조직 심리학자들을 모아 팀을 꾸리고 '얼굴 움직임 부호화 시스템(Facial Action Coding System)' 같은 기존 과학기술을 가져와 소프트웨어로 구현했다. 하이어뷰는 2016년부터 이 서비스를 기업에 제공하고 있다.

하이어뷰는 나이키, 인텔, 하니웰, 델타항공을 포함하여 700여 개의 기업 고객을 보유하고 있다. 현재 100여 곳에서 인공지능 기반 평가 서비스를 사용하고 있으며, 이 사업부문은 급격히 성장하는 중이라고 파커는 말한다. 지금까지 하이어뷰의 인공지능 시스템은 50만 개 이상의 영상을 평가했다.

하이어뷰의 고객인 한 거대 은행은 매일 1,000개의 영상을 검토한다. 하이어뷰의 사업은 이전에는 상상조차 할 수 없었던 규모로 확장되고 있다. 회사 설립 후 14년 동안 총 400만 건의 영상을 기록했는데, 요즘 하이어뷰는 한 해에 이 정도 양의 영상을 기록한다. 그리고 이것은 그저 시작일 뿐이다. 지금부터 10년 후에는 일상적이고 보편적인 일이 될 거라고 파커는 주장한다.

이 멋진 신기술은 구직자들이 새로운 종류의 기술을 익혀야 한다는 것을 의미한다. 로봇 권력자에게 좋은 인상을 남기는 방법을 가르치는 컨설턴트들이 이미 우후죽순처럼 생겨났다.

"상자에 대고 말하는 면접, 즉 인공지능 인터뷰 방식의 가장 큰 도전은 당신의 말에 면접자가 흥미를 느끼는지 어떤지 피드백을 얻을 수 없다는 것입니다."

런던의 컨설팅 회사 피니토에듀케이션(Finito Education)의 교육과정 책임자 데릭 워커(Derek Walker)의 말이다. 피니토는 직업 트레이닝 기관으로, 최근 대학 졸업자들을 대상으로 인공지능 기반 면접에 대비하는 코칭 과정을 개설했다. 인공지능 면접에서는 사람과 사람이 만나 면접할 때 존재했던 비언어적 교감이 모두 사라진다. 대부분의 사람은 실제로 당황할 수 있다.

"인간인 우리에게는 완전히 낯선 상황입니다. 우리는 이런저런 이야기를 하면서 관계를 형성하는 데 익숙하지만, 기계 상자와는 그럴 수 없습니다. 편안하게 느끼기 어렵죠. 어떤 사람에게는 이 방식이 무척 거슬리고 불편한 경험이리라 생각합니다."

능력이 출중한데도 이 단계에서 실력을 제대로 발휘하지 못해 누락되는 건 안타까운 일이다. 비결은 연습이다. 워커는 대학을 갓 졸업한 취업 준비생들이 카메라 앞에서 편안하게 느끼도록 돕는 일을 한다.

워커는 메릴린치증권과 바클레이즈은행, 옥스퍼드대학교 사이드 경영대학원을 포함한 기관에서 30년 동안 채용 업무를 담당해왔다. 그동안 이 분야는 큰 변화 없이 유지됐다. 그는 인공지능 기반 면접이 "꽤 오랜만에 나타난 최초의 진정한 혁신"이라고 말했다.

이런 방식이 현재는 새로운 일이지만, 10년 또는 20년이 지나면 일상이 될 것이다. 여기에는 또 다른 무서운 사실이 숨어 있다. 하이어뷰의 시스템은 구직자들의 풍부한 이력서를 파악할 수 있고, 심지어 공감 능력 같은 특성을 측정할 수 있는 질문을 통해 이들의 성격을 평가할 수 있다는 것이다. 무엇보다 최근 하이어뷰는 사이코메트릭(psychometric: 심리 측정) 게임과 퍼즐을 이용하여 인지 능력을 측정하는 마인드엑스(MindX)라는 플랫폼을 인수했다. 지능지수나 추론 능력도 측정할 수 있다. 이론적으로 이 시스템은 당신이 의식하지 못하는 것조차 추론할 수 있다. 당신이 자신에 대해 아는 것보다 당신을 더 잘 알 수 있다는 얘기다.

이에 따라, 수집되는 정보의 종류나 이 정보를 통제하는 주체에 관한 문제가 제기된다. 2017년과 2018년에 영국의 데이터분석 회사 케임브리지애널리티카(Cambridge Analytica)는 온라인 문제와 퀴즈를 활용하여 수백만 명에 달하는 페이스북 이용자의 사이코그래픽(psychographic: 연령, 성별 등 단순한 인구 특성이 아니라 성격, 개성, 라이프 스타일 등 소비자 행동의 심리를 파악하는 심리 특성 지도-옮긴이) 정보를 수집했다. 이 정보를 토대로 표적이 된 사람들을 특정 광고로 조작하려 한 사실이 드러나면서 페이스북은 맹비난을 받았다.

이들은 단순하고 중요치 않은 페이스북 퀴즈를 이용했다. 하지만 취업 면접에서 당신이 자신에 대해 얼마나 많은 정보를 드러내는지 생각해보라. 하이어뷰의 로봇 기반 채용 시스템은 수백만 명의 상세하고 풍부한 사이코그래픽 정보 데이터베이스를 구축하고 있다. 게다가 이 정보는 익명이 아니다. 당신의 사이코그래픽 청사진은 당신의 이름, 주소, 이메일, 전화번호, 학력, 경력 등 모든 개인정보와 연결된다. 심지어 당신의 모습을 담은 영상도 포함되어 있다. 면접에서 당신이 말한 모든 것이 당신을 평생 따라다닐 수 있다. 만약 인공지능이 당신을 '경쟁력 없음'이나 '독선적임' 또는 '평균 지능 수준'이라고 판단한다면 이 때문에 당신은 특정 직업이나 직장에서 배제될 수도 있다. 만약 실수로 욕설이라도 튀어나온다면 시스템은 당신을 '저속한 사람'으로 기록할 것이다.

이 회사의 최고경영자 파커는 많은 정보를 수집하지만, 정보를 안전하게 보호하고 매우 조심스럽게 다룬다고 주장한다. 하이어뷰는 정보를 저장하지만 소유하지 않는다. 정보는 서비스를 이용하기 위해 비용을 지불하는 고객이 소유한다. 파커는 이렇게 강조했다.

"우리는 이 정보를 누군가의 면접과 취업을 돕는 것 외에 다른 목적으로는 사용하지 않습니다."

그럴듯하다. 하지만 우리가 상상할 수 없는 방식으로 이 데이터가 편집되고 분석되고 판매되고 공유되며 도난당하거나 악용될 가능성은 여전히 존재한다. 사람들이 은행원에 지원하려고 면접 자리에 앉을 때, 그 대가로 자신이 무엇을 지불했는지 알 수 있을까? 설령 안다고 해도 어떤 선택을 할 수 있겠는가. 그 일에 지원하지 않는 것?

사생활을 포기하는 것은 노동 인구 그룹에 들어가기 위해 지불하는 대가가 될 수 있다. 고용이 된다는 것은 스카이넷이 당신 정신의 가장 깊은 곳을 탐구하고, 지능지수와 성격 유형과 모든 약점과 강점을 파악하도록 허락하는 것을 의미할 수 있다. 당신에 관한 완벽한 사이코그래픽 프로필, 즉 당신의 뇌 구석구석을 담은 청사진이 존재하는데, 당신은 이것을 통제할 수 없다. 당신이 다른 직장에 지원하면 이 시스템은 당신의 프로필을 업데이트한다. 시간이 지날수록 당신의 프로필은 더욱 풍성해지고 구체화된다. 이런 정보가 특정 정당이나 정부 기관에 가치가 있다고 상상해본 적은 없는가? 그들은 이 정보로 무엇을 할까?

기존의 채용과 평가, 고용의 모든 과정은 정보가 여러 시스템에 흩어져 있거나 종이 문서로 보관되는 탓에 우연이 개입되기도 하는 등 다소 엉성한 면이 있다. 어수선하고 정신없지만, 아날로그 세계의 체계적이지 못한 이 혼란스러움이 기본적으로 우리가 '프라이버시(privacy)'라고 부르는 것이다. 머지않아 수천 개의 기업이 수백만 명의 프로필을 수집하게 될 것이다. 이 데이터를 얻은 기업 또는 사람은 프로필의 주인공을 자극하는 것이 무엇인지 알아낼 수 있다.

나는 인간이 기계로 대체되고 자동화로 일자리가 사라지는 것이 무척 우려스럽다. 인간이 인공지능과 함께 일해야 한다는 사실은 더더욱 그렇다. 누구를 고용하고 때로는 누구를 해고할지 기계가 결정한다. 이것은 인간이라는 종에게 어떤 영향을 미칠까? 일이 아날로그에서 디지털로 바뀌는 동안 우리는 충분히 이해할 수 없는 협상에 내몰리고 있다. 효율성을 높이고 생산성을 개선하며 더 적은 노력으로 더 많은 일을 하려는 과정에서, 우리는 얻는 것보다 훨씬 큰 것을 잃고 있는지도 모른다.

당신의 다음 상사는 컴퓨터다

레이 달리오(Ray Dalio)는 세계 최대 헤지펀드인 브리지워터어소시에 이트(Bridgewater Associates)의 설립자이자 세계에서 가장 부유한 사람 가운데 한 명이다. 만약 달리오의 생각이 구현된다면 당신이 다음에 만날 상사는 컴퓨터가 될 것이다.

몇 년 동안 달리오는 인간 관리자들의 직관적 본능이 개입되지 않을 인공지능 기반 '자동 경영 시스템'을 개발하려고 노력했다. 이 시스템은 달리오가 브리지워터 경영에 사용하는, 내부적으로는 '원칙'으로 알려진 개념과 절차를 기반으로 한다. 한 내부자는 "레이 달리오가 자신의 뇌를 컴퓨터에 넣으려는 것 같았다"라고 〈월스트리트저널〉에 말했다. 이 프로젝트는 IBM의 인공지능 시스템 '왓슨 (Watson)'을 개발한 컴퓨터과학자 데이비드 페루치(David Ferrucci)가 이끌고 있으며 프리OS(PriOS)'라는 암호명으로 불린다.

브리지워터 같은 헤지펀드는 이미 인공지능 시스템에 의존하여 주식 거래를 한다. 기계가 비즈니스 의사결정을 하도록 가르치는 것은 논리적인 행보로 보인다. 2017년 달리오는 〈비즈니스인사이더〉와의 인터뷰에서 2020년까지 워터브리지 경영에 프리OS의 '완성된 버전'을 사용할 것으로 기대한다고 말했다. 또 〈배너티페어〉와의 인터뷰에서는 프리OS를 GPS 내비게이션 시스템에 비유했다. GPS가 어디로 가야 할지 알려주는 것처럼, 프리OS는 누군가를 채용하거나 해고해야 할 때 심지어 특정한 전화 통화를 해야 할 때 관리자에게 어떤 판단을 해야 할지 말해준다는 것이다. 또 다른 매체 〈블룸버그〉에는 자신의 발명품을 세계와 공유하기를 바라고 기술 회사들이 이 발명품을 굉장히 손에 넣고 싶어 한다고 말하기도 했다.

기업 경영에 소프트웨어를 사용하는 것이 터무니없는 일은 아니다. 심지어 실리콘밸리 미래연구소의 연구원들은 소프트웨어가 최고 경영진을 대체할 수 있다고 말한다. 이미 몇 년 전에 대기업 최고 경영자의 업무를 수행할 수 있는 iCEO라는 소프트웨어가 등장했다. 이를 개발한 연구원 가운데 한 사람인 데빈 피들러(Devin Fidler)는 2015년 〈하버드비즈니스리뷰〉에 이 프로젝트에 관한 글을 기고하며 불길한 경고를 남겼다.

"이제 더는 최고 경영진이라는 명분 뒤에 숨을 수 없을 것이다."

이것이 좋은지 나쁜지는 누가 인공지능을 프로그래밍하고 매개변수를 설정하는가에 달려 있다. 달리오는 자신이 브리지워터에 조성한 잔인하고 전투적인 문화를 소프트웨어에 복제하길 원한다. 아마도 우리 대부분에게는 악몽이 될 것이다. 헤지펀드라는 끔찍한 세계에서조차 브리지워터는 사이비 종교집단 같다는 악명이 자자하다. 브리지워터의 전 직원은 이 회사를 연방 노동위원회에 신고하면서 "공포와 협박이 끓고 있는 가마솥"이라고 표현했다.

달리오는 브리지워터의 모든 직원에게 사이코메트릭 검사를 받도록 강요했다(그는 검사를 좋아한다. 자기 자녀들에게도 '앞으로 어떻게 성장할지' 로드맵을 얻기 위해 일찍이 사이코메트릭 검사를 받게 했다). 이 회사에서는 안전요원이 건물을 순찰하고 곳곳에 감시 카메라가 있다. 모든 회의는 녹음된다. 사람들은 아이패드를 가지고 다니면서 앱에 '점'을 찍는 방식으로 다른 사람을 끊임없이 평가한다. 알고리즘은 모든 회의에서 발생한 '점'을 수집해 각 개인의 성격 프로필을 생성한 다음, 특정 업무를 배정할 때 이 평가를 활용한다. 또한 회사는 직원들을 서로 비판하고 밀고하도록 부추긴다. 일부 직원은 눈물을 흘릴 정도로 괴롭힘을 당했다. 한 직원은 글래스도어에 이렇게 썼다.

"만약 지옥이 있다면 바로 이곳입니다. 기본적으로 광적인 사이비 종교집단입니다. 인간 실험실이죠."

달리오를 위해 일하는 현실은 아주 끔찍하다. 하지만 달리오를 복제한 인공지능은 훨씬 더 심각할 수 있다. 완전히 실패한 문화를 인공지능 기반 컴퓨터에 넣은 다음, 그 컴퓨터를 당신보다 직급이 높은 얼간이들에게 주고 마음대로 사용하게 한다고 생각해보라. 레이 달리오가 어떤 미래를 그리는지 알 수 있을 것이다.

나는 우선 사람들이 달리오를 진지하게 생각하는 것에 놀랐다. 하지만 그는 거의 180억 달러의 재산을 가지고 있고, 어떤 해에는 40억 달러를 벌기도 했다. 만약 당신에게 그 정도 돈이 있다면 사람들은 당신이 하는 말에 귀를 기울일 것이다. 2017년에 달리오는 자신의 인생과 일에 대한 철학을 담은 회고록《원칙》을 출간했는데, 세계적으로 엄청난 베스트셀러가 됐다.

이 책에서 달리오는 인간을 기계에 비유했다. 인간이 기계처럼 행동하는 걸 악몽으로 여긴 철학자 에리히 프롬과 달리, 그는 이 비유를 훌륭하게 생각했다. 그는 진지하게 말한다.

"당신을 기계 속의 기계라고 생각하라."

또한 당신이 관리자라면 최고의 결과를 얻기 위해 기계를 조작한다고 상상하라는 조언까지 덧붙인다.

이 책은 '원칙'이라는 이름이 붙은 100페이지짜리 선언서에서 발전했다. 더 나은 사람이 되기 위한 227가지 원칙이 담긴 이 문서는 브리지워터 전 직원에게 주어진다. 〈뉴욕매거진〉은 이 선언서가 마치 "에인 랜드와 디팩 초프라(Deepak Chopra: 의사이자 뉴에이지 영성 분야에서 명성을 쌓은 작가-옮긴이)가 포춘쿠키에서 나온 문장들을 하나하나 엮어 만든 것 같다"라고 표현했다. 책의 제목이 그렇게 정해진 이유도 '원칙'이라는 문서를 바탕으로 했기 때문이다.

일반적으로 헤지펀드 매니저가 읽을 만한 내용은 아니다. 이 책은 600페이지에 달할 만큼 두꺼운데 애초에 달리오가 두 권으로 기획한 책 가운데 첫 번째 책일 뿐이다. 그의 머릿속에는 생각이 많은 것이 분명하다. 책을 펼치자마자 달리오가 자신을 어떻게 생각하는지 알 수 있다. 그는 아인슈타인과 처칠, 레오나르도 다빈치가 자신들의 '원칙'을 기록한 것처럼 자신도 그렇게 하고 싶었다고 이 책을 쓴 이유를 설명했다.

달리오는 특정한 금융 또는 컨설팅 전문가 집단에서는 영웅이지만 그의 생각이 더 넓은 세계에서 어떻게 펼쳐질지 평가하기는 너무 이르다. 그가 인공지능 상사를 만드는 일에 실패할지라도, 누군가는 컴퓨터로 사람들을 관리하는 방법을 고안해낼 것이다.

잠재된 부정적 측면은 명확하다. 어쩌면 이미 일어나고 있는지도 모른다. 이브라힘 디알로(Ibrahim Diallo)의 경우를 생각해보자.

로스앤젤레스에 사는 이 서른한 살의 소프트웨어 프로그래머는 고용주의 소프트웨어 시스템이 잘못되는 바람에 직장을 잃었다. 그 소프트웨어는 디알로의 계약이 종료됐다고 판단했다. 인간 상사는 이것이 오류라는 것을 알았지만, '그 기계'는 디알로가 건물에 들어오는 것도, 컴퓨터에 로그인하는 것도 차단했다. 디알로의 상사가 이 상황을 임원에게 보고했다. 임원이 인사 부서에 이메일을 보냈지만 디알로가 '유효한 직원'이 아니라는, 컴퓨터가 생성한 이메일 답변이 도착했다. 보안요원이 디알로를 건물 밖으로 데리고 나갔다. 그때 일을 회상하며 디알로가 말했다.

"처음에는 웃었어요. 어처구니가 없기도 하고, 동시에 재미있기도 했어요."

이 일이 해결되는 데 3주가 걸렸다. 디알로는 회사로 돌아갔지만 몇 달 뒤 회사를 그만뒀다. 그는 이 경험에서 배운 것이 있다고 말한다.

"자동화는 이득이 될 수 있지만, 기계가 실수했을 때 사람이 통제할 방법이 필요합니다."

이 사건은 기계의 지능을 신뢰하고 컴퓨터에 권위를 부여하려는 인간의 성향을 드러냈다. 우리는 기계가 사람보다 똑똑하다고 믿는다. 어딘가 이상한데도 내비게이션 앱의 안내를 그대로 따른 적이 한두 번은 있을 것이다. 다행히 내비게이션은 대체로 잘 맞는 편이다. 최악의 경우라 해도 잘못된 길로 갔다가 되돌아오는 데 시간이 조금 지체될 뿐이다. 그런데 디알로는 몇 주간 급여를 받지 못했다. 회사 운영을 인공지능에 의존할수록 위험은 더욱 커질 것이다.

안타까운 일이지만, 대부분 예측에 따르면 인공지능은 우리 생활에 점점 더 큰 역할을 담당하게 될 것이다. 글로벌 시장조사기관 IDC는 인공지능 소프트웨어 판매가 2016년 80억 달러에서 2021년 520억 달러까지 증가할 것으로 전망했다. 로봇 시스템 판매는 2016년 650억 달러에서 2021년 2,000억 달러로 세 배 이상 늘어날 것으로 보인다. 매킨지에 따르면 2030년까지 로봇은 8억 개의 일자리를 없앨 것이고, 이는 전 세계 일자리의 약 5분의 1에 해당한다. 브루킹스연구소 부소장 대럴 웨스트(Darrell West)는 2018년 출간한 책《일자리 빅뱅이 다가온다》에서 2050년까지 로봇이 미국의 남성 경제활동인구 중 3분의 1을 대체할 거라고 주장했다.

기업들은 로봇과 인공지능 기반 경영 시스템을 무척 좋아한다. 사고를 일으키지 않기 때문이다. 병가를 내지도 않고 사생활이 지저분하지도 않다. 급여를 달라고 하지도 않고 건강보험이나 퇴직연금을 요구하지도 않는다. 언젠가 투자자들은 인간이 전혀 필요치 않은 회사를 만들 수 있을 것이다. 로봇이 노동자가 될 것이고, 인공지능 소프트웨어가 관리자 역할을 맡을 것이다. 미래학자들은 이를 '자율 조직'이라고 부른다. 투자자들에게는 꿈의 시나리오처럼 들리겠지만, 다음 단계에서는 투자자조차 인간일 필요가 없을 것이다.

2016년 홍콩의 컴퓨터과학자 팀이 완전히 인공지능만으로 운영되는 헤지펀드를 시작했다. 팀을 이끄는 벤 괴르첼(Ben Goertzel)은

〈와이어드〉와의 인터뷰에서 이렇게 말했다.

"우리가 모두 죽는다고 해도 거래는 계속될 것이다."

어떻게 하면 인간을 지키고 유지할 수 있을까? 지금까지의 대답은 인간이 기계처럼 되려고 노력하는 것이었다. 우리에게는 플랜B가 필요하다.

LAB RATS

3
▼

경영에
관한
너무나도
당연한
이야기들

10장

일의 정신을 지키려는 싸움

나는 2017년 대부분을 콘퍼런스에 참석하거나 강연을 하면서 미국 전역을 돌아다녔다. 그리고 가끔은 외국에도 다녀왔다. 정말 떠들썩한 한 해였다. 도널드 트럼프가 미국의 대통령이었고 주식시장은 호황이었다. 하지만 유명한 최고경영자들이 해고됐고, 소매업체들은 하나둘 무너지고 있었으며, 세계 최대 기업들조차 일부는 숨 막히는 두려움에 갇혀 있었다. 실리콘밸리가 1999년과 2000년 또는 닷컴 붕괴 직전에 그랬던 것처럼, 이런저런 방법을 모색하고 있다는 이야기가 계속 터져 나왔다. 그 와중에도 소득 불평등은 점점 더 심화됐지만, 아무도 신경 쓰지 않는 것 같았다.

2017년 5월 나는 뉴욕에서 열린 '테크크런치 디스럽트(TechCrunch Disrupt)'라는 콘퍼런스에 참석했다. 예상했던 대로 대부분 끔찍했다. 큰 행사장의 한편에는 '스타트업 앨리(Startup Alley)'가 진행되고 있었다. 대체로 별 볼 일 없는 아이디어를 가진 절박한 스타트업 창업자들이 단 한 명의 벤처캐피털리스트라도 알아봐 주길 바라며 1,000달러를 내고 빌린 부스들이 모여 있었다. 다른 한편의 강연장에는 스타트업 브로들이 신경제에 관한 토론을 하기 위해 모여들었다.

스타트업 창업자 가운데 가장 눈에 띈 사람은 IBM 경영 컨설턴트 출신에 법학 학사와 MBA 학위가 있는 한 40대 남자였다. 그는 온라인으로 스니커즈를 판매하는 회사를 막 설립한 터라 스케이트보드를 타는 10대처럼 입고 나타났다. 흰색 티셔츠 위에 펑키한 티셔츠를 겹쳐 입고, 야구모자는 챙이 뒤로 가게 썼으며, 발목까지 오는 빨간 스니커즈는 신발 끈을 묶지 않았다. 한 손에는 커다란 반지를 끼고 왼쪽 손목에는 거대한 시계와 가죽 끈을 꼬아 만든 팔찌를 찼다. 테크크런치 디스럽트는 신경제에서 실패한 모든 것을 압축해 보여주었다. 브로들과 가짜 브로들, 헛소리와 사기꾼, 어떤 수단을 써서라도 돈을 끌어모아 부자가 되고 싶어 하는 수많은 사람이 거기 있었다.

하지만 이 행사에서 두 가지 놀랄 만한 일이 일어났다. 하나는 AOL의 설립자 스티브 케이스(Steve Case)가 일어나 자신이 세운 투자 회사 레볼루션 LLC(Revolution LLC)에 대해 이야기한 일이다. 케이스는 디트로이트, 클리블랜드, 콜럼버스, 인디애나폴리스 같은 도시에 있는 회사들을 찾는다고 했다. 그는 버스를 타고 돌아다니면서 창업 경연대회를 열고, 저개발 도시에 경제적 지원을 함으로써 그 지역의 기업가 정신에 불을 지피고, 실직한 노동자들을 활용하길 바랐다.

"우리는 노동자들을 살리는 기업에 투자합니다."

이 버스 투어의 이름은 '라이즈 오브 더 레스트(Rise of the Rest)'인데, 그해 말에 발표한 1억 5,000만 달러 규모의 시드 펀드(seed fund) 이름이기도 하다.

또 한 가지 놀랄 일은 사무실에 청소부를 파견하는 매니지드바이 큐(Managed by Q)라는 긱 경제 스타트업의 최고경영자인 댄 테런(Dan Teran)의 강연이었다. 테런은 전 직원을 계약직이 아니라 모든 혜택을 받는 정규직으로 분류함으로써 실리콘밸리의 통념을 거부했다. 테런은 노동자를 계약직으로 분류하는 경쟁 청소 회사 핸디(Handy)의 최고경영자 오이신 한라한(Oisin Hanrahan)과 함께 무대에 올랐다. 그들은 각자 접근 방법의 상대적인 장점에 대해 정중하게 토론을 벌였다. 테런이 훨씬 설득력이 있었다. 그뿐 아니라 그는 직원을 배려하고 좋은 일자리를 제공하길 바란다고 말하는, 신경제의 첫 번째 인물이었다.

콘퍼런스가 끝난 다음 나는 테런에 대해 알아보았다. 그리고 그와 비슷한 다른 사람들도 찾기 시작했다. 그러자 조용한 움직임이 형성되고 있다는 것이 보였다. 이런 움직임을 이끄는 사람들은 더 나빠지는 상황을 지켜보면서 사업이 그 해결책이 될 수 있다고 생각했다. 사업은 돈을 버는 수단이기도 하지만, 사회를 변화시키고 사람들을 가난에서 벗어나게 하는 방법일 수도 있다. 실제 그들을 만나러 갔더니, 이야기가 끝날 무렵이면 매번 또 다른 사람들을 소개해주었다. 일의 세계로 가는 내 여정은 애초에 예상하지 못한 방향으로 전개됐지만, 나는 한층 기대에 차고 행복한 기분이 들었다.

이 사람들은 서로 다른 분야에서 일했지만, 영국의 경영학 교수

샐리 럼블스가 나와 한 인터뷰에서 "경영에 관한 너무나도 당연한 소리"라고 말한 것에 한목소리로 동의했다. 럼블스가 예로 든 '너무나도 당연한 소리'는 이런 내용이었다.

"당신이 대접받고 싶은 대로 다른 사람을 대접하고 그들을 칭찬하고 또 감사한 마음을 갖는다면, 놀라운 일이 일어납니다. 전체적으로 그들은 맡은 일을 훌륭히 해냅니다."

상식처럼 들린다. 하지만 안타깝게도 회사가 직원들을 잘 대우해야 한다는 생각은 이제 매우 특별한 것이 되었고, 어떤 사람들은 이것이 가능하다는 생각조차 하지 않는다.

최근 한 파티에서 나는 여러 소프트웨어 회사를 세우고 성공적으로 경영하고 있는 기술 기업의 베테랑 최고경영자와 대화를 나눴다. 그는 내게 어떤 일을 하는지 물었고 나는 직원들을 잘 대우하는 기업에 관한 책을 집필 중이라고 대답했다. 그는 비현실적인 생각이라고 딱 잘라 말했다. 특히 벤처 투자를 받은 회사라면 그런 일은 절대 할 수 없다고 했다. 벤처캐피털리스트들이 결코 그런 일을 허용하지 않기 때문이라는 것이다. 그리고 일단 상장을 하면 월스트리트가 용납하지 않는다고 말했다.

지난 반세기 동안 투자은행과 벤처캐피털은 자신들이 가장 중요한 존재이며 기업은 오직 자신들에게 가능한 한 최대의 수익을 제공하기 위해 존재한다고 말해왔다. 이것이 주주 자본주의의 핵심이며 밀턴 프리드먼이 만들어낸 교리다. 두 번째 닷컴 붐에서 이 교리는 수단을 가리지 않는 성장 위주 정책과 투자자가 모든 것을 가져가는 모델을 채택한 기업들에 의해 새로운 극단으로 밀려갔다. 이 교리는 벤처캐피털리스트와 실리콘밸리의 신흥 재벌들에게는 복음과도 같겠지만, 나머지 모든 사람은 부당한 대우를 받게 됐다.

- 고객: 고객은 '빨리 움직이고 틀을 깨뜨리자'라는 주문을 외우는 기업으로부터 '최소 기능 제품'(바꿔 말하면 조잡한 물건)을 구입한다. 인터넷 기업은 고객을 염탐하고 사생활을 침범하며 고객 데이터를 판매한다. 페이스북 같은 기업 입장에서 이용자는 제품으로 취급된다. 우리는 포장되어 광고주에게 판매되기 위해 존재한다.
- 지역 사회: 지역 사회는 부유한 기업의 본사 소재지가 되면 혜택을 받아야 한다. 그러나 거대 기술 기업들이 막대한 이익을 해외 계좌에 은닉할 방법을 찾아 세금을 회피하기 때문에 지역 사회는 제대로 혜택을 받지 못한다.
- 직원들: 직원들은 행복하고 부유해져야 하지만 스트레스가 심한 직장 환경과 해로운 직장 문화 속에서 혹사당한다. 그들은 편견과 차별, 성희롱 문제에 직면하고, 복지 혜택과 고용 안정은 바랄 수도 없으며, 정규직 대신 임시직으로 바뀌는 새로운 협약을 받아들여야 한다.

수단을 가리지 않는 비즈니스 모델은 직원을 비참하게 만들고, 이 일은 대부분 계획적으로 이루어진다. 더 나쁜 것은 기업들이 건강한 조직을 만들기 위해 애초에 노력조차 하지 않는다는 것이다. 최근 몇 년간 상장한 몇몇 유니콘 기업은 회사가 아니라 투자 수단처럼 보인다. 벤처캐피털리스트들은 이런 회사를 날림으로 만들어 주식시장으로 보낸 다음 황금을 실어 오게 하는 데 공을 들일 뿐이다. 안타깝게도 이 황금 수레들은 종종 부풀려진다. 페이스북용 게임 개발 업체 징가는 2011년 상장했지만 몇 개월 만에 사업이 내리막길에 접어들었다. 징가의 주가는 주당 13달러에서 3달러로 폭락했고 이후로도 계속 이 수준에 머무르고 있다. 사업은 계속하고 있지만, 전성기는 이미 지나간 것 같다.

만약 당신이 하고 싶은 일이 이런 것이라면, 즉 회사를 빨리 성장시켜 회사가 손해를 보든 말든 많은 돈을 번 다음 튀는 것이라면 직원들을 형편없이 대해도 상관없다. 그렇게 하지 않는 게 오히려 이상해 보일 수도 있다. 당신은 실리콘밸리의 신흥 재벌 리드 호프먼이 제안한 새로운 협약을 도입하고, '가족이 아니라 팀'이라는 넷플릭스의 철학을 받아들여야 한다. 둘 다 날강도 같은 비즈니스 모델에 봉사하기 위해 발명된 것들이다.

그러나 50년 또는 100년 동안 유지되는 회사를 세우려 한다면 당신은 정확히 그 반대로 행동해야 한다. 최근 학계 연구에 따르면 진정으로 성공하는 회사를 세우려면, 다시 말해 경쟁자를 능가하고 수익을 창출하며 업계에 계속 남아 있으려면 직원들을 지극히 잘 대우하는 것이 유일한 방법이라고 한다.

MIT 슬론 경영대학원의 제이넵 톤(Zeynep Ton) 교수는 저가 할인 소매업체를 연구하면서 가장 성공하는 기업은 뼛속까지 인건비를 줄이는 기업이 아님을 발견했다. 톤 교수는 코스트코와 스타벅스, UPS와 토요타 같은 모델 기업을 연구하여 《좋은 일자리의 힘》이라는 책을 펴냈다. 이 책에서 그는 최고의 기업들은 "직원을 철저히 통제해야 할 무섭고 엄청난 비용이 아니라 귀중한 자산으로 생각했고, 직원들에게 최대한 투자했다"라고 밝혔다. 톤 교수에 따르면 이기는 기업들은 경쟁사보다 더 많은 급여를 지급했다. 또한 필요한 수준보다 '많은 인력을 고용'했고, 그 덕분에 기업이 여유롭게 돌아갈 수 있었다.

일하기 좋은 직장이 되는 방법

시간이 갈수록 직원들이 행복해지는 회사를 보며 어떤 교훈을 얻을 수 있을까? 〈포천〉은 조사기관인 '일하기 좋은 일터(Great Place to Work, GPW)'와 협력하여 해마다 미국의 최고 기업 100곳의 목록을 발표한다. 몇몇 회사는 지난 20년 동안 해마다 이 목록에 이름을 올렸다. 〈포천〉은 이들 기업을 '레전드'라고 부른다. 기술 기업에는 시스코(Cisco)와 SAS가 있고, 소매 기업으로는 아웃도어용품 유통 업체 레이(REI)와 백화점 체인 노드스트롬(Nordstrom)이 있다. 건축 분야에는 TD인더스트리(TDIndustries), 투자은행 업계에는 골드만삭스, 호텔 업계에는 메리어트와 포시즌스, 슈퍼마켓 체인에는 웨그먼스

(Wegmans)와 퍼블릭스(Publix)가 있다.

이들 기업에는 어떤 공통된 DNA가 있을까? 단 두 가지만 제외하면, 이들은 산업 분야도 매우 다르고 공통점도 거의 없다. 이들의 공통점은 모두 놀랄 만한 성공을 이뤘고 직원들을 이례적일 만큼 잘 대우한다는 것이다. 탁구대를 설치하거나 공짜 간식을 제공하거나 괴상한 뉴에이지 팀 빌딩은 하지 않는다. 대신 유급 안식년이나 직장 내 보육 시설, 대학 학비 지원 같은 제도를 운영한다.

이 레전드 기업들은 파트타임 노동자에게도 건강보험 혜택을 준다. 일부 기업은 유급으로 병가와 휴가, 휴일 혜택을 제공한다. 여기서 얻을 교훈은 탁구대나 사명 선언문, 컬처 코드 같은 뜬구름 잡는 소리는 집어치우고 사람들에게 실제로 가치 있는 것을 주라는 것이다.

주목할 점은 이 레전드 기업들 대부분이 상장 기업이 아니라는 것이다. 거의 비상장 기업이거나 직원이 소유하는 기업이다. 주식시장에서 거래되는 기업과 불행한 노동자 사이에 연관성이 있다면, 그 이유는 기업공개를 통해 높은 자리에 있는 소수는 부자가 되지만 나머지 다수는 그렇지 않다는 것이다. 일단 상장이 되면 월스트리트가 직원들의 몫을 빼앗아 투자자들에게 돌아갈 몫을 높이기 위해 경영진을 압박하기 때문이다.

그리고 대부분 레전드 기업은 역사가 오래됐다. 앞에서 언급한 기업 열 곳 중에 여덟 곳은 1962년 이전에 설립됐다. 가장 젊은 기업인 시스코도 1984년에 설립됐다. 어쩌면 오래된 가치 중 어떤 것들이 신경제에서도 여전히 빛을 발하는 것이 아닐까. GPW의 수석연구원 에드 프라우엔하임(Ed Frauenheim)은 이렇게 말했다.

"이들 기업도 변화하고 진화할 수 있습니다. 하지만 오히려 내재한 가치를 계속 지키고 유지합니다."

GPW는 이 오래된 훌륭한 기업들이 공유하는 특성을 파악하기 위해 매년 데이터를 꼼꼼히 살펴봤다. 프라우엔하임은 그 결과를 이렇게 요약했다.

"신뢰, 자부심, 동지애."

GPW는 단순한 조사기관이 아니라 권익단체이기도 하다. 이 기관은 현재 58개국에 지사를 두고 기업이 노동 기준과 직장 관행을 개선하도록 돕는다. 많은 기법과 계획이 있지만, 한 줄로 요약하면 '사람에게 잘하자(be good to people)'가 된다. 그것도 '극진히 대우하자(be great to people)'는 것이다.

"사람을 존중하면 그들에게 최고의 성과를 얻을 수 있습니다."

최근 이 기관은 실리콘밸리와 샌프란시스코에 있는 기술 회사들에 주목한다. 이들은 내가 염려해왔던 것과 같은 걱정스러운 경향을 포착했다. 예를 들면 리드 호프먼의 '단기 복무 기간'과 '새로운 협약'이라는 개념, 넷플릭스의 패티 맥코드가 대대적으로 홍보하는 '가족이 아닌 팀' 같은 접근 방식이다. 기술 기업들은 극단적인 형태의 주주 자본주의가 더 나은 결과를 가져올 것으로 믿는다. 회사는 그들의 실험실이고 노동자는 그 실험실의 쥐다. 그들이 옳은지 그른지는 여전히 지켜봐야 한다. 프라우엔하임이 지적했듯이 '실험이 진행 중'이기 때문이다.

상반되는 두 가지 세계관이 기업의 정신을 놓고 경쟁하고 있다. 한편에는 호프먼 같은 신흥 재벌들과 맥코드 같은 인사 전문가들이 있다. 다른 한편에는 GPW에서 일하는 프라우엔하임과 뜻을 같이 하는 사람들이 있다. 이들은 노동자를 잘 대우할 때 기업이 더 나은 성과를 얻는다고 믿는다. 한 예로 홀푸드마켓의 창업자 존 매키(John Mackey)는《돈, 착하게 벌 수는 없는가》에 "사업이 인간성을 고양할 수 있다"라고 썼다.

물론 직장은 변하고 있다. 사람들은 더는 한 직장에서 평생 일하려 하지 않고, 회사도 더는 종신 고용을 보장하지 않는다. 기업은 필요에 따라 늘리거나 줄일 수 있는 임시 인력을 활용하며, 더 많은 유연성을 원한다.

"기업이 전통적 의미의 직원을 채용하지 않더라도 사람들에겐 여전히 신뢰의 기반이 필요합니다. 사람들에게는 자신이 보살핌을 받고 있고, 기업이 직원들의 이익을 살피며, 당장 해고하지 않을 거라는 안정감이 필요합니다."

프라우엔하임의 말이다. 이것은 단지 배려를 위한 배려는 아니다. 그는 "지속적으로 훌륭한 일자리를 창출하는 기업이 경쟁자를 제치고 승리합니다"라고 주장한다.

하지만 이것은 또한 배려에 관한 이야기이기도 하다. 우리는 지금 인간을 존엄과 존중으로 대하고 인종이나 연령, 성별 때문에 차별받지 않아야 한다는 아주 기본적인 이야기를 하고 있다. 무엇이 잘못된 걸까. 왜 누군가는 황금률을 따르도록 비즈니스 사례를 만들어야 할까. 투자자와 기업주들이 얼마나 인간성을 상실했으면, 그들이 윤리적이고 도덕적으로 행동하게 할 유일한 방법이 '이 길이 당신을 조금 더 부자로 만들어줄 것'이라고 강조하는 일이 됐을까?

일부 기업에는 이런 사업적 논쟁이 필요하지 않다. 어떤 기업은 단지 옳다는 이유만으로 옳은 일을 한다. 이런 기업은 지급해야 하는 것보다 더 많은 임금을 지급하고 훌륭한 복지 혜택을 제공한다. 그 때문에 회사가 수익을 덜 내고, 창업자는 덜 부유해지고, 투자자는 약간 적은 수익을 얻는다고 하더라도 말이다.

더 나은 세상 만들기

나는 미국 HBO의 드라마 〈실리콘밸리〉의 작가로 일했다. 이 드라마에서는 기술 기업 창업자들이 입버릇처럼 말하는 '세상을 바꾸자', '우주에 흔적을 남기자', '세상을 더 좋은 곳으로 만들자' 같은 것이 농담으로 자주 등장한다. 우리는 이런 말에 냉소적이었다. 이런 말을 자주 하는 기술 전문가 대부분이 위선자들이기 때문이다.

기업은 정말로 세상을 더 좋은 곳으로 만들 수 있다. 하지만 실리콘밸리가 생각하는 방식으로는 아니다. 기술 분야의 거물들은 세상을 바꾸고 세상을 더 좋은 곳으로 만든다는 것이 수백만 명이 사용하는 앱이나 수십억 달러의 매출을 올리는 회사를 세우는 거라고 생각하는 경향이 있다.

하지만 세상을 바꾸기 위해 수백만 명의 삶에 접촉하거나 수십억 달러의 돈을 벌 필요는 없다. 당신이 열 명을 고용했고 그들이 건강 보험과 괜찮은 임금을 받고 직장에서 행복하게 일할 수 있다면, 당신은 세상을 더 좋은 곳으로 만든 것이다. 만약 당신이 세금을 내고 학교를 세우고 아이들을 먹이는 일에 동참했다면, 이 역시 세상을 더 나은 곳으로 만든 것이다.

그처럼 세상을 좋게 만든 이들이 있다. 11장에서 그중 두 사람을 소개한다. 이들은 2004년에 회사를 설립한 이후 바보이거나 게으르거나 어리석거나 순진하다는 말을 들어왔다. 어느덧 10년이 훌쩍 지났지만, 여전히 그들은 회사를 매우 잘 운영하고 있다. 세계 곳곳에서 경영진과 기업가들이 이들의 시카고 본사를 방문하여 비싼 돈을 내고 세미나에 참석한다. 세미나에서 두 사람은 결코 평범하지 않은 자신들의 경영 철학을 설명한다. 나 역시 지난해 그 세미나에 참석할 기회를 얻었다.

11장

기본으로 돌아가라

제이슨 프라이드(Jason Fried)와 데이비드 하이네마이어 핸슨은 시카고에서 베이스캠프(Basecamp)라는 소프트웨어 회사를 운영한다. 실리콘밸리의 규칙에 따르면 이들은 모든 것을 잘못하고 있다. 이들은 벤처캐피털에서 투자를 받은 적이 없다. 기업공개도 절대 하지 않을 것이다. 성장에 집착하지도 않는다. 마케팅에는 한 푼도 쓰지 않을뿐더러 애초에 영업사원도 없다. 54명의 직원은 일주일에 많아야 40시간을 일한다. 여름이 되면 전 직원이 업무 시간을 32시간으로 줄이고, 주 4일만 일한다. 물론 급여는 다른 계절과 똑같이 받는다. 근무 시간이 적다는 것은 곧 일을 적게 한다는 뜻이지만, 프라이드와 핸슨은 신경 쓰지 않는다.

"실리콘밸리 사람들은 우리에게 야망이 없다고 말합니다."

프라이드가 말했다. 6월의 어느 목요일 아침, 나는 프라이드와 아침을 먹기 위해 그의 사무실 근처에서 만났다. 별로 이르지 않은 시간인 오전 9시 30분이었다.

"하지만 전 괜찮습니다. 우리가 바라는 것은 300명이 근무하는 회사가 아니거든요. 우리는 그저 우리 자신이 일하고 싶은 회사를 세우고 싶었을 뿐입니다.”

그들이 일하고 싶은 회사는 직원을 배려하고 안정적인 사업을 구축하여 사람들을 장기적으로 고용할 수 있는 회사다. 베이스캠프는 직원들에게 높은 급여를 지급하고 ‘세계 최고 수준의 복지 혜택’을 제공한다고 프라이드는 말했다. 혜택에는 한 달 체력 단련비 100달러, 마사지 비용 100달러, 원할 경우 공동 작업 공간 임대료 100달러가 포함된다. 베이스캠프는 평생 교육비로 연간 1,000달러를 제공하고, 기부 상품을 구매하는 데에는 1년에 1,000달러까지 지원한다.

또한 이익 분배제를 실시하고 있으며, 401(k) 퇴직연금의 개인 적립금 100퍼센트를 회사가 지원하고 건강보험료의 75퍼센트를 지불한다. 모든 직원에게 해마다 3주간의 유급휴가가 주어지고, 별도로 7일의 휴가 또는 개인 휴무를 유급으로 사용할 수 있다. 또 3년마다 1개월의 유급 안식월을 가질 수 있고, 16주간의 출산 휴가와 6주간의 배우자 출산 휴가를 받는다. 1년 이상 근무하면 최고 5,000달러까지 연차휴가비도 지급된다.

“우리는 1인, 커플, 가족 등 예산 안에서 전문적인 여행 프로그램을 제공합니다.”

또한 일하고 싶은 곳에서 일하고 싶은 시간에 일할 수 있다. 베이스캠프 직원들은 캐나다, 브라질, 홍콩, 호주, 유럽을 비롯해 전 세계에 흩어져 있다. 단 14명만이 시카고에 기반을 두고 있고 일한다. 본사 사무실에 모두 자기 자리가 있지만, 대부분이 일주일에 며칠은 재택근무를 한다.

　프라이드와 핸슨은 얼마나 버는지 말하지 않지만, 베이스캠프는 '연간 수천억 달러'의 이익을 내고 있다. 몇 년 전에 한 기술 전문지는 핸슨의 순자산 규모를 4,000만 달러로 추정했다. 그는 수백만 달러의 슈퍼카를 수집하고 '르망 24' 같은 자동차 경주에 참여하는 비싼 취미를 즐긴다. 핸슨은 서른여덟 살이고 결혼하여 두 명의 자녀가 있다. 그와 가족은 캘리포니아 말리부와 스페인 코스타 델 솔의 해안을 오가며 생활한다. 유럽에 살면 핸슨이 유럽 서킷에서 경주용 자동차를 몰기 편리하다는 이유도 일부 있다. 하지만 그 이유뿐만은 아니다. "대체로 스페인이 참 살기 좋은 곳이죠"라고 핸슨은 말한다.

　프라이드는 마흔네 살이고 곱슬머리에 수염은 바싹 깎았고 달리기 선수 같은 체격을 지녔다. 프라이드 부부에게는 어린 아들이 한 명 있고 둘째 아이의 출산을 기다리고 있다. 그는 집에서 가능한 한 많은 시간을 보내려 한다. 새벽부터 일어나 나가야 하는 조찬 모임이나 저녁 회식, 밤샘 근무는 전혀 하지 않는다. 6월의 화창한 날, 아침 9시 30분에 가볍게 하루를 시작할 수 있다는 것이 그가 회사를 시작한 한 가지 이유다. 프라이드는 이렇게 말했다.

　"사업가의 기본 전제는 자유입니다. 사람들이 사업을 시작하는 이유가 바로 자유 때문이죠."

　이 두 사람은 차세대 마크 저커버그가 되길 바라지 않는다. 오히려 그런 사람을 싫어한다. 그들은 장차 사업가가 되려는 사람들이 회사를 운영할 때 건전한 접근 방식을 추구하도록 용기를 북돋는 일에 많은 시간을 사용한다. 이 일은 직원들을 잘 대우하고 배려하는데서 시작한다. 또한 자신을 잘 돌보는 것을 의미한다. 적은 시간을 일하라. 스트레스를 피하라. 행복을 찾으라.

프라이드와 핸슨은 전 세계적으로 100만 부 이상이 팔린《리워크》를 포함하여 자신들의 느긋한 철학에 관해 몇 권의 책을 냈다. 새로운 책《일을 버려라!》를 집필 중이고, '더 디스턴스(The Distance)'라는 팟캐스트도 제작한다. 이 방송에서 그들은 가족이 운영하는 위스콘신의 양조장부터 42년간 동물 모양 버터를 만들어온 시카고의 가게까지, 자신들이 존경하는 작은 사업을 운영하는 사람들을 소개한다.

그리고 두 사람은 책과 기고를 통해 경영 전문가라는 두 번째 경력을 시작했다. 콘퍼런스에서 강연을 하고 시카고의 베이스캠프 본사에서 세미나를 진행하면서 사람들에게 더 적은 시간에 더 많은 일을 할 수 있는 기본적이고 실질적인 시각을 제공한다.

이것이 나를 시카고로 이끈 이유였다. 식사를 마치고 이제 프라이드와 나는 37명이 기다리고 있는 사무실로 갈 참이다. 이들은 베이스캠프에서 무언가를 배우기를 바라며 1,000달러를 냈고, 이들 가운데 몇 명은 수천 킬로미터를 날아서 이곳에 왔다.

단순한 삶, 그리고 높은 마진

프라이드는 애리조나대학교에서 재무를 공부하고 1996년에 졸업했다. 몇 년 뒤 웹이 인기를 얻자 시카고에서 기업 웹사이트를 제작하는 웹디자인 회사를 시작했다. 회사 이름은 37시그널스(37signals)였다. 2000년대 초에 프라이드는 37시그널스가 진행 중인 기업 고객 업무를 파악하고자 프로젝트 관리 도구를 개발하기 위해 당시 대학생이던 덴마크 출신의 핸슨을 채용했다(그는 소프트웨어 해커들 사이에서 이니셜 DHH로 알려져 있었다). 핸슨은 2004년에 베이스캠프 프로그램의 첫 번째 버전을 개발했다.

핸슨은 이 프로그램을 개발하면서 웹 프레임워크도 만들었다. 프로그램 개발자들이 웹 애플리케이션을 개발할 때 시간을 절약할 수 있는 도구로, 데이터베이스에서 정보를 가져오는 것처럼 대부분 웹 애플리케이션이 공통으로 수행하는 특정 업무의 표준 방식을 제공한다. 핸슨은 이 프레임워크에 '루비온레일스(Ruby on Rails)'라는 이름을 붙이고 오픈소스로 누구나 무료로 사용할 수 있도록 했다. 이 프로그램은 대단히 성공적이었고 오늘날에도 100만 개 이상의 웹사이트에서 실행되고 있다. 이 일로 핸슨은 웹 개발자들 사이에서 전설이 됐다.

프라이드는 처음에 베이스캠프 프로그램을 내부용으로 개발했지만, 이 제품이 시장성이 있을 것으로 판단했다. 그의 생각은 옳았고 제품이 팔려나가기 시작했다. 37시그널스는 기업 웹사이트 제작을 그만두고 소프트웨어 판매 업체로 전환했다. 한 기술 콘퍼런스에서 프라이드가 강연하는 것을 보고 아마존의 설립자 제프 베조스가 이 회사에 관심을 갖게 됐고, 프라이드와 핸슨에게서 회사 소유권 일부를 사들였다. 그 후로 베이스캠프는 외부 자금을 받은 적이 없다.

베이스캠프를 출시한 지 10년이 지난 2014년, 37시그널스는 탄탄하게 사업을 운영하고 있었지만 위기에 직면했다. 회사는 다섯 가지 소프트웨어 제품을 판매하고 있었다. 다섯 제품 모두 계속 개발하고 유지하려면 더 많은 직원을 채용해야 했다. 하지만 프라이드와 핸슨은 작은 회사로 남길 바랐기 때문에 네 가지 제품을 매각하고 베이스캠프 제품에 집중했다. 이때 회사 이름도 베이스캠프로 바꿨다.

제품 수를 줄이자 삶이 단순해졌다. 프라이드는 이렇게 말한다.

"몇 년 동안 매출은 줄었지만 상관없습니다. 우리는 달성해야 할 수치도 없고 주식시장도 걱정하지 않습니다. 중요한 문제가 아니죠. 우리는 여전히 직원들에게 많은 급여를 줄 수 있고 어떤 복지 혜택도 없애지 않았습니다. 그리고 여전히 높은 마진을 얻습니다."

베이스캠프 제품은 팀이 함께 프로젝트 작업을 할 때 각 구성원이 하는 일을 파악할 수 있도록 하는 다소 단순한(또는 가장 기본적인) 소프트웨어다. 베이스캠프는 몇 년에 걸쳐 다양한 가격 정책을 시험했다. 고객이 한 달에 단 29달러만 내는 요금제도 있었다. 그러다가 2014년에 현재 버전의 제품을 내놓으면서 가격을 더 단순화했다. 한 달에 99달러 또는 1년에 999달러를 내는 것이다. 사용자가 몇 명이든 상관없고, 기간에 따라 둘 중 하나를 선택할 수 있다.

모든 기업에 동일한 고정 요금을 부과하는 대신 제품을 사용하는 사람 수에 따라 가격을 책정하면 베이스캠프는 돈을 더 벌 수 있다. 대부분 소프트웨어 기업이 사용하는 방식이다. 하지만 "그렇게 하면 우리가 되고 싶지 않은 회사가 될 겁니다"라고 프라이드는 말한다.

"소프트웨어 가격이 왜 그렇게 복잡할까요? 최대한 가치를 뽑아내려고 하기 때문입니다. 나는 무언가를 최대화하는 데는 관심이 없습니다. 돈 벌 기회를 놓치고 있다고요? 맞습니다. 하루하루가 그렇죠. 하지만 우리는 인색한 사람이 되고 싶지 않아요. 모든 것은 당신이 바라는 회사가 어떤 곳인가에서 시작됩니다."

베이스캠프는 10만 명 이상의 유료 고객을 확보하고 있다. 프라이드와 핸슨은 매출에 관해 말하지 않지만 간단히 계산해봐도 회사는 연간 5,000만 달러에서 7,000만 달러의 매출을 올리고 있다.

더 많은 신호와 더 적은 소음

세미나는 정오에 시작했다. 대부분 참석자가 미국에 사는 사람이지만, 루마니아에서 온 여성과 노르웨이에서 소프트웨어 개발 회사를 운영하는 두 명의 남성도 있었다.

"우리는 사람들이 더 생산적이지만 차분하게 업무 시간을 보내고 스트레스를 받지 않도록 돕고 싶습니다."

프라이드는 베이스캠프가 하지 '않는' 일을 설명하면서 프레젠테이션을 시작했다. 우선 정기 회의나 일정표 공유, 슬랙 같은 채팅 앱이 없다. 베이스캠프 앱에 채팅과 메시지 전송 기능이 포함되어 있어서 직원들은 이 기능을 사용한다. 또한 베이스캠프 직원들은 이메일을 사용하지 않는다.

"베이스캠프 소프트웨어를 사용하면 이메일이 전혀 필요하지 않습니다."

맥주 파티도, 탁구대도, 야근도 없다. 그리고 소음이 없다. 시카고 본사에서 사람들은 '도서관 규칙'을 지키고 목소리를 낮춰 말한다. 벽에는 흡음판이 설치되어 있고 바닥에는 두꺼운 카펫이 깔려 있다.

"나는 사무실이 부엌이 아니라 도서관 같아야 한다고 생각합니다. 어떤 회사에 가면 모든 사람이 머리에 불을 붙이고 뛰어다닙니다. 집중을 방해하는 것들이 너무 많습니다. 우리 조직 문화는 '조용히'입니다."

아이러니하게도, 베이스캠프는 사무용 생산성 향상 소프트웨어를 판매하는 회사인데 정작 창업자들은 기술 도구에 지나치게 의존하는 것을 경계한다. 프라이드에 이어 핸슨이 말했다.

"그룹 채팅을 한번 보세요. 슬랙 때문에 많은 관심을 받고 있죠. 하지만 사람들은 끊임없이 방해를 받고 많은 스트레스를 느낍니다. 이런 도구는 업무를 더 쉽고 생산적이며 조용히 처리하려는 의도로 만들어졌지만, 결과적으로는 이 모든 혼란을 겪은 다음 결국 특별한 성과 없이 문제만 악화됐음을 알게 할 뿐입니다. 그룹 채팅을 도입하고 6개월이 지나면 많은 사람이 오히려 더 '적은' 일을 완료합니다. 무엇인가 얻는 게 있고, '업무 처리량이 30퍼센트 증가했어요'라고 말할 수 있다면 가치가 있을 겁니다. 하지만 그런 말은 전혀 듣지 못했습니다."

온라인 일정표 공유도 마찬가지다. 대부분 회사에서 사람들은 다른 사람의 일정을 확인하고 시간을 예약할 수 있다. 하지만 얼마 지나지 않아 당신은 모든 시간을 회의에 바쳐야 하는 현실을 발견한다. 베이스캠프는 이런 관행을 금지했다. 누군가와 정말 대화가 필요하면 약속을 잡을 수는 있지만, 다른 사람의 일정을 확인한 다음 시간을 지정할 수는 없다. 그 이유 중 일부는 프라이드와 핸슨이 회의를 싫어하기 때문이다. 프라이드는 협력이 종종 '지나친 협력'으로 바뀌고 그런 협력은 대부분 쓸모없다고 생각한다. 그는 브레인스토밍이라는 것도 '과대평가'됐다고 말했다.

"이 이상한 것에 직원들을 온종일 붙들어두는 기술 회사들이 있습니다. 우리는 1년에 한 번 브레인스토밍을 한 다음, 나머지 시간은 브레인스토밍에서 결정된 일을 실행하면서 보냅니다."

베이스캠프의 목표는 모든 직원이 매일 방해받지 않는 8시간의 업무 시간을 갖는 것이다. 그 후에는 집으로 가야 한다.

"일주일에 80시간 일한다고 말하는 사람들이 있습니다. 왜 80시간이나 필요하죠? 아무도 80시간까지 필요하지 않습니다. 대부분은 40시간도 안 걸려 끝낼 수 있습니다."

베이스캠프 직원들은 전적으로 베이스캠프 소프트웨어 애플리케이션을 통해 의사소통을 한다. 월요일 아침 첫 업무는 소프트웨어가 직원들에게 몇 가지 '체크인' 질문을 하는 것이다. '이번 주에 어떤 업무를 합니까?' '지난 주말을 어떻게 보내셨나요?' '무슨 책을 읽고 있습니까?' 이 질문에 모두 대답할 필요는 없다. 그저 당신이 무슨 일을 하고 있는지 모두에게 알리고 회의 없이도 정보를 공유하려는 의도다. 일과를 마칠 때 소프트웨어는 다른 체크인 질문을 보낸다. '오늘 어떤 업무를 했나요?' 체크인을 통해 호주에서 미국, 유럽까지 다른 시간대에 걸쳐 멀리 떨어져 있는 회사 직원들이 서로 소식을 알 수 있도록 해준다.

또 다른 규칙은 작은 팀, 짧은 프로젝트 기간이다. 직원들은 세 명이 한 팀이 되어 6주를 넘기지 않는 프로젝트를 수행한다. 프로젝트가 작은 규모로 유지된다는 뜻이다. 6주 주기가 끝날 때마다 팀은 다음 과제를 결정한다. 프로젝트가 너무 커지더라도 팀은 야근을 하거나 마감일을 맞추려고 스트레스를 받지 않는다. 그냥 몇 가지 기능을 제외하거나 해야 할 일을 줄인다.

"우리는 일을 크게 만들기보다 항상 일의 규모를 줄이는 선택을 합니다."

회사에서 가장 큰 그룹은 고객지원팀으로 16명의 직원이 고객의 전화를 담당한다. 하지만 회사의 모든 직원이 이 고객 지원 업무를 해야 한다. 일반적으로 6주마다 하루씩 투입되기 때문이다.

"이 방식에는 장점이 있습니다. 모든 직원이 고객의 의견을 직접 듣고 무엇이 고객을 불편하게 하는지 또는 기쁘게 하는지 이해할 수 있거든요."

제품 자체는 자주 바뀌지 않는다. 베이스캠프는 13년 동안 세 가지 주요 버전을 발표했다. 프라이드는 자신들의 모델이 6~7년에 한 번씩 새로운 버전을 내놓는 자동차 산업과 비슷하다고 말한다. 그는 특히 포르쉐를 무척 좋아하는데, 이 브랜드의 대표 차종 911 스포츠카는 1963년에 처음 출시된 이후 기본 형태를 여전히 유지하고 있다.

베이스캠프는 1년에 두 번, 봄과 가을에 일주일 동안 전 직원을 시카고로 불러들여 친목을 다진다. 어떤 팀은 별도로 모임을 가지는데 뉴올리언스나 플로리다에 집을 한 채 빌려 며칠 동안 함께 어울려 일한다. 하지만 대부분의 직원은 각자 일한다. 회사는 직원들이 얼마나 많은 시간을 일하는지 추적하지 않는다.

"파악할 순 있지만 그렇게 하지 않습니다."

프라이드는 직원들의 직장 밖 생활에 대해 알려 하고 가족 같은 분위기를 조성하려고 노력한다. 사람들은 아침 체크인에 새로 태어난 아기 사진이나 주말 스키 여행 사진을 올린다. 목공이 취미인 호주의 한 남자 직원은 만들고 있는 장식장 사진을 올리기도 했다.

"사람들은 왜 주말에 한 일이나 장식장 사진을 올리는 사람에게 돈을 주는지 묻습니다. 하지만 이것은 중요합니다. 나는 이 사람들과 함께 일하고 있고, 이들을 알고 싶습니다."

실리콘밸리의 많은 기업과 달리 베이스캠프는 직원들을 꽉 붙잡아두려고 노력하고, 프라이드는 이 일을 잘해온 것을 자랑스러워한다. 직원의 70퍼센트가 이 회사에서 4년 이상 일했고 절반은 5년 이상 근속했다. 전략팀 팀장 라이언 싱어(Ryan Singer)는 15년 전에 입사했다. 그는 이렇게 말했다.

"다른 곳에 가서 돈을 더 벌거나 스톡옵션을 받을 수도 있지만, 온종일 회의에 참석하거나 가고 싶을 때 여행을 떠날 수 없다면 가치 없는 일입니다. 중요한 것은 베이스캠프에서는 내가 내 시간을 조절할 수 있다는 것입니다. 아무도 내 일정표에 시간을 예약할 수 없습니다. 나는 생각할 시간을 가질 수 있고 업무 시간도 유연합니다. 새로운 기술을 공부하거나 다른 부서에서 일할 기회도 있습니다. 계속 도전할 수 있죠."

실리콘밸리의 사람들은 대부분 베이스캠프를 제대로 이해하지 못한다. 어떤 사람들은 이 회사의 문화를 마땅치 않게 생각한다. 프라이드의 말을 들어보자.

"그들은 우리가 귀엽다고 합니다. 작고 귀여운 라이프 스타일 비즈니스를 한다는 뜻이죠. 하지만 우리 직원들의 재직 기간이 더 깁니다. 그리고 더 행복합니다. 가족과 시간을 보내고 여름 몇 달을 즐길 수 있습니다. 사람들은 '스티브 잡스가 금요일에 쉬었다면 애플을 만들 수 없었을 것'이라고 내게 말합니다. 저는 애플을 만들려는 게 아니거든요. 그리고 스티브 잡스가 한 일에도 별 관심이 없습니다."

2017년 프라이드와 핸슨은 유명한 벤처캐피털리스트이자 실리콘밸리의 신흥 재벌이며 일 중독만이 성공의 유일한 방법이라고 주장하는 키스 라보이스와 트위터에서 장기간 논쟁을 벌였다[앞서 짧게 언급했듯이, 라보이스는 스탠퍼드에서 동성애 혐오 발언으로 문제를 일으켰던 사람이다. 그는 성 추문에 연루되어 2013년 온라인 결제 서비스 스퀘어(Square)의 최고운영책임자에서 사임하면서 또 한 번 악명을 얻었다. 그는 남자친구를 스퀘어에 지원하도록 하면서 자신들의 관계를 아무에게도 발설하지 말라고 했지만, 둘의 관계가 끝나자 그 남자친구는 라보이스와 스퀘어를 성추행 혐의로 고소하겠다고 협박했다]. 라보이스는 트럼프 같은 터프가이로 종종 사람들을 괴롭히거나 모욕하면서 트위터에서 많은 시간을 보낸다. 핸슨이 일 중독은 무의미하고 부자 벤처캐피털리스트가 어린 친구들에게 죽을 때까지 일하라고 말하는 것은 자신이 더 부자가 되려는 속임수라고 일갈하는 글을 기고했을 때, 라보이스는 이렇게 공격했다.

"이 글은 아무것도 성취하고 싶지 않은 게으른 사람들에게 완벽하다."

프라이드와 핸슨은 자신들이 성공했다고 생각한다고 응수했다. 무엇보다 이들은 18년 동안 수익을 내온 기술 회사를 운영하고 있었다. 라보이스는 이렇게 대응했다.

"나는 3,000만 달러짜리 기업이 관심을 끌 만하다고 생각하지 않는데요."

프라이드는 성공이란 '사업을 유지하는 것'을 의미하고, 20년 동안 동네 세탁소를 운영해온 사람도 성공한 거라고 주장했다. 라보이스가 또 되받아쳤다.

"훌륭하군요. 그 세탁소 주인에게 블로그를 하도록 설득해보지

그래요?"

그는 성공적인 스타트업을 경영하는 사람이라면 블로그 같은 걸 할 시간이 없을 거라고 말했다. 논쟁이 계속될수록 라보이스는 점점 더 동요했고 더욱 불쾌하게 굴었다. 또한 자신이 얼마나 성공했고 얼마나 많은 돈을 벌었는지를 자랑했다. 그는 부자가 아니면 그냥 조용히 있어야 한다고도 말했다. 그는 트위터에 이렇게 썼다.

"10억 달러 규모의 기업을 만들거나, 그런 기업 20곳 이상에 투자하거나, 2003년부터 2013년까지 시장 수익의 85배 이상을 벌었다면 말할 자격이 있다."

자신은 열심히 일하고 휴가도 가지만 여전히 성공적인 회사를 세울 수 있다고 믿는다는 한 여성의 글에 라보이스는 다음과 같은 비난의 글을 남겼다.

"계속 소설 쓰세요. 아마 기분은 좋을 겁니다."

누군가가 핸슨이 100만 개 이상 웹사이트에서 사용되는 루비온레일스를 개발했다고 언급하자, 라보이스는 루비온레일스가 사실 별로 대단한 기술은 아니라고 비웃었다.

설전을 통해 프라이드와 핸슨은 어떤 일 중독자도 자기편으로 끌어들이지 못했지만, 뜻밖의 성과를 거뒀다. 실리콘밸리에서 권력과 영향력을 가진 터무니없고 병적으로 자기중심적인 멍청이들의 존재를 까발렸고, 젊은 기업가들에게 다음과 같은 경고를 보낼 수 있었다.

'벤처캐피털리스트에게 돈을 받으면 이 사람처럼 우쭐대고 빈정대며 똑똑한 척하는 멍청이들을 위해 일하게 될 것이다. 그들은 당신이 충분히 열심히 일하지 않는다고 끊임없이 질타하면서 정작 자신은 트위터에서 논쟁을 벌이며 시간을 보낸다.'

속임수를 쓰라

라보이스만 일 중독을 칭송하는 것은 아니다. 2017년에 나는 실리콘밸리의 광고업자들이 젊은이들에게 어떻게 번영의 복음을 팔기 시작했는지에 관한 논평을 〈뉴욕타임스〉에 기고했다. 이 복음은 친구와 가족과 개인의 삶을 기꺼이 포기하고 죽도록 일에 몰두하면, 누구든지 회사를 시작하고 부자가 될 수 있다는 내용이다. 나는 이제껏 들어본 적이 없는 미친 스타트업 이야기를 접하고 이를 당장 기사로 썼다.

한 젊은 스타트업 창업자가 자금이 부족해지자 절박한 제안을 했다. 누구든지 회사에 25만 달러를 투자하면 자신의 신장 한쪽을 기증하겠다는 내용이었다. 나는 이 사람을 찾아 전화 인터뷰를 했다. 적어도 이 '신장 소년'은 진지했다. 나는 실리콘밸리의 유명한 엔젤 투자자 제이슨 칼라카니스(Jason Calacanis)에게 이메일을 보내 신장 제안을 봐서라도 이 회사를 검토해볼 수 있을지 물었다. 그는 "몇 년 동안 들어본 것 중 가장 디스토피아적인 일이군요"라고 답했다. 정중한 거절인 셈이다.

나는 이 이야기를 통해 기술 스타트업 세계가 얼마나 미친 곳이 됐는지 분명히 알게 됐다. 신체의 일부를 희생하겠다는 제안은 스타트업 창업자가 나이 든 재벌들에게 테스트를 받는 문화의 필연적인 결과라고 생각한다. 스타트업 창업자는 일반적으로 젊은 남성이고, 투자자들은 회사 창업을 해병대 신병 훈련소를 통과하는 일처럼 생각하는 이들이다. 성공하고 싶은가? 얼마나 간절히 원하는가? 그러면 자격이 있다는 걸 증명해봐!

실리콘밸리 사람들은 일 중독을 걱정하지 않는다. 아니 오히려 찬양한다. 어떤 사람들은 젊은 기술 전문가들이 충분히 열심히 일하지 않는다고 생각한다. 세쿼이아캐피털(Sequoia Capital)의 유명한 벤처캐피털리스트 마이클 모리츠(Michael Moritz)는 최근 〈파이낸셜타임스〉에 미국 기술 노동자들이 중국의 기술 전문가들을 따라잡아야 한다고 촉구하는 글을 기고했다. 중국의 기술자들은 하루 14시간 일주일에 6일 일하면서, 휴가도 거의 가지 않는다는 것이다.

실리콘밸리에서 허슬(hustle)은 새로운 유행어가 됐다. 사람들은 허슬 티셔츠를 입고 허슬 극기훈련에 참여한다. 1년에 한 번 수천 명의 사람이 각자 300달러를 내고 허슬 콘(Hustle Con)이라는 콘퍼런스에 참석한다. 이곳에서 전문 사기꾼들이 사기꾼 지망생에게 사기 치는 방법을 가르친다. 사실 이 행사 자체가 사기다.

가장 유명한 사기꾼은 게리 바이너척(Gary Vaynerchuk)이다. 게리비(Gary Vee)로 알려진 그는 기술 기업가이자 투자자로 5,000만 달러 규모의 순자산을 보유한 것으로 알려졌다. 바이너척의 좌우명은 '깨부셔!(Crush It!)'다. 그는 약 200만 명의 트위터 팔로워가 있고, 여러 권의 베스트셀러 저자이며, 끊임없이 영상을 제작하고 강연을 한다.

그의 강연 무대는 열정이 넘친다. 신참자들에게 돈을 쓸어담고 개인용 비행기를 타고 싶다면 하루 18시간을 일해야 한다고 말한다. 개인 생활도 휴식도 휴가도 없다. 무엇보다 몇 년 동안 이렇게 살아야 한다. 그는 캐비어를 먹으려면 더러운 일을 감수해야 한다고 말한다.

"나는 앞으로 10년 동안 여러분이 이 더러운 일들을 참아내길 바랍니다."

나는 그 기회를 다른 사람에게 양보하겠다. 나로선 이해할 수 없는 이유로, 사람들은 그를 추앙하고 비둘기 떼처럼 그의 강연에 몰려든다.

나는 〈뉴욕타임스〉에 기고한 글에서 핸슨이 쓴 일 중독에 대한 글에 라보이스가 신경질적으로 반응함으로써 촉발된 트위터 설전에 대해서도 다뤘다. 사람들이 내 글의 링크를 라보이스에게 트윗했고, 그는 내 글을 "터무니없고 건방지다"라고 비웃으며 트윗했다.

한번은 레니 테이텔먼(Lenny Teytelman)이라는 과학자가 쉬지 않고 일하는 것이 파괴적이고 역효과를 낸다는 과학적 데이터가 많다며 라보이스의 관점을 지적했다. 그러자 라보이스는 테이텔먼이 훌륭한 기업을 만드는 방법에 대해 무엇을 알겠느냐는 모욕적인 말로 되받아쳤다. 라보이스는 "당신이 어떤 일에 성공하면, 그때나 되어야 의견을 낼 수 있다"라고 트위터에 썼다.

공식적으로 테이텔먼은 컬럼비아대학교에서 수학을 공부했고, 캘리포니아대학교 버클리 캠퍼스에서 유전학과 전산생물학 박사 학위를 받은 다음, 명성 있는 MIT 줄기세포 연구실에서 4년간 근무했다. 그런 다음 그는 활동하는 과학자들을 위해 온라인 저장 공간을 제공하는 스타트업을 설립했다. 하지만 여기, 과학과 회사 설립에 관한 논쟁에서 과학 박사 학위가 있는 스타트업 기업가에게 이해가 부족하다고 말하는 억만장자 얼간이 라보이스가 있다.

빨리 달려봐야 소용없다

린 스타트업 콘퍼런스 기조연설에서 프라이드는 기술 전문가로 이뤄진 600명의 청중에게 하루에 방해받지 않고 4시간 동안 일할 수 있는 사람은 손을 들어보라고 했다. 약 10퍼센트가 손을 들었다고 했다.

"단지 기술 분야만이 아닙니다. 어디서나 마찬가지입니다. 우리는 많은 콘퍼런스에서 강연합니다. 모두 이 문제에 대해 '나는 더 긴 시간을 일하고 있지만 마무리하는 일은 더 적다'라고 말합니다. 예상이 통제를 벗어납니다. 모두 성장에 집착하지만 아무도 그 이유는 모릅니다."

그 결과 노동자들은 한계를 넘어 일하도록 내몰리고 결국 탈진하게 된다. 문제는 라보이스 같은 벤처캐피털리스트에게서 시작된다. 그들은 젊은 스타트업 창업자에게 남성적이고 괴짜 특공대 같은 라이프 스타일을 이해시킨다. 회사가 성공하면 아무것도 하지 않고 가장 큰 몫을 챙기는 그들이 보기에는 물론 훌륭한 일이다. 핸슨은 이렇게 말했다.

"벤처캐피털리스트들은 사업가가 되는 것을 마치 영화 〈헝거게임〉처럼 말합니다. 사람들은 자신이 얼마나 기진맥진하고 녹초가 됐는지 은근히 자랑하죠. 죽음의 행진을 미화합니다. 하지만 이 모든 일이 벤처캐피털리스트들에게만 좋은 일입니다. 저를 믿으십시오. 벤처캐피털리스트들은 일주일에 120시간씩 일하지 않습니다."

핸슨과 프라이드는 벤처캐피털 투자에 쏟아지는 아첨 섞인 언론 보도를 도저히 이해할 수 없다고 말한다. 적자를 내는 유니콘 기업이 말도 안 되는 가치평가를 통해 벤처 펀딩 라운드를 완료했다고 숨 쉴 틈 없이 보도하는 기자들이 더러 있다. 프라이드는 무척 의아해했다.

"왜 아무도 그 기업을 향해 지난 라운드에 조달한 돈은 어떻게 됐는지 묻지 않는 거죠? 비즈니스 성공담으로 떠받들지만 사실 비즈니스 실패담입니다."

하지만 경영대학원은 이제 수단을 가리지 않는 성장과 빨리 큰돈을 버는 비즈니스 모델을 미화한다.

"아무것도 시작하지 않고 자금 회수 전략부터 들먹이는 학생들이 있습니다. 경영대학원은 사업을 운영하고 비용을 줄이며 지출보다 수익을 높이는 방법을 가르치지 않습니다. 학생들에게 돈줄을 찾아 자금을 마련하고 시리즈 A 계약서를 작성하거나 출구전략을 세우는 방법을 가르칩니다. 모든 세대가 이것이 기업을 운영하는 방법이라고 배웁니다. 정말 어처구니없는 일이죠."

이런 역기능은 기술 스타트업에서 비롯됐지만, 지금 실리콘밸리에서 이런 사람들이 영웅의 지위로 올라간다고 핸슨은 말했다.

"그들은 모든 사람이 우러러보고 모방하려는 롤 모델입니다. 그래서 헛소리가 계속되는 겁니다."

게다가 실리콘밸리의 기술 전문가들은 반대 의견을 차단하는 데 능숙해졌다. 감히 그들에게 반대라도 했다가는 라보이스가 트위터에서 핸슨과 프라이드를 비웃은 것처럼 별종이나 기술 혐오자 또는 성공하지 못할 사람으로 취급 받으며 배척당한다.

"이런 분위기 탓에 사람들은 목소리 내기를 두려워합니다. 아무도 '임금님이 벌거벗었다'고 말하지 않아요. 그래서 더더욱 이런 현실을 널리 알리는 것이 중요합니다."

12장

모두가 청소한다

앨런 에릭슨(Allan Erickson)은 이제 막 새로운 일을 시작했다. 매니지드바이큐라는 사무실 청소 스타트업에서 야간 근무를 하게 된 것이다. 관리자가 그를 한쪽으로 데려가 근처에서 무릎을 꿇고 책상 아래를 청소하고 있는 한 청년을 가리켰다.

"저 사람이 누군지 알아?" 관리자가 물었다. "댄이야. 우리한테 월급 주는 사람. 이 회사 소유주라고."

매니지드바이큐의 최고경영자 댄 테런은 당시 스물여섯 살이었다. 그보다 열 살이 많은 에릭슨은 무척 감동하여 걸레를 내려놓고 테런에게 악수를 청하면서 자신을 소개했다.

"왜 사장이 여기 나와 청소하고 있는 겁니까? 그러니까 제 말은, 회사의 주인이잖아요."

에릭슨은 당시의 기억을 떠올리며 내게 말했다.

"우버의 CEO가 운전을 하거나 맥도날드의 CEO가 햄버거 패티를 뒤집는 건 볼 수 없으니까요."

하지만 뉴욕에 기반을 두고 있는 매니지드바이큐에는 한 가지 원칙이 있다. 바로 '모두가 청소한다'다. 직함이 무엇이든지 일단 채용되면 청소부로 교대 근무를 나가야 한다고 테런은 말한다.

"사무실 청소는 정말 힘든 일입니다. 나는 사무직 종사자들이 현장에서 얼마나 힘들게 일하는지 제대로 이해하길 바랍니다. 직접 변기를 닦을 때, 그 일을 하는 사람을 진심으로 이해하게 됩니다."

내 전 직장 상사들이 청소 일을 해본 적은 없겠지만, 적어도 몇 명에 대해서는 생각만으로도 굉장히 즐거워진다.

이제 서른을 넘은 테런은 당신이 생각하는 전형적인 스타트업 CEO가 아니다. 그리고 사람들이 그냥 '큐(Q)'라고 부르는 이 회사는 전형적인 긱 경제 스타트업도 아니다. 가장 큰 차이점은 큐가 직원들을 대하는 방식에 있다. 다른 모든 긱 경제 기업과 달리 큐는 노동자를 'W-2 직원'으로 분류한다. 즉 회사가 건강보험과 401(k) 퇴직연금, 스톡옵션을 제공한다. 임금은 시간당 12.5달러에서 시작하고 후한 유급휴가 제도도 있다. 가장 중요한 것은 청소부로 시작했더라도 내부 승진을 통해 회사 사무실에서 일할 기회를 제공한다는 것이다.

실리콘밸리 벤처캐피털리스트들의 통념은 긱 경제 기업은 노동자를 '1099 독립계약자'로 채용하지 않으면 살아남을 수 없다는 것이다. 예컨대 이것은 우버가 운전자들을 분류하는 방식이다. 일부 추정에 따르면, 노동자를 1099 독립계약자로 분류할 때 회사는 인건비를 약 30퍼센트까지 절감할 수 있다고 한다.

테런은 벤처캐피털리스트들이 틀렸다는 데 내기를 걸고 있다. 인건비를 낮추면 단기적으로 도움이 되겠지만, 테런에게 이 방식은 장기적으로 비용이 더 들고 치명적인 실수가 될 수 있다. 역설적으로 보이겠지만, 그는 인건비에 더 많은 돈을 지출하는 것이 결국 수익을 높일 것으로 믿는다. 고객 만족도는 올라가고 직원 이직률은 내려갈 것이기 때문이다. 이직률이 낮으면 퇴사자를 대체할 신규 노동자를 채용, 고용, 트레이닝하는 데 시간을 쓰지 않아도 된다. 테런은 이렇게 말한다.

"사람들은 사업을 잘하는 것과 좋은 고용주가 되는 것 사이에서 선택을 해야 한다고 생각합니다. 하지만 그것은 잘못된 이분법입니다."

큐는 다른 비용을 줄여서 이 선택을 감당한다. 큐는 뉴욕 소호 지역에 있는 한 건물의 11층을 사무 공간으로 임대했다. 많은 기술 스타트업이 호화로운 사무실을 마련하는 데 거금을 쓰지만, 큐의 실내장식은 전혀 화려하지 않다. 나무 바닥과 흰 벽, 그리고 큰 창문이 많이 있을 뿐이다. 직원들은 천장이 높고 개방된 공간에서 긴 책상에 나란히 앉아 일한다. 회의를 할 때는 계단식 야외관람석을 이리저리 움직여 사용한다. 사무실 한편에는 작은 부엌이 있다. 테런은 소파와 의자 몇 개, 커다란 텔레비전과 두 개의 화이트보드가 있는 작은 사무실에서 일한다. 전혀 근사하지 않다.

"절약은 우리의 가치 중 하나입니다."

개인 생활에서도 마찬가지다. 테런은 처음 대학을 졸업한 후 마련한 브루클린의 저소득층 공동주택에서 여전히 살고 있다.

"좋은 곳에서 살 필요를 못 느낍니다. 유지·보수도 대부분 제가 직접 합니다. 아버지가 목수셨거든요. 아버지는 재산을 모으는 첫 번째 방법이 분수에 맞게 사는 거라고 말씀하셨어요."

테런의 경영 철학에 큰 영향을 미친 또 다른 사람은 MIT 경영대학원의 제이넵 톤 교수다. 그녀는 저서 《좋은 일자리의 힘》에서 스타벅스나 코스트코 같은 기업이 직원들에게 더 많은 임금과 혜택을 제공했기 때문에 성공했다고 주장했다. 일하기 좋은 회사로 명성을 쌓으면 새로운 인력을 채용하기 쉬워지고, 새로운 고객을 유치하는 데에도 도움이 된다.

"제가 하는 내기의 일부는 일하기 좋은 곳이라는 브랜드를 구축하여 더 나은 서비스를 제공할 수 있게 되는 것입니다."

지금까지는 이 내기가 성공적인 것 같다. 큐의 고객 유지율과 직원 유지율이 업계 평균보다 높기 때문이다. 4년이 지난 2018년 기준 큐의 직원은 거의 800명에 달한다. 600명은 현장에서 일하고 200명은 사무실에서 일한다. 큐는 뉴욕, 로스앤젤레스, 시카고, 보스턴, 샌프란시스코 베이 에어리어 등 다섯 개 도시에서 사업을 운영하며 1,300여 곳의 고객사를 보유하고 있다.

테런에게 이것은 단지 시작일 뿐이다. 그의 비전은 청소 사업을 운영하는 것 이상이다. 언젠가 청소 사업은 큐의 여러 사업부문 가운데 하나가 될 거라고 테런은 말한다.

사회 정의가 규모의 확장을 만났을 때

테런은 존스홉킨스대학교에서 국제관계와 도시공공정책을 공부했다. 그는 대학에서 경영학 수업을 들은 적이 한 번도 없다고 한다. 학부 과정 동안 볼티모어에서 지역 사회 조직가로 활동했고, 에린 브로코비치(Erin Brockovich)가 환경 관련 소송을 담당했던 뉴욕의 한 법률 회사에서 인턴을 했다.

고등학교 시절에는 해비타트운동(Habitat for Humanity)에 자원봉사자로 참여하여 뉴멕시코주 나바호 인디언 보호구역과 멕시코 티후아나 근처 보육원에서 일했다. 그는 사회문제에 적극적인 가톨릭교회 청소년 단체의 일원이었으며, 일찍부터 사회 정의에 관심이 많았다고 한다. 정치나 법률 분야에서 일하려고 생각했지만 '사업은 영향력을 미칠 기회이고 그 규모가 커질수록 영향력도 커진다'라는 사실을 깨닫게 됐다.

2014년 그는 지금은 사업에 관여하지 않는 사만 라마니안(Saman Rahmanian)과 함께 큐를 창업했다. 처음 1년 동안은 회사에 청소 인력이 충분하지 않아 테런이 나서야 했다.

"온종일 사무실에서 일하고, 사람들이 퇴근한 밤에는 빈 사무실에 청소를 하러 갔죠."

곧 테런은 다른 서비스를 제공하기 위해 사업을 확장했다. 지금 큐는 청소 서비스와 더불어 회사에 유지·보수 인력을 공급하고 IT 서비스도 제공한다. 심지어 사무실 임시 직원과 안내 데스크 인력도 공급한다.

테런은 페인트칠이나 배관, 공조 시스템, 이사 등으로 서비스를 확장하려고 한다. 이를 위해 고객과 서비스 제공자를 연결하고 중개 역할을 하는 큐마켓플레이스(Q Marketplace)를 시작했다. 시카고에서 싱크대가 고장 났다면 큐마켓플레이스 웹사이트에서 검색하여 즉시 올 수 있는 동네 배관공을 찾을 수 있다. 어떤 심부름이든 해주는 사람을 고용할 수 있는 태스크래빗 같은 서비스와 완전히 똑같은 것은 아니다. 큐마켓플레이스는 모든 서비스 제공자를 세밀히 검토하고 사무실 서비스를 제공할 수 있는 개인이나 회사만을 대상으로 거래한다.

두 사업을 구분하기 위해 큐는 청소 사업에 큐서비스(Q Services)라는 이름을 붙였다. 청소 사업부문은 여전히 큐 전체 매출의 95퍼센트를 차지하지만, 결국 큐마켓플레이스가 사업의 더 큰 부분을 차지할 것으로 테런은 생각한다. 테런의 최종 목표는 물리적인 공간을 운영할 때 필요한 모든 일을 담당하는 것이다.

그는 아마존 웹 서비스를 모델로 생각한다. 오늘날 대부분 기업은 데이터센터를 구축하고 관리하는 대신 몇 가지 양식을 작성하고 아마존 웹 서비스에서 컴퓨터 성능을 빌려 쓴다. 이들은 어떤 종류의 컴퓨터가 사용되는지 누가 서버를 운영하는지 전혀 모른다. 이와 마찬가지로 법률 회사나 광고 대행사가 새로운 사무실을 임대하고 큐에 전화하면, 물리적인 공간에 대해서는 걱정할 필요 없게 만드는 것이 궁극적인 목표다. 큐가 모든 것을 담당하고 매달 고객에게 한

장의 청구서만 보내는 것이다. 청소 같은 일은 큐의 직원들이 담당하고 냉난방 시설 설치 같은 다른 일은 큐가 고용한 계약자가 처리할 것이다. 고객은 이런 문제를 전혀 고민할 필요가 없다. 앱의 몇 가지 메뉴를 클릭하는 것만으로 모든 일을 처리할 수 있다.

테런은 언젠가 큐가 전 세계로 사업을 확장하여 사무실 서비스의 수요와 공급을 연결하는 글로벌 플랫폼이 되길 희망한다.

"소설 속 얘기처럼 들리겠지만 머잖아 그렇게 될 겁니다."

이것이 테런이 벤처캐피털리스트들에게 제시하는 대담한 비전이다. 큐는 자칭 '사무실을 위한 운영체제(OS)'라고 홍보하면서 벤처캐피털에서 7,000만 달러의 자금을 조달했다. 테런이 청소 인력을 정규직으로 채용하길 고집했기 때문에 몇몇 벤처캐피털리스트는 큐를 지나쳤다. 이 문제에 집착하는 투자자들은 구축하는 데 10년 또는 더 오래 걸릴 수 있는 '사무실용 운영체제'라는 테런의 야심 찬 비전을 제대로 보지 못했다.

"그들은 우리가 무엇에 베팅했는지를 전혀 이해하지 못했죠."

테런은 MBA 또는 경영 컨설턴트 출신이거나 아마존, 〈허핑턴포스트〉, 오픈소스 소프트웨어 공유 사이트 깃허브(GitHub) 같은 회사에서 경력을 쌓은 업계의 베테랑들을 모아 경영팀을 구성했다. 2017년 큐는 작은 스타트업 하이비(Hivy)도 인수했다. 이곳에서는 큐서비스가 개발해온 소프트웨어를 보완할 사무실 관리 소프트웨어를 개발한다.

격차를 줄이려면

긱 경제 기업의 한 가지 도전 과제는 두 가지 서로 다른 인력을 관리하는 것이다. 큐에는 청소 업무를 담당하는 블루칼라 직원과 본사에서 일하는 화이트칼라 직원이 있다.

"그 사이에는 커다란 틈이 있습니다." 큐에서 인사와 조직 문화를 책임지는 마리아 던(Maria Dunn)의 말이다. "저는 이곳 관리자들에게 현장 오퍼레이터(큐는 청소 업무를 하는 직원들을 이렇게 부른다)와 대화하는 방법을 가르치려고 노력하는 중입니다. 두 세계가 다르지만 우리는 그 틈을 메우려고 맹렬히 애쓰고 있습니다. 저는 이 점이 우리의 성공에 결정적인 역할을 할 것으로 생각합니다."

던은 간호사였던 싱글맘의 딸로 뉴욕주 올버니에서도 블루칼라들이 사는 지역에서 자랐다. 그녀는 대학 시절 내내 식당 종업원으로 일하면서 학업을 병행했고 졸업 후에는 블루칼라 노동자들이 일하는 회사의 인사 담당자를 거쳐 맨해튼의 기술 스타트업에 들어갔다. 그러던 중 큐의 친노동자 정책을 접하고 마음이 끌렸다.

"저는 사람에게 투자하고 그들을 회사의 중요한 부분으로 만드는 것이 장기적으로 더 좋은 비즈니스 모델이라고 생각합니다."

던은 2016년 말에 큐에 합류했는데, 회사가 직원들에게 훌륭한 혜택을 제공하고 있지만 청소 인력은 그 혜택을 잘 모른다는 사실을 발견했다.

"사람들은 '잠깐, 제가 401(k) 퇴직연금을 받는다고요? 세상에, 전혀 몰랐어요'라고 말하곤 합니다."

어떤 현장 오퍼레이터는 회사가 복지 혜택을 제공한다는 것을 알지만 자세히 물어볼 엄두를 내지 못했다.

"새로운 엔지니어를 고용하면 그들은 와서 스톡옵션이나 퇴직연금이 어떻게 되는지 묻습니다. 하지만 시급을 받는 노동자들은 머뭇거리거나 이런 것을 묻길 어려워합니다."

던은 어떤 혜택이 가능한지 하나하나 알려주는 사무실 '동료 모임'을 조직해 현장 노동자들에게 다가갔다.

"기본적으로 우리가 하는 일은 깃발을 흔드는 거예요. 그래서 사람들이 다가오면 회사에서 제공하는 혜택이 무엇인지 설명하고, 시급 외에도 추가적인 형태의 보상이 있다는 것을 알려줍니다."

일주일에 30시간 이상 일하는 사람이면 누구나 건강보험 혜택을 받을 자격이 있다. 기본 수준의 혜택은 직원에게 무료로 제공되지만, 본인만 해당한다. 다른 가족의 건강보험은 분담금을 내야 한다. 또한 큐는 회사가 50퍼센트를 부담하는 401(k) 퇴직연금과 우리사주 매수권을 제공한다. 블루칼라 노동자들은 401(k) 퇴직연금 설명을 들을 때 대부분 의심스러워한다.

"우리는 이렇게 설명합니다. '자, 회사가 여러분을 위해 저축 제도를 마련하는 겁니다. 여러분이 6퍼센트를 내면 나중에 9퍼센트를 받게 됩니다.' 그러면 사람들은 이런 식으로 반응합니다. '잠깐, 속셈이 뭡니까?'라고요."

큐의 노동자들에게 복지 혜택은 가장 큰 동기부여 요인이 아니다.

회사 설문조사에서 가장 큰 동기 요인은 경력 성장, 즉 '승진하고 직급이 높아져 돈을 많이 벌 기회'로 나타났다.

"오퍼레이터들에게는 청소직으로 들어왔지만 책상과 노트북이 있는 곳에서 일할 수 있다는 점이 무척 매력적입니다. 사람들은 성장하고 위로 올라갈 방법을 찾습니다."

그레그 브리치(Greg Brech)는 청소부로 큐에 들어왔지만, 처음부터 목표를 높게 잡았다. 그는 샌프란시스코에 사는 스물여덟 살 청년으로 큐의 취업 광고를 봤을 때 식당에서 서빙 일을 하고 있었다. 그는 이렇게 말했다.

"복지 혜택이 적힌 부분을 자세히 봤습니다. 틀림없는 사기라고 생각했어요. 사실이라고 믿기엔 너무 좋은 조건이었거든요." 건강보험 혜택이 제공되는 데다 승진에 관한 사항도 있었다. "회사 내부에서 승진할 수 있다는 보장이 중요했습니다. 이곳에 입사해 꼭 승진해야겠다고 마음먹었습니다."

그는 사무실에서 일한 경험이 있었고, 대학에 입학했지만 그만둔 상태였다. 큐에 입사한 브리치는 1년 넘게 청소부로 일했다. 이 기간에 그는 승진하여 멘토가 됐다. 신규 인원의 트레이닝을 담당하는 자리였다.

얼마 후 그는 자신이 나고 자란 곳인 뉴욕으로 돌아와 계속 일할 수 있었다. 뉴욕 본사의 채용 공고가 났을 때 회사가 그에게 지원할 것을 권유했고 마침내 이 업무를 맡게 됐다. 그는 일주일에 수백 통의 이력서를 걸러내 10~15명의 개인 면접을 보고 그중 3~4명을 고용한다. 그때마다 그는 신참들에게 자신이 청소부로 시작하여 어떻게 사무직으로 승진했는지 들려준다.

"일을 제대로 하면 승진할 수 있습니다. 사람들을 혹하게 하려고 그냥 하는 말이 아닙니다."

브리치는 현장에서 일하다 본사로 자리를 옮긴 초기 직원 가운데 한 명이다. 그는 이처럼 도약이 가능한 회사는 드물다고 말한다.

"회사가 가족처럼 느껴집니다."

이 '가족 분위기'는 큐 직원들과 대화할 때 자주 등장한다. 티아나 그린먼로(Tianna Green-Munroe)는 청소부로 시작했지만, 지금은 뉴욕 본사에서 사무실 코디네이터로 일한다.

"이곳은 집 밖에 있는 또 하나의 내 집입니다. 두 번째 가족이죠."

현장에서 1년가량 일한 후 그린먼로는 본사 안내 데스크 자리로 승진했다. 그리고 1년도 안 가 사무실 코디네이터로 승진했다. 20대 후반인 그린먼로는 결혼하여 젖먹이 아들이 있다. 임신과 출산 기간에 보험이 적용됐고, 12주의 유급 출산 휴가를 받았다.

더 중요한 것은 동료들의 지원이었다고 그린먼로는 말한다. 그들은 병원으로 꽃을 보내고 휴가 기간 내내 매일 안부 전화를 걸어주었다. 아기 옷을 만들어 보내주었고 사무실에 아기를 데려오면 호들갑을 떨며 좋아했다. 이 모든 것이 감상적이고 구식일 수 있지만, 이런 정서는 사람들에게 큰 의미가 있다.

"이 직장에서 제 삶이 정말 달라졌습니다."

앨런 에릭슨도 마찬가지다. 테런이 책상 밑을 기어 다니며 청소부와 함께 일하는 모습을 보고 놀랐던 그 사람 말이다. 에릭슨은 뉴욕 브롱크스에서 살고 있고, 이전에 JFK 공항에서 수하물 담당자로 일했으며, 배스킨라빈스와 맥도날드에서 아르바이트를 한 경험이 있다. 큐에서 2년 6개월 동안 일하면서 그는 다섯 번 승진했고 지금은 30명의 오퍼레이터를 감독하는 관리자가 됐다.

에릭슨에게 승진보다 더 의미 있는 한 가지는 사무실에서 테런을 우연히 마주치면 이 최고경영자가 잠깐 시간을 내어 자신과 담소를 나눈다는 것이다. 테런은 에릭슨에게 아들의 안부를 묻고 이 아이의 별명까지 기억한다.

"테런이 아들의 안부를 물어봐 주었을 때 거의 울 뻔했어요. 정말 할 일이 많은 사람이잖아요. 하지만 시간을 내서 내가 하는 일은 어떤지, 아들은 어떻게 지내는지 물어봅니다. 그리고 아들을 별명으로 부릅니다."

이렇게 작은 행동이 어떻게 큰 의미를 가질 수 있을까? 누군가의 자녀 이름을 기억하고 누군가가 아기를 낳았을 때 꽃을 보내는 것은 당연한 예의이고 노력이나 비용도 크게 들지 않는다. 하지만 사람들은 이런 행동에 감동한다. 나는 그 이유를 많은 노동자, 특히 조직의 일선에서 고생하는 저소득층 노동자들이 직장생활에서 자신을 투명인간처럼 느끼기 때문이라고 추측한다. 상사가 실제로 자신을 '보려고' 시간을 내면 그 자체로 놀라운 사건인 것이다. 이런 작은 행동은 '본전을 뽑는다'는 면에서 가장 강력한 경영 기법 가운데 하나다.

톰 피터스도 1970년대 후반 휴렛팩커드에서 이런 일을 경험했다.

전설적인 경영서 《초우량 기업의 조건》에서 피터스는 이것을 '현장 경영'이라고 불렀다. 그 후로도 그는 현장 경영의 중요성을 계속 강조하고 있다. 이 용어는 너무 유명해서 위키백과에 별도 페이지가 있을 정도다. 그런데도 이렇게 행동하는 관리자는 거의 없다. 특히 신경제 기업에서는 찾아보기 어렵다.

내가 스타트업 마케팅 부서에서 일했을 때 최고마케팅책임자는 우리 가운데 누구와도 대화를 거의 하지 않았다. 그와 대화하려면 그의 일정표에 등록해야 했다. 그러려면 비서를 거쳐야 하는데, 비서 선에서 차단되는 게 보통이었다. 대신 최고마케팅책임자는 타이니펄스(TinyPulse)라는 서비스에 등록했다. 직원의 참여도를 측정하려고 직원에게 자동 설문조사를 보내는 앱이다.

나에게 이런 과제는 쓸모없었을 뿐 아니라 오히려 역효과를 냈다. 상사가 나와 대화하려 하지 않으면서 그 부담을 스팸봇(spambot)에 떠넘기다니, 너무나 모욕적이었다. 더 나쁜 일은 스팸봇이 이런 질문을 한다는 것이다.

"당신은 회사에서 존중받는다고 느낍니까?"

전혀 그렇지 않았다!

GPW의 새로운 연구조사에 따르면, 일선 노동자가 고위 임원들과 유대감을 느끼는 회사가 그렇지 않은 회사보다 매출 성장이 세 배 높게 나타났다.

힐튼호텔앤리조트의 최고경영자 크리스 나세타(Chris Nassetta)는 모든 최고 경영진에게 일주일 동안 현장에서 객실 청소나 설거지,

손님의 짐을 나르는 일을 하도록 요구한다. 그 자신도 유지·보수 직원들과 함께 일했다. 나세타의 현장 근무가 끝났을 때 직원들이 그에게 황금 뚫어뻥을 선물로 주었다.

또한 힐튼은 일선 직원에게 권한을 위임하고 더 많은 자율성을 보장한다. 프라우엔하임이 힐튼의 한 객실 청소부 이야기를 들려주었다. 방을 청소하면서 투숙객들이 결혼기념일을 축하하는 것을 알게 된 그녀는 호텔에 무료 와인 한 병과 카드를 그 객실로 올려 보내길 제안했다.

"그녀는 놀라운 경험을 선사했고, 자신도 다른 사람에게 친절을 베푸는 기쁨을 경험하게 됐죠."

서로 다른 인력 간의 격차를 줄인 또 다른 회사로 메리어트호텔 이야기도 해주었다. 이 호텔 체인이 인도에 처음 진출했을 때 현지인들은 경영진을 위한 식당을 별도로 마련해야 한다고 주장했다고 한다. 경영진이 호텔 청소부나 유지·보수 노동자들과 구내식당에서 나란히 앉아 식사해서는 안 될 일이었기 때문이다. 하지만 메리어트호텔은 모든 직원이 함께 식사할 것을 고집했다.

"임원들이 일선 직원들과 더 많이 대화하자 장벽이 낮아지고 더 나은 아이디어를 창출하게 됐습니다."

이렇게 틈을 메우는 회사는 생산성이 더 높게 나타난다. 직원들의 근속 의지도 높게 나타나고 자신이 만나는 사람들에게 회사를 좋게 말하는 '브랜드 전도사'가 될 가능성이 크다. 최고 경영진과 일선 노동자 사이에 다리를 만드는 것은 로켓 과학이 아니다. 상식 같은 것이다. 게다가 실행이 어려운 것도 아니다. 하지만 그 혜택은 어마어마하다.

신념을 잃지 않아도 잘 팔린다

테런의 영웅 가운데는 스타벅스의 하워드 슐츠와 코스트코의 제임스 시네갈(James Sinegal)이 있다. 그들은 성공적인 거대 글로벌 기업을 경영하면서 직원의 삶을 향상시키려는 참된 원칙을 고수했다. 직원을 가족처럼 대우하는 작은 회사를 경영하는 것은 상대적으로 쉬운 일이지만, 스타트업이 성장하여 큰 기업이 되면 노동자 친화적인 가치를 유지하기가 어렵다. 그러나 테런이 바라는 것이 바로 이것이다. 그는 수천 명 직원의 삶에 영향을 미칠 수 있고 "이런 생각이 정말 중요해질 정도로 큰 규모"의 글로벌 기업으로 키우고 싶어 한다. 슐츠와 시네갈은 이 일을 해낸 보기 드문 최고경영자들이다.

만약 테런이 우버 같은 긱 경제 기업이 사용하는 전략을 따른다면 인생을 더 쉽게 살고 성공할 확률도 높아질 것이다. 노동자를 쥐어짜서 최대한 빨리 성장하고, 회사가 적자이더라도 상장한 후 현금을 받아 들고 튀는 전략 말이다. 2013년에 큐가 처음 벤처 펀딩을 받던 상황을 테런은 이렇게 회고했다.

"우버의 기업 광고가 절정을 달리던 시기였죠. 수십 명의 투자자가 우리가 사업을 잘못된 방향으로 끌고 간다는 의견을 내놓았습니다." 하지만 테런은 흔들리지 않았다. "오히려 이를 계기로 우리가 궁극적으로 협력하고 우리의 가치를 공유할 수 있는 투자자를 찾아낼 수 있었습니다."

모든 청소 노동자를 정규직으로 채용하겠다는 테런의 초기 결정은 선견지명이었던 것 같다. 지난 몇 년 동안 몇몇 긱 경제 기업은 직원 신분을 요구하는 노동자들에게 고소를 당해왔다. 소송은 회사의 평판을 훼손했고 돈은 돈대로 줄었다. 최악의 경우 기업이 망할 수도 있다. 2015년에는 주택 청소 서비스를 제공하는 스타트업 홈조이(Homejoy)가 문을 닫는데, 이 회사의 공동창업자는 폐업 이유가 노동자들이 제기한 네 건의 소송 때문이라고 했다.

또 다른 청소 서비스 업체이자 큐와 자주 비교되던 핸디도 계약 노동자들에게 소송을 당했다. 이 회사는 계속 사업을 하고 있지만, 법정 다툼이 나쁜 평판으로 이어졌다. 이런 제목으로 올라온 블로그 글도 있다. '핸디, 노동법 위반의 지옥으로 고소당하다.'

핸디의 법적 문제는 온라인 매거진 〈슬레이트〉에 장문의 폭로 글이 게재되면서 촉발됐다. 이 글은 변변치 못한 직원 처우 문제를 제기하면서 낮은 직원 사기와 형편없는 고객 서비스, 지나친 음주를 조장하는 남성 중심 문화를 포함한 다른 문제들도 파헤쳤다. 〈슬레이트〉는 핸디의 투자자들이 '휠 오브 펠라티오(Wheel of Fellatio)'라는 게임을 만든 것도 거론했다. ABC 방송의 퀴즈 쇼 〈휠 오브 포천〉을 바꿔 만든 것으로, 돈의 액수 대신 성적 행위들이 적힌 돌림판을 사용하는 게임이었다. 핸디와 가까운 곳에 있는 한 회사는 핸디가 버

짓이 세워놓은 화이트보드에 불만을 드러냈다. 거기에는 여성과 흑인, 그리고 동성애자를 모욕하는 말을 다섯 단어로 쓰라고 되어 있었다.

주차 서비스 기업 럭스(Luxe)나 인터넷 식료품 배송 업체 인스타카트(Instacart) 같은 일부 긱 경제 회사는 소송과 명예훼손을 피하기 위해 노동자들을 정규직으로 전환하기 시작했다. 그와 함께 긱 경제 스타트업 펀딩에 열광적이던 벤처캐피털리스트들도 잠시 열정이 식은 듯하다.

지금까지는 큐가 잘하고 있는 것 같다. 2017년 매출이 전년 대비 71퍼센트 성장했고, 2018년에는 매출이 거의 두 배가 될 것으로 테런은 기대한다. 회사 전반적으로는 여전히 적자이지만 청소 인력을 고용하는 큐서비스 부문은 수익을 내고 있다. 큐마켓플레이스는 아직 작은 사업부문이지만 2018년에 매출이 세 배 이상 증가할 것으로 보고 있다.

11장과 12장에서 나는 긍정적이고 인간 중심적인 기업 문화를 키우고 있는 두 회사를 소개했다. 그렇다면 투자자들은 어떨까? 투자자 없이는 회사를 세울 수 없다. 그러나 대부분 벤처캐피털리스트는 노동자를 자신의 적으로 생각하는 것 같다. 그들은 인건비로 나가는 돈이 자신의 몫을 줄인다고 생각한다.

물론 그렇지 않은 투자자들도 있다. 다음 장에서 나는 노동자를 잘 대우하는 회사를 창업하는 데 초기 투자자로 나서는 두 사람을 소개하려 한다.

13장

의식 있는 자본주의자들

케이퍼캐피털(Kapor Capital)은 미국 캘리포니아주 오클랜드에 기반을 두고 있다. 이 한 가지 사실만으로도 이 벤처캐피털 회사가 실리콘밸리의 정상급 벤처캐피털 투자자들과 무엇이 다른지에 대해 많은 것을 말해준다. 거물급 벤처캐피털 회사 대부분은 캘리포니아 멘로파크 샌드힐로드에 있으며, 이를 중심으로 약 70킬로미터 거리 내에 본사를 둔다. 이들 회사는 고요하고 녹음이 우거진 작은 오피스 파크에 있는, 죽은 듯이 조용하고 절제된 북부 캘리포니아 건물들 안에 나란히 자리를 잡고 있다. 그곳을 방문하려면 스탠퍼드대학교 뒤 언덕을 차를 운전해서 올라가야 한다. 주차장에는 테슬라 자동차가 가득하고, 기술 전문가들이 웬만한 자동차보다 비싼 탄소섬유 프레임을 장착한 경주용 자전거를 타고 어지럽게 돌아다닌다.

반대로 케이퍼캐피털을 방문하려면 샌프란시스코에서 베이 브리지를 가로질러 고속도로를 타고 내려가, 마틴 루서 킹 주니어 도로 고가 아래 노숙자 캠프를 통과하여, 그라피티로 뒤덮인 건물과 전당

포와 대부 업체가 늘어선 거리를 지나야 한다. 오클랜드는 만을 사이에 두고 샌프란시스코의 건너편에 있지만, 완전히 다른 곳이다. 오클랜드는 근성 있는 노동자들의 도시다. 또한 아프리카계 미국인의 도시다. 오랫동안 흑인은 오클랜드에서 가장 규모가 큰 인종집단이었고, 최근 인구 통계가 바뀌었지만 여전히 아프리카계 미국인이 이곳 인구의 4분의 1을 차지한다.

미치 케이퍼(Mitch Kapor)와 프리다 케이퍼 클라인(Freada Kapor Klein) 부부는 이곳 오클랜드에서 회사를 시작함으로써 자신들은 건너편 세상의 일원이 아니라는 메시지를 보냈다. 샌드힐로드의 거대 벤처캐피털 회사들과 달리 케이퍼 부부는 모든 수단을 동원해서 가능한 한 많은 돈을 버는 데는 별로 관심이 없다. 대신 그들에게는 사회적 사명이 있다. 어떤 사람들은 이것을 '임팩트 투자(impact investing)'라고 부른다. 또는 '다양성 집중 투자(diversity-focused investing)'라고도 하고, 돈이 주도하는 투자와 대비하여 '사명 주도 투자(mission-driven investing)'라고도 한다. 케이퍼 부부는 자신들의 모델을 격차를 줄이는 투자라는 의미에서 '갭 클로징 투자(gap-closing investing)'라고 부른다. 접근성과 기회, 결과의 격차를 줄이기 위해 저소득층이나 유색인종 커뮤니티에 봉사하는 회사에만 투자한다는 뜻이다.

케이퍼 부부는 2012년에 샌프란시스코에서 오클랜드로 이사했고 오클랜드시 외곽에 빈 건물을 매입했다. 퍼시픽 전신전화국 시설이 있던 이곳에 2016년 케이퍼소셜임팩트센터(Kapor Center for Social

Impact)를 열었다. 이 센터는 대표성이 부족한 유색인종이 STEM(과학·기술·공학·수학) 교육을 받고 기술 분야에서 경력을 쌓는 것을 목표로 설립된 비영리단체다. 센터 건물에는 100개의 좌석을 갖춘 강당과 파티를 열기 좋은 널찍한 야외옥상이 있다. 케이퍼 부부는 다른 기관이 이 센터를 콘퍼런스나 워크숍 장소로 사용할 수 있도록 개방한다. 케이퍼캐피털의 사무실도 이 안에 있고, 부부가 운영하는 또 다른 기관인 비영리단체 레벨 플레잉 필드 인스티튜트(Level Playing Field Institute: 소수집단 학생들을 위해 여름 수학·과학 캠프를 운영한다)도 이곳에 입주해 있다.

사업의 우선순위를 밝히는 선언문을 작성하는 것 외에도 케이퍼 부부가 오클랜드로 이주한 것은 결과적으로 꽤 영리한 투자였다. 오클랜드는 바닥을 치고 부상하고 있다. 작은 커피숍, 맥줏집, 청과물 가게, 젊은 전문직 종사자의 취향에 맞춘 세련된 레스토랑 등 새로운 업체가 여기저기 생겨나고 있다. 한때 미국에서 가장 위험한 도시 중 하나로 여겨졌던 오클랜드가 지금은 〈포브스〉가 선정하는 미국에서 가장 멋진 도시에 속한다. 그리고 케이퍼센터가 있는 업타운은 〈포브스〉가 뽑은 '미국 힙스터들이 살고 싶어 하는 도시'에 이름을 올렸다. 미치는 자신들의 도시를 이렇게 소개했다.

"이곳 오클랜드에는 샌프란시스코와는 다른 스토리가 있습니다."

2017년 여름 어느 목요일 저녁이었다. 우리는 케이퍼캐피털 사무실에서 테이크아웃 초밥을 먹고 있었다. 케이퍼가 기르는 커다란 반려견 더들리가 한쪽 구석에서 네 다리를 쭉 뻗고 누워 있었다.

"우리는 지역 사회 참여와 '스타트업 위크엔드(start-up weekend)', 오클랜드의 사업가를 위한 '퍼스트 프라이데이(First Friday)' 같은 프로그램을 운영합니다. 사람들이 모여 어떻게 회사를 시작하는지에 관해 이야기를 나누죠."

미치는 예순여덟 살로 헝클어진 흰 머리카락이 인상적이며, 때로는 흰 수염을 멋지게 기르기도 한다. 한때 명상 강사였는데 우연히 소프트웨어 회사를 운영했다가 큰돈을 벌었다.

리다는 예순여섯 살로 곱슬거리는 검은 머리카락과 깊고 검은 눈을 지닌 자그마한 여성이다. 그녀는 미시시피주 빌록시에서 성장했는데, 한번은 일곱 살이던 오빠가 유대인이라는 이유로 두들겨 맞는 것을 본 적이 있었다. 그 후로 그녀는 줄곧 싸우고 있다는 기분이 든다고 했다. 1970년대 초 프리다는 학생운동에 열성적이었고 UC버클리에서 성 폭력 상담가로도 활동했다. 졸업 후 직장 내 성추행 퇴치를 위한 조직을 설립하고, 〈강간에 반대하는 페미니스트 얼라이언스〉라는 뉴스레터에 글을 썼으며, 사회 정책 및 연구로 브랜다이스 대학교에서 박사 학위를 받았다.

프리다는 2018년 한 인터뷰에서 이렇게 말했다.

"다양성은 수십 년간의 제 경력에서 가장 중요한 것이자 모든 것입니다."

임팩트 투자의 부상

어떤 면에서 오클랜드에서 일어나는 일은 케이퍼 부부가 기술 산업에서 하고 싶어 하는 일의 은유처럼 보인다. 지난 10~20년 동안 기술 산업은 경로를 이탈했다. 일확천금을 노리고 노동자를 쥐어짜는 비즈니스 모델이 깊게 자리 잡았다. 그 모델은 제대로 기능하지 않는 직장 문화를 낳았다. 여성이 배제되거나 괴롭힘을 당하고, 직원들이 형편없는 대우를 받고, 유색인종이 환영받지 못하는 문화다.

기술 산업에 만연한 다양성 부족은 불공평할 뿐 아니라 사업에도 나쁜 영향을 미친다. 매킨지의 2015년 연구조사에 따르면, 성별 및 인종 다양성이 높은 상위 25퍼센트 기업은 평균 이상의 재무성과를 얻는 것으로 나타났다. 다양성이 높은 기업은 최고의 인재를 더 많이 채용할 수 있고, 직원 만족도도 높다고 매킨지는 주장했다. 다양성이 사람들을 '더 행복하게' 만드느냐 아니냐 하는 문제는 여전히 논쟁거리다. 하지만 이전에는 배제됐지만, 지금은 일자리를 얻을 수 있는 사람들이 더 행복해진 것만은 분명하다.

2014년 MIT 연구에 따르면, 단일한 문화를 가진 곳보다 다양성이 높은 직장에서 마찰이 더 많이 발생하는 것으로 나타났다. 이 연구를 이끈 MIT의 경제학자 사라 엘리슨(Sara Ellison)은 포수로만 이루어진 야구팀을 비유로 들었다. 그들은 아마 서로 잘 지낼 수는 있겠지만, 많은 경기에서 우승하진 못할 것이다. 다르게 표현하면, 다양성은 모든 사람을 행복하게 하지는 못하지만 그런 행복 자체가 올바른 목표가 아닐지도 모른다는 것이다.

수십 년 동안 케이퍼 부부는 기술 산업의 다양성을 높이기 위해 노력해왔다. 이를테면 그들은 여자아이들과 소외계층 아이들에게 코딩을 가르치는 교육 프로그램을 시작했다. 그러나 상황은 나아지지 않았다. 오히려 기술 산업은 후퇴하는 것 같았다. 2012년 케이퍼 부부는 투자 금액과 사회 변화를 결합하는 아이디어를 떠올렸다. 새로운 개념은 아니었다. 진보적인 뮤추얼펀드는 오래전부터 존재했다.

다른 점이라면, 케이퍼 부부는 이 아이디어를 벤처캐피털에서 직접 실행한다는 것이다. 시드머니(seed money), 즉 초기 자본이 될 종잣돈을 투자하면 초기 단계 또는 설립일부터 회사에 참여하여 조직 문화를 형성할 수 있다. 초기 단계에 투자함으로써 케이퍼 부부는 회의 탁자에 자신들의 자리를 마련할 수 있었다. 벤처캐피털리스트가 스타트업의 경영진 구성과 임원 고용에 관한 의사결정을 돕는 것은 흔히 있는 일이다.

케이퍼 부부는 이런 임팩트 투자가 비영리기관이나 자선단체가 할 수 없는 일들을 성취할 것으로 믿는다. 미치는 이렇게 말했다.

"세상은 사업을 통해 돌아갑니다. 우리는 노동 환경을 바꿀 필요가 있습니다. 사람들이 좋은 대우를 받는 좋은 일자리를 만들어야 합니다. 자선 사업은 이 문제를 해결하지 못할 겁니다."

케이퍼 부부는 실리콘밸리 주변부에서 시작되어 점차 확산되고 있는 사명 주도 운동의 일원이다. 이 운동에 참여하는 창업자들과 투자자들은 지난 20년 동안 전통적 벤처캐피털 회사들이 구축해온 부익부 비즈니스 모델에 반대한다. 새로운 세대의 스타트업 창업자들은 건전하고 다양한 기업 문화를 구축하기 위해 노력하고, 이런 가치를 공유하는 소수의 작은 벤처캐피털 회사들이 이들을 지원한다.

케이퍼캐피털은 창업자가 여성이거나 유색인종이어야 한다고 요구하지 않는다. 대신 회사가 창출하는 제품이나 서비스에 집중한다. '격차를 넓히는 것'보다 '격차를 줄이는 것'을 고민하는 사람이면 된다. 가상의 예를 들어보자. 부유한 집 아이들이 SAT(미국의 수학능력시험-옮긴이) 성적을 조금 더 잘 받도록 정말 비싼 서비스를 판매하는 회사는 격차를 더 넓히는 일을 하는 셈이다. 하지만 가난한 이민자 아이들이 좋은 교육을 받도록 돕는 서비스를 판매한다면 격차를 줄일 수 있다.

사실 전통적 벤처캐피털리스트들은 이런 문제를 신경 쓰지 않는다. 오히려 부유한 사람에게 제품이나 서비스를 제공하는 스타트업을 확실히 선호한다. 바로 이것이 기술 산업이 이토록 많은 '마미(mommy) 스타트업'을 만들어내는 이유다. 빨래를 해주거나[워시오(Washio), 클린리(Cleanly), 린스(Rinse), 플라이클리너스(FlyCleaners) 등] 음식을 해주는[도어대시(DoorDash), 인스타카트, 블루에이프런(Blue Apron), 메이플(Maple)을 비롯해 2011년부터 적어도 60개 이상의 관련 회사가 펀딩을 받았다] 것처럼 엄마가 해주던 일을 서비스로 만들고 싶어 하는 젊은이들이 회사를 시작하는 것이다. 심지어 500달러짜리 '소장용' 스니커즈를 판매하거나 로봇을 사용하여 피자를 만드는 스타트업도 있다.

기술 산업의 다양성 문제

기술 산업이 가진 다양성 문제를 처음 목격한 것은, 내 나이의 절반밖에 되지 않는 직원들이 대다수인 스타트업에서 50대에 이른 내가 적응하려고 발버둥 치던 때였다. 나는 연령에 대한 편견이나 나이 든 직원으로서 겪는 어려움에 대해 말해달라는 요청을 종종 받았고 또 기꺼이 응했지만, 인종과 성별에 근거한 편견은 연령보다 훨씬 더 심각했다. 그리고 이 세 가지는 서로 관련이 있다.

내가 인터뷰했던 한 젊은 여성은 컴퓨터공학 수업 시간에 유일한 흑인 학생이었고 백인 남학생들에게 무시당했다. 또한 내가 대화를 나눈 한 아프리카계 미국 남성은 전화 면접에 합격했는데, 이후 개인 면접을 보러 갔을 때 젊은 백인 남자 면접관의 눈빛에서 당황한 기색을 읽을 수 있었다.

"그는 '아, 당신이 이런 줄 몰랐어요. 미안해요. 그러니까…… 이렇게 키가 큰 줄 몰랐어요'라고 둘러댔죠."

아이비리그 대학을 졸업하고 기술 분야에서 20년 일한 경력이 있는 알렉스라는 친구가 자신이 시작할 스타트업을 벤처캐피털리스트들에게 설명하려고 들어섰을 때도 비슷한 상황이 벌어졌다. 그는 투자자들의 표정을 보고 펀딩을 받지 못하리라는 것을 곧장 알 수 있었다. 그가 흑인이기 때문이었을까? 아니면 50대이기 때문에? 정확한 이유를 알 수는 없다.

해마다 애플과 구글, 페이스북은 다양성 보고서를 발표하지만 매년 똑같은 이야기를 한다. 미안하지만 여전히 큰 진전을 이루지 못했다는 내용이다. 숫자들도 형편없다. 일부 기술 회사에서 아프리카계 미국인 노동자는 전체 직원의 단지 2퍼센트에 불과하다. 라틴계는 약간 나은 수준이다. 여성은 노동자의 3분의 1을 차지할 뿐이다. 오늘날 실리콘밸리에서 일하는 여성은 1980년대보다 적다. 고위직으로 가면 불균형이 더 심각해진다. 경영진과 이사회는 백인 남성들이 차지하고 있다. 어떤 면에서 실리콘밸리는 지난 20년 동안 퇴보했다.

벤처캐피털 산업은 훨씬 더 심각하다. 실리콘밸리의 IT 전문 매체 〈디인포메이션〉에 따르면, 투자팀 구성원 가운데 흑인은 1퍼센트이고 라틴계는 2퍼센트에 불과하다. 여성은 의사결정자 가운데 15퍼센트에 지나지 않는다. 벤처캐피털 회사들은 인종이나 성별과 상관없이 전적으로 회사가 가진 장점에 근거하여 의사결정을 한다고 주장한다. 하지만 백인 남성 전용 클럽 회원들이 자신의 돈을 어디에 투자할지는 쉽게 짐작이 간다. 실리콘밸리 최고의 스타트업 인큐베이터로 꼽히는 와이컴비네이터(Y Combinator)의 설립자 폴 그레이엄(Paul Graham)은 이런 말로 유명세를 탔다.

"마크 저커버그처럼 생긴 사람이라면 다들 속아 넘어갈 겁니다."

그레이엄은 나중에 농담이었다고 주장했지만, 와이컴비네이터의 투자 기업 명단을 살펴보면 저커버그를 복제한 것 같은 젊은 괴짜들이 수두룩하다.

벤처캐피털 분야에 이처럼 여성이 적은 이유에 관해 세쿼이아의 파트너 마이클 모리츠는 성별 편견 때문이 아니라 "기준을 낮추는 일이 준비되지 못했기" 때문이라고 말했다. 이 발언에서 느껴지는 둔감함과 오만함은 가히 상상을 뛰어넘는다. 모리츠가 이 말을 하던 당시 세쿼이아에는 여성 투자 파트너가 한 명도 없었다.

모리츠는 주변 인물 중 한 사람이 아니다. 그는 벤처캐피털 세계의 전설이고 40억 달러의 순자산을 보유한 것으로 알려져 있다. 구글과 야후, 페이팔을 비롯한 세계 최대 기술 기업들의 출범을 도운 인물이다. 또한 그는 샌프란시스코 거리에서 노숙자를 쓸어내는 2016 투표 법안을 지지하는 데 5만 달러씩을 냈던 벤처캐피털리스트들 가운데 한 사람이다. 하지만 그는 동료들에게 존경을 받는다. 그들 대부분은 모리츠가 여성과 유색인종 고용에 관해 생각하는 것처럼 생각한다. 단지 공개적으로 소리 내 말하지 않을 만큼만 예의가 있을 뿐이다.

나는 어쩌다 실리콘밸리가 이 지경이 됐는지에 관한 다양한 이론을 접했다. 하나는 벤처캐피털리스트와 기술 기업이 채용에 나태하다는 것이다. 그들은 그물을 넓게 던지는 대신 흑인과 라틴계 학생이 상대적으로 적은 스탠퍼드와 버클리 졸업생을 뽑는다. '좋은 사람 이론(good-guy theory)'이라는 것도 있다. 한 사람이 다른 사람에게 제3의 인물을 '좋은 사람'이라고 말할 때, 그것은 '우리의 일원이니 어서 채용하라'라는 뜻이다. 또 다른 이론은 세쿼이아의 모리츠처럼 기술 전문가들이 다양성이 성과를 저해한다고 정말로 믿는다는 것이다. 벤처캐피털 회사와 기술 회사를 운영하는 사람들은 겉으로는 다양성을 칭송하지만, 속으로는 지금처럼 젊은 백인 남성을 고용하고 남성 중심 문화를 구축하는 방식이 최상의 결과를 가져온다고 믿는다.

실리콘밸리를 움직이는 사람들은 이런 변명을 한다. "우리는 더 많은 여성과 유색인종을 고용하고 싶지만, 자격을 갖춘 후보자를 찾을 수 없다."

나는 조지아주 애틀랜타에 있는, 전통적으로 흑인 여성을 위한 대학인 스펠맨 칼리지의 총장 메리 캠벨(Mary Campbell)에게 연락하여 이 같은 주장에 대한 의견을 물었다. 캠벨 총장은 단순히 채용을 넘어 다양성을 개선하는 일이 중요하다고 설명했다. 우선 STEM, 즉 과학·기술·공학·수학 분야의 스펠맨 졸업생들은 이미 찾는 곳이 많고, 좋은 직장에 모두 취업한다. 단, 실리콘밸리는 예외여서 졸업생들은 '남성 중심 문화'를 가진 기술 회사보다 보잉이나 바이오테크 회사에서 근무한다.

캠벨이 말하는 더 큰 문제는 흑인 직원을 유지하는 일이다. 실리콘밸리로 진출한 흑인 졸업생들은 종종 환영받지 못하거나 맞지 않는 곳에 있다고 느껴 그곳을 떠난다. 이들을 붙잡아두려면 실리콘밸리가 이런 젊은이들을 환영하는 곳으로 바뀌어야 한다. 캠벨은 이렇게 요약했다.

"이것은 공동체를 만들고, 출석할 지역 교회가 있으며, 배우자를 만날 기회를 얻는 일입니다."

실리콘밸리의 '혁신적인' 기술 기업들이 어쩌다 이처럼 세상에서 가장 뒤처진 조직으로 보이게 됐을까? 기본적으로는 분리 정책 때문이다. 흑인 차별이 심했던 50년 전 앨라배마가 아니라 아니라 지금 캘리포니아에서 벌어지는 일이다.

그 결과는 단지 도덕적 실패만이 아니다. 재무적으로도 실패한다. 프리다 케이퍼는 대부분의 거대 기술 기업과 협력하여 방대한 연구를 진행했다. 남성 중심적인 최고경영자들 사이에 팽배한 의견과는 반대로 케이퍼는 다양성이 더 나은 수익을 창출한다고 주장한다. 케이퍼센터의 2017년 연구에서는 직장 문화와 관련된 직원 이직률이 기술 산업에 연간 160억 달러의 비용을 발생시킨다고 추정했다. 가장 큰 원인은 다양성의 부족이다. 프리다는 이렇게 물었다.

"구글은 2년 동안 다양성에 2억 8,900만 달러를 사용했습니다. 하지만 무엇이 변했나요?"

미치는 최고경영자들의 관심 부족도 문제의 일부라고 언급한다. 위로부터 압력이 없으면 아무 일도 일어나지 않는다.

"마크 저커버그에게는 다양성이 가장 앞선 우선순위가 아닙니다. 그에게는 처리해야 할 다른 일들이 많죠. 사실 이런 문제가 그에게 별로 중요하지 않은 겁니다. 이것이 제가 내린 결론입니다. 만약 다양성이 중요한 문제라면, 그는 더 적극적인 행동을 취하는 기업들을 눈여겨봤을 겁니다. 그 기업들은 많은 돈을 벌어들입니다. 나날이 성장하고 있죠. 따라서 문제가 되지 않는 한 관점을 바꾸지 않을 겁니다."

최근 몇 년 동안 케이퍼 부부는 대형 기술 회사들을 바로잡으려는 노력을 줄여왔다. 새로운 스타트업과 일할 때 오히려 더 많은 영향력을 미칠 수 있다는 걸 알게 됐기 때문이다. 미치는 이렇게 말했다.

"우리는 젊은 기업에 집중하고 있습니다. 새로운 세대의 기업이 더 잘할 수 있다고 생각합니다. 처음부터 다양성과 포용성에 대한 자세가 확립되면, 회사가 성장해도 그 자세는 여전히 회사의 일부가 될 겁니다."

침묵 코드를 깨라

어떻게 보면 1970년대 초 미치가 예일대학교에 다니고 프리다가 UC버클리에 재학할 때부터 케이퍼 부부는 사회활동가였다. 1980년 대에 미치가 기상천외하게 부자가 되지 않았다면 그들은 베이 에어리어에 사는 나이 든 괴짜 히피 커플이 됐을 것이다. 두 사람의 인생 반전은 거의 사고처럼 일어난 일이었다.

1971년 졸업 후 미치는 10년간 이런저런 일을 하며 지냈다. 그는 초월명상을 가르쳤고 DJ로도 일했다. 1978년에 애플II 컴퓨터를 구입해 프로그래밍을 독학한 다음 보스턴 근처의 작은 소프트웨어 개발 회사인 비지코프(VisiCorp)에 정착했다. 1982년에는 로터스디벨롭먼트(Lotus Development)를 설립했다. 회사 이름은 명상에서 사용하는 연꽃 자세(결가부좌)에서 가져왔고, 당시 출시된 IBM PC에서 실행되는 로터스1-2-3이라는 소프트웨어 제품을 판매했다. 첫해 매출을 100만 달러 정도로 예상했지만 5,300만 달러가 넘게 판매돼 로터스는 세계 최대 소프트웨어 회사 가운데 하나가 됐다. 이후 10년 만에 연매출이 10억 달러에 육박했다. 회사를 주식시장에 상장했고 얼마 후 IBM이 35억 달러에 이 회사를 인수했다. 명상 강사였던 미치는 억만장자 미치가 됐다.

로터스는 미국에서 가장 진보적인 회사가 되겠다는 목표와 함께 직원 친화적인 기업 문화로 유명해졌다. 미치는 회사에 자금을 제공한 벤처캐피털리스트에게 말했다.

"돈 버는 것만큼이나 중요한 것들이 있습니다. 그중 하나가 사람들을 어떻게 대우하는가입니다."

회사는 넉넉한 퇴직금과 401(k) 퇴직연금을 제공했다. 안식년 프로그램과 직장 보육 시설도 운영했다. 또한 동성 배우자에게 복지 혜택을 제공한 최초의 대기업 가운데 하나로, 덩치 큰 기관 투자자들이 항의하며 주식을 팔아치울 때도 입장을 바꾸지 않았다. 관리자들은 철저하고 다양한 트레이닝을 받았다. 로터스에서 최고기술책임자를 지낸 존 랜드리(John Landry)는 당시를 이렇게 회상했다.

"회사에 여성 임원들이 많이 있었습니다. 사회의식도 엄청났습니다."

캐리 그리핀(Carrie Griffen)은 1983년부터 2000년까지 로터스에서 홍보와 관리 업무를 두루 담당하면서 17년간 일했다. 그녀는 이렇게 말했다.

"로터스에서 일하는 것이 행복했습니다. 회사가 직원들을 배려할 뿐 아니라 경영진이 올바른 기업 문화를 발전시켰기 때문입니다. 사람들은 행복할 때, 영감을 받을 때, 그리고 명예로운 문화의 일원일 때 열심히 일합니다. 내가 기억하는 로터스는 그런 곳입니다."

로터스는 미치와 프리다가 만난 곳이기도 하다. 프리다는 브랜다이스대학교에서 박사 과정을 마치고 1984년에 직원관계팀 팀장으로 입사했다. 하지만 사귀는 사이가 된 것은 1990년대가 되어서다. 미치는 1986년에 로터스를 떠났다. 큰 회사를 경영하고 싶지 않았고, 솔직히 소질도 없었다. 프리다는 1987년에 회사를 그만뒀고 직장 내 편견에 관한 트레이닝을 제공하는 컨설팅 회사를 시작했다. 이런 가운데에도 그들이 씨앗을 뿌린 진보적인 문화는 계속됐다.

로터스를 떠난 미치는 다시 이런저런 일을 하며 지냈다. 그는 어젠다(Agenda)라는 프로그램을 개발했고 이 제품을 로터스가 판매했다. 샌프란시스코로 이주한 후에는 전자프런티어재단을 공동 설립했다. 이 단체는 사이버 공간의 미국시민자유연맹에 해당하는 곳으로, 개인의 기본권을 옹호하고 디지털 권리를 위해 활동하는 비영리 기구다.

미치는 스타트업에 투자하기 시작했고 성공할 곳을 찾아내는 안목이 있었다. 시드머니를 투자한 감시카메라 전문 업체 드롭캠(Dropcam)은 구글이 인수했다. 클라우드 커뮤니케이션 서비스 기업 트윌리오(Twilio)는 상장되어 현재 시장가치가 40억 달러에 이른다. 당시 미치는 개인으로서 투자하고 있었는데, 2009년에 프리다와 함께 케이퍼캐피털을 설립했다.

그들의 초기 투자 대상 중 하나가 우버였다. 2010년 케이퍼와 실리콘밸리의 기술 전문가 스물여덟 명은 기업가치가 400만 달러라는 평가를 받은 이 차량공유 회사의 초기 라운드에 서둘러 150만 달러를 투자했다. 2017년에 우버의 기업가치가 700억 달러로 치솟았다. 초기 투자자들은 떼돈을 벌었다. 일부에서는 초기 라운드에 2만 달러를 투자했다면 그 가치가 4,000만 달러에 달할 것으로 추정한다 (케이퍼 부부는 우버에 투자한 금액이나 현재 그 지분의 가치를 말하려 하지 않는다. 우버 투자는 자신들이 소셜 임팩트 투자에 전념하기 전에 이루어진 거라고 선을 긋는다).

우버에서 얻은 큰 성과에는 부담도 있었다. 우버는 케이퍼 부부가 지지하는 모든 것과 정반대인 몹시 해로운 기업 문화를 구축했다. 다양성이 존재하지 않았고 여성은 끔찍한 대우를 받았다. 케이퍼 부부의 계좌에 투자 수익이 쌓여갔지만, 이는 동시에 그들의 명성에 오점이 됐다. 2017년 2월 우버는 추문에 휩싸였다. 우버의 엔지니어였던 수전 파울러(Susan Fowler)가 회사를 그만둘 수밖에 없었던 성추행 문제를 웹 출판 플랫폼 〈미디엄〉에 자세히 공개한 뒤였다. 곧 우버의 다른 여성 직원들이 직장에서 겪은 폭력적인 사례를 제보했다. 우버는 전 미국 법무부 장관 에릭 홀더(Eric Holder)가 이끄는 내부 조사팀으로 사태를 진화하려 했다.

하지만 케이퍼 부부는 이미 진절머리가 난 상태였다. 그들은 조사를 실시하는 것으로는 충분치 않다는 내용의 공개서한을 보냈다. 그들은 "무례함과 배타적인 파벌, 다양성 부족과 모든 형태의 따돌림과 괴롭힘에 관대한 우버의 기업 문화"를 고치려고 여러 해 동안 뒤에서 일해왔다는 것을 밝혔다. 프리다는 우버에서 강연도 했고 몇몇 임원과 상담도 했다. 그 시점에 우버는 대규모 점검이 필요했기에 케이퍼 부부는 "다른 모든 메커니즘이 실패했기 때문에 회사는 책임 있는 리더십을 확고히 해야 한다"라고 요구했다.

요컨대 케이퍼 부부는 우버 이사회에 회사의 창업자이자 최고경영자인 트래비스 캘러닉을 해고하라고 요구했다. 동료 투자자 중 일부는 이런 행동을 배신으로 여겼다. 실리콘밸리에는 투자자가 공개적으로 경영진을 비판하는 것을 포함하여 투자한 회사의 기업가치를 손상시키는 행동을 해서는 안 된다는 암묵적인 규칙이 있다. 공개서한에서 케이퍼 부부는 이런 관행, 즉 침묵 코드를 바꿔야 한다고 말했다.

"우리도 투자자로서 분명히 우버의 성공을 보고 싶습니다. 하지만 성공은 재무적 관점을 넘어선 수준에서 측정되어야 합니다."

다른 벤처캐피털리스트들은 즉각 케이퍼 부부를 비난했다. 일부는 케이퍼캐피털에서 몇몇 회사를 가로채려 했다. 창업자들에게 케이퍼캐피털에서 더는 자금을 받지 말라고 경고했고, 다른 투자자들에게 케이퍼 부부의 지분을 넘겨 받으라고 했다. 하지만 이런 노력은 실패했다. 케이퍼의 포트폴리오에 있는 회사들은 케이퍼 부부와 계속해서 함께했다. 프리다는 이렇게 말했다.

"한 저명한 투자자가 우리가 투자한 한 창업자에게 말했습니다.

'그들은 우버를 공격한 것처럼 당신을 공격할 것이다.' 그 창업자는 이렇게 대답했습니다. '당신의 돈은 절대 받지 않을 것이다. 케이퍼가 첫 번째 투자자로서 우리를 접촉한 이유는 우리가 표명하는 가치 때문이었다'라고 말이죠." 그리고 덧붙였다. "우리는 발언을 함으로써 규칙을 어겼습니다. 충고를 하더라도 조용히 해야 했죠. 하지만 우리는 그동안 좌절했습니다. 우버에 조언하면서 많은 시간을 보냈지만 듣지 않았어요. 그들에게 영향을 미칠 수 없었습니다. 우리는 그들에게 책임을 물어야 한다고 생각했습니다. 우버의 문화는 해로웠으니까요."

케이퍼 부부가 공개서한을 보낸 지 몇 달 뒤 우버 이사회는 캘러닉을 최고경영자 자리에서 쫓아냈다. 그 후 6개월이 지나 투자 회사 소프트뱅크가 우버의 지분을 사들였다. 회사의 기업가치는 약 200억 달러가 하락했다. 하지만 기업의 가치 하락을 케이퍼 부부 탓으로 돌릴 수는 없다. 우버에는 공개서한보다 더 많고 큰 문제들이 있었다. 이 사건이 결정적인 역할을 했을 뿐이다. 케이퍼 부부는 재정적인 손해를 보더라도 목소리를 내는 것을 두려워하지 않는다는 것을 보여주었다. 만약 이 모습에 겁먹고 도망가는 회사가 있다면, 애초에 케이퍼캐피털이 지원하지 않을 회사일 거라고 미치는 말한다.

자본주의에서 자본주의를 구하라

창립한 지 9년이 지났지만, 케이퍼캐피털은 케이퍼 부부와 여섯 명의 투자 파트너가 일하는, 여전히 상대적으로 작은 회사다. 세 명은 여성이다. 세 명은 히스패닉이고 세 명은 흑인이다. 벤저민 질러스(Benjamin Jealous)도 파트너 가운데 한 명이다. 미국 흑인지위향상협회 회장을 지낸 그는 2013년에 합류했고 그 후 메릴랜드 주지사에 출마했다. 미치는 이렇게 말했다.

"다양한 배경을 가진 사업가들이 우리 회사의 구성원들을 보고 자신과 닮은 누군가를 찾을 수 있습니다. 그리고 '이 사람들은 나의 진가를 알아봐 줄 것 같다'라고 생각합니다."

케이퍼캐피털이 투자한 회사의 반 이상은 여성 또는 유색인종이 창업하여 이끄는 곳이다.

대부분 벤처캐피털 회사가 연기금이나 대학발전기금에서 돈을 끌어오는 것과 달리, 케이퍼 부부는 자기 돈만 투자한다(그들은 충분한 운용자금을 가지고 있다. 순자산이 약 500억 달러로 추정된다). 2012년부터 케이퍼캐피털은 격차를 줄이고 사회적으로 큰 영향력을 미칠 수 있다고 판단되는 회사에만 투자해왔다. 최근 들어 그들이 검토하는 투자안의 수가 급격히 줄었다. 자율주행 자동차 분야나 가상현실 고글 또는 피자 만드는 로봇 같은, 유망하다고 이야기되는 기회를 배제했다는 뜻이다.

또한 케이퍼캐피털의 투자에는 조건이 붙어 있다. 투자받는 회사들은 케이퍼가 '창업자의 약속'이라고 부르는 일련의 원칙을 반드시 준수해야 한다. 이 원칙은 목표(goal), 투자(invest), 자원봉사(volunteer), 교육(educate)에서 앞글자를 가져와 'GIVE'라는 약어로 표시한다. 회사가 다양성 목표를 설정하고 그 활동 내용을 분기 보고서로 작성하여 발송하는 것이 핵심이다. 회사들은 케이퍼캐피털이 주최하는 트레이닝에 참석하고 직원 트레이닝에 투자하며 직원들이 소외 지역에서 자원 봉사를 할 시간을 제공해야 한다. '창업자의 약속'은 2016년에 제정됐다. 그 전에 케이퍼의 지원을 받은 회사들에는 서약을 채택할 선택권을 주었고 이들 가운데 75퍼센트가 동의했다.

케이퍼의 노력은 더 건강하고 포용적인 직장 문화, 격차를 줄이는 제품과 서비스를 만드는 새로운 세대의 회사라는 결과로 나타났다. 케이퍼캐피털은 앞에서 소개했던 매니지드바이큐와 가정용 건강 관리 서비스를 제공하는 오너(Honor)에도 투자했다. 이 회사도 큐처럼 노동자를 정규직 직원으로 분류한다. 이들 회사 역시 격차를 줄이는 곳이다. 노동자 계층에게 좋은 일자리를 창출하기 때문이다.

저소득층에 서비스를 제공함으로써 격차를 줄이는 회사도 있다. 렌드업(LendUp)은 신용등급이 낮은 사람들에게 신용카드를 발급해 주고 소액 단기 대출을 제공한다. 렌드업이 이런 일을 하지 않는다면 저소득층은 탐욕스러운 고금리 대출 업체에 의존할 수밖에 없을 것이다. 전과자였던 사업가가 창업한 피전리(Pigeonly)라는 회사도 있다. 이 회사는 수감자가 외부로 사진을 보내고 저렴하게 통화할 수 있는 서비스를 제공하여 수감 생활 중에도 가족이나 친구들과 연결될 수 있도록 돕는다. 스라이브마켓(Thrive Market)은 유료회원제 온라인 식품점으로 기존 슈퍼마켓보다 25퍼센트 저렴하게 판매한다. 특히 퇴역 군인이나 공립학교 교사, 저소득층 가정에는 무료 회원 혜택을 제공한다. 헬스셰르파(HealthSherpa)는 사람들이 각자 형편에 맞는 적절한 건강보험을 찾도록 돕는다. 그리고 지니어스플라자(Genius Plaza)는 저소득층 아이들을 위해 이중 언어 교육과정을 제공한다. 현재 이 회사는 미국과 중남미에 있는 200만 명의 어린이에게 교육 서비스를 제공하며 빠른 속도로 성장하고 있다. 2017년에는 매출이 세 배로 뛰었다.

케이퍼는 갭 클로징 투자가 벤처캐피털리스트들에게 높은 수익을 가져다줄 수 있다고 확신한다. 2022년에 이 펀드가 10년 목표를 달성하면 펀드 실적 보고서를 발표할 계획이다. 물론 스타트업이 수익을 내기까지는 시간이 걸리지만, "우리에게는 다양한 분야에서 잘 해나가고 있는 갭 클로징 회사들이 있습니다"라고 프리다는 말한다.

케이퍼 부부는 투자 외에 자선 활동도 활발히 펼치고 있다. 2017년에 케이퍼센터는 기술 산업에서 포용성에 큰 노력을 기울이는 사람과 회사에 상을 수여하는 임팩트 어워드(Impact Award)를 제정했다. 프리다는 소수집단 학생들이 수학과 과학을 배울 수 있는 여름방학 프로그램을 제공하는 SMASH라는 비영리단체를 설립하여 의장을 맡고 있다. 2015년에는 프로젝트 인클루드(Project Include)라는 이름의 '다양성 작전실'을 공동 설립했다. 이곳에서는 스타트업 최고경영자들에게 케이퍼캐피털의 '창업자의 약속'과 비슷하면서 좀더 구체적이고 포괄적인 원칙을 제공한다.

다양성에 집중하는 투자 회사와 스타트업 인큐베이터가 실리콘밸리 주변 여기저기에 생기고 있다. 뉴미(NewME), 베이스벤처스(Base Ventures), 크로스컬처벤처스(Cross Culture Ventures), 백스테이지캐피털(Backstage Capital), 프리커서벤처스(Precursor Ventures) 같은 그룹은 유색인종이 이끌고 있고, 여성과 유색인종이 운영하는 회사에 투자한다. 엑스팩터벤처스(XFactor Ventures)는 여성이 경영하는 회사로, 적어도 한 명의 여성 공동창업자가 있는 회사에만 투자한다. 10억 달러 이상을 운용 중인 벤처캐피털 회사 소셜캐피털(Social Capital)은 다양성을 지지한다. 페이스북 임원 출신으로 이 회사의 설립자인 차마스 팔리하피티아(Chamath Palihapitiy)는 이렇게 말한다.

"나는 우리가 보는 세상처럼 회사도 그렇게 보이길 바랍니다. 소수집단과 여성을 고용하고 지원해야 한다는 뜻입니다."

물론 좋은 사람들이 운영하는 벤처캐피털 회사와 권익단체의 자원을 모두 모은다고 해도 벤처캐피털 회사들이 매년 미국에 투자하는 700억 달러에 비교하면 여전히 미미하다. 하지만 이 좋은 사람들은 기대 이상으로 잘 해내고 있으며 하나의 운동을 만들어내고 있다.

몇몇 거대 기술 기업에서도 상황은 조금씩 개선될 수 있다. 구글은 하워드대학교와 협력하여 전통적으로 흑인들이 많이 다니는 여러 대학에서 학생들을 데려와 구글 캠퍼스에서 코딩을 가르치는 12주 프로그램을 시작했다. 구글의 규모는 양날의 검이 됐다. 한편으로 구글은 어마어마한 자원이 있고 어떤 문제든 해결할 수 있다. 다른 한편으로는 구글에 거의 9만 명의 직원이 있기 때문에 의미 있는 방식으로 다양성을 발전시키기는 어렵다.

기술 산업이 이렇게 영향력이 높았던 적이 없다. 몇십 년 전만 해도 기술 산업은 전체 경제에 큰 영향력을 행사하지 못했다. 하지만 오늘날에는 기술이 모든 기업을 바꿔놓고 있다. 미치는 "모든 사업이 기술 사업"이라고 말한다. 시장가치 기준으로 세계에서 가장 큰 다섯 개 기업이 모두 기술 기업이다. 이 운동을 추진하는 케이퍼 부부와 그 밖의 회사들이 이 문제가 긴급하다고 느끼는 이유다. 그들은 역기능이 확산되기 전에 기술 산업을 바로잡으려고 뛰어다닌다. 미치는 "자본주의에서 자본주의를 구하려고 애쓰고 있다"라고 농담처럼 말했는데, 아마 절반은 진담일 것이다.

앞의 세 장에서는 더 폭넓은 범위의 사람들에게 더 포용적인 기회를 제공하는 노동자 친화적인 기업을 세우기 위해 노력하는 기업가와 투자자를 살펴보았다. 하지만 어떻게 하면 이런 생각을 더 넓은 노동의 세계로 확산시킬 수 있을까?

그러려면 새로운 운동을 만들어야 한다. 탐욕은 좋은 거라고 말한 밀턴 프리드먼의 사상에 세뇌되지 않은 새로운 세대의 젊은이들을 길러내야 한다. 탐욕에 반대하고, 노동자들이 자신의 노동으로 이룬 부를 나누어 갖고 투자자들과 동등한 입장에 설 수 있도록 요구해야 한다. 새로운 사상, 즉 새로운 형태의 자본주의를 만들어야 한다. 다음 장에서 나는 사회적 기업 운동이라는 기치 아래 새로운 자본주의를 실천하고 있는 사람들에 관해 이야기하려 한다.

14장

사회적 기업 운동

2001년 9월 11일 아침, 데니스 쇼너시(Dennis Shaughnessy)는 볼티모어로 가기 위해 분주히 움직였다. 미국 식품의약처가 주최하는 콘퍼런스에서 프레젠테이션을 하기로 되어 있기 때문이다. 그런데 그 시각, 보스턴 로건 공항에서 이륙한 두 대의 비행기가 갑자기 뉴욕 세계무역센터를 향해 날아갔다. 세 번째 비행기는 미국 국방성 건물을 들이받았고 네 번째 비행기는 펜실베이니아 들판에 추락했다.

투숙 중인 호텔 옥상에 올라가 펜타곤에서 솟아오르는 연기를 바라보던 쇼너시는 깨달음의 순간을 맞았다.

"저 자신에게 질문했습니다. 내가 그 비행기에 타고 있던 승객 중 하나였다면 지난 시간을 되돌아볼 때 내 경력을 가능한 한 최고의 선을 위해 사용했다고 말할 수 있을까? 만약 오늘이 마지막 날이라는 걸 안다면 나는 내가 해온 일에 만족할 수 있을까?"

당시 그는 마흔세 살이었고 기업 변호사를 거쳐 보스턴 찰스리버래버러토리(Charles River Laboratories)의 수석 부사장으로 일하고 있었다. 최근 이 회사가 기업공개를 한 덕분에 그는 부자가 됐다.

"살면서 꿈꿨던 것보다 많은 돈을 벌었습니다. 빌 게이츠에 비하면 아무것도 아니지만 내겐 거금이었어요."

9·11 테러의 충격에 빠져 있던 그는 정신이 번쩍 들었다. 임상시험용 쥐와 원숭이를 기르는 회사를 위해 프레젠테이션을 하러 볼티모어로 가야 했지만, 그런 일에 남은 삶을 사용하고 싶지 않다고 생각했다.

"나는 당시 하던 일보다 더 선한 일을 할 수 있는 인생의 새로운 단계를 시작하기로 마음먹었습니다. 전통적 기업의 임원으로 일하지 않겠다고 확실히 결심했습니다. 그리고 걷잡을 수 없는 자본주의와 엉성하고 비효율적인 비영리 사이의 틈을 메울 방법이 있어야 한다고 생각했습니다."

2003년 쇼너시는 노스이스턴대학교를 설득하여 경영대학원에 프로그램을 개설했다. 커리큘럼을 개발하고, 남아프리카와 인도를 방문하는 현장 학습을 계획하고, 학생들에게 사회적 기업가 정신을 가르쳤다. 그는 '사회적 기업가 정신'을 기업이 이익을 창출하면서 동시에 사회 공익을 위한 힘이 될 수 있는 개념이라고 설명한다.

사회적 기업이라는 개념은 1970년대 무렵부터 시작됐지만 수십 년 동안 대부분 이론가와 학계의 영역으로 남아 있었다. 하지만 지난 10년 동안 쇼너시와 수천 명의 사람이 이 운동에 참여하면서 주류로 발돋움했다. 더 나아가 사회적 기업이 무엇을 할 수 있고 무엇을 해야 하는지에 대한 개념이 폭넓어진 덕분에, 이 운동은 단지 멀리 떨어진 개발도상국에 백신을 제공하는 일뿐만 아니라 직원들에게 좋은 보수와 함께 복지 혜택과 고용 안정을 제공하는 좋은 일자리를 만드는 일에도 집중하고 있다. 또한 점점 더 많은 학생이 사업이 어떤 역할을 해야 하는가에 관한 생각에 노출될수록 노동자에 대한 더 나은 처우가 미국 기업의 DNA 속으로 들어가 자리 잡게 될 것이다.

2007년 쇼너시는 자기 주머니를 턴 적은 예산을 가지고 사회적기업연구소(SEI)를 시작했다. 수요는 엄청났다. 가장 많은 해에는 600명 이상의 학생이 한 과정 이상에 등록했다. 많은 등록 덕분에 SEI는 한때 미국 학부 과정에서 가장 규모 있는 사회적 기업 프로그램이 되기도 했다.

매년 여름 노스이스턴대학교는 40명의 학생을 남아프리카공화국 케이프타운과 인도의 여러 도시로 보낸다. 학생들은 4주 동안 현지 기업가와 함께 일하는 프로젝트에 참여한다. 지난 몇 년 동안 이 과정을 통해 케냐와 가나, 아이티, 도미니카공화국, 베네수엘라, 쿠바에서 현장 실습이 이루어졌다.

남아프리카에서 노스이스턴대학교 학생들은 케이프타운의 자유대학인 터티어리 경영대학(TSiBA)에서 수업을 받는다. 노스이스턴대학교와 TSiBA 학생들로 구성된 팀이 현지 사업가들과 협업하는 프로젝트를 할당받아, 사업을 개선하거나 확장할 수 있는 아이디어를 찾는다. 2주가 끝날 무렵 각 팀은 자금 지원을 결정하는 심사위원단을 설득하는 자리를 갖는다. 심사위원은 24개 팀의 설명을 듣고 SEI의 지원금을 시드머니로 받을 다섯 명의 사업가를 선택한다.

투자 금액은 보통 5,000달러 내외로 적은 편이다. 지난 몇 년 동안 SEI 학생들은 남아프리카에서 약 200명의 사업가와 협업했고, 이 가운데 50명이 자금을 지원받았다. 10여 년 전에 SEI 학생들은 케이프타운 근처 한 흑인 구역에서 인터넷 카페를 연 사업가 루부요 라니(Luvuyo Rani)와 일했다. 현재 그의 회사 실룰로울루토테크놀로지(Silulo Ulutho Technologies)는 170명의 직원을 고용하고, 39개의 인터넷 카페와 트레이닝센터를 운영한다.

SEI 프로그램은 미국으로 돌아와 자기 회사를 시작한 학생들에게도 영향을 미친다. 2015년에 남아프리카를 다녀온 알리 코타리(Ali Kothari)는 보스턴에 기반을 둔 스타트업 이트유어커피(Eat Your Coffee)를 운영하고 있다. 카페인이 함유된 스낵바를 만드는 이곳에서는 여섯 명의 직원이 일한다. 코타리는 매출 일부가 비영리단체들로 가는 커피 로스터 그라운즈포체인지(Grounds for Change)에서 커피 원두를 구매한다. 코타리의 회사가 니카라과 아이들이 1년 동안 학교에 다닐 수 있는 학비와 과테말라의 여성 사업가들을 위한 소액 융자 기금을 지원하는 셈이다. 코타리는 SEI에서의 경험을 통해 "사업을 운영하는 방법은 다양하고, 수익은 주주 가치를 극대화하는 것만이 아니라는 생각에 눈뜨게 됐습니다"라고 말했다.

오스틴 모예(Austen Moye)는 2015년 가을 노스이스턴대학교에 입학했을 때 화학을 전공하고 의대에 갈 계획이었다. 하지만 첫 학기에 쇼너시의 입문 강의인 글로벌 사회적 기업을 수강한 뒤, 그 계획을 접고 다음 학기에 쇼너시의 수업을 신청했다. 2학년이 되자 모예는 경영학을 전공으로 선택했다. 그는 쇼너시가 사업이 무엇인지에 대한 인식을 바꾸어놓았기 때문이라고 말한다. 다른 경영학 교수들이 가르치는 것과 완전히 모순되는 것이었다.

"재무 수업 첫 시간에 경영대 교수님이 가장 먼저 말씀하신 내용은 사업의 목적이 이익의 극대화라는 것이었습니다." 모예가 말했다. "하지만 쇼너시 교수님은 사업이 사회 공익과 사람들의 삶을 향상시키는 일에 사용될 수 있다고 말씀하셨죠."

쇼너시는 학생들이 사회적 기업가 정신에 흥미를 갖게 되는 것이 자신이 바라는 전부라고 말한다.

"학생들이 수업에 들어올 때는 사회적 기업이 무엇인지 전혀 모르지만, 곧 '세상에, 이게 뭐죠? 더 자세히 알려면 뭘 더 읽어야 할까요? 어떻게 참여할 수 있죠?'라고 말합니다."

그는 사회적 기업이 크게 성장했고 많은 추진력이 모였기 때문에 단순한 운동에 머무르지 않을 것으로 믿는다. "사회적 기업은 자본주의의 미래입니다." 반세기 동안 주주 자본주의가 지배했지만 이제 끝날 때가 됐다고도 말한다. "이 주기는 곧 사라질 겁니다. 10년, 20년? 언제일지는 확신할 수 없습니다. 하지만 현재 상태가 지속될 수는 없습니다."

새로운 종류의 조직

수백 개의 사회적 기업 프로그램이 세계 곳곳의 대학에서 생겨났다.

그들은 수천 명의 젊은이를 자본주의가 단지 부자를 더 부자로 만드는 것과 다른 일을 할 수 있다고 믿는 세상으로 내보내고 있다. 이 운동은 1970년대 밀턴 프리드먼이 제안했던 주주 중심 사상과 균형을 맞추는 평형추에 해당하고, 수많은 역기능과 유해한 결과를 낳은 기업 자본주의가 지배해온 반세기를 되돌리는 것을 목표로 한다. 아이러니하게도 사회적 기업 운동 역시 경영대학원에서 시작됐다. 밀턴 프리드먼의 말씀을 전파하고, 투자은행과 경영 컨설팅 회사를 위해 탐욕스러운 젊은이들을 길러내던 바로 그곳이다.

'사회적 기업'이나 '사회적 기업가 정신' 같은 용어는 1970년대부터 논의되기 시작했다. 경영대학원에서 프리드먼의 교리를 가르치기 시작한 바로 그 무렵이다. 이것은 우연이 아닐 것이다. 사회적 기업에 대한 관심은 주주 자본주의가 심각해지면서 문제들이 생겨난 지난 10년 동안 갑자기 치솟은 것이 아니다. 한때 학계와 비즈니스의 변방에 있던, 대책 없이 순진한 박애주의자들에게 국한됐던 이 개념이 이제 주류가 됐다.

강경한 자본주의와 순수한 비영리단체 사이에는 항상 중간 입장이 있었다. 예컨대 노동자협동조합은 수 세기 동안 존재했다. 자선 활동과 비영리단체는 부자들이 있는 한 그 곁에 있었다. 하지만 사회적 기업과 사회적 기업가 정신의 현대적 개념은 새로운 종류의 조직으로, 일종의 하이브리드를 만들어내는 것과 관련이 있다. 영리단체와 비영리단체 사이의 틈을 좁히고, 어쩌면 이 두 세계의 경계를 모호하게 하는 조직이다.

한 가지 생각은 비영리단체가 영리기업을 닮아간다는 것이었다. 한편에서 수익을 창출하는 일부 영리사업을 함으로써 자선사업을 지속할 수 있는 수익을 창출할 수 있을 것이다. 다른 접근 방법은 한때 비영리단체와 자선 활동의 범위 안에 있었던 빈곤 완화 같은 사회적 목표를 달성하기 위해 영리기업을 세우는 것이다. 이와 같은 영리기업에 해당하는 한 사례로 샌프란시스코의 사마소스(Samasource)가 있다. 구글 같은 기업의 업무를 빈곤한 국가의 노동자들에게 아웃소싱하는 곳이다. 노동자들은 노트북을 갖추고 약간의 트레이닝만 받으면 콘텐츠를 관리하거나 웹사이트에서 불쾌한 사진을 걸러내는 일을 할 수 있다. 2008년에 설립된 사마소스는 6만 명의 사람을 가난에서 벗어나게 했다고 말한다.

사회적 기업의 초기 개척자는 예일과 하버드, 스탠퍼드, 듀크대학교 경영대학원에서 학자로 경력을 쌓아온 그레고리 디스(Gregory Dees) 교수다. 1998년에 그는 〈하버드비즈니스리뷰〉에 '기업적인 비영리단체'라는 제목의 글을 기고했다. 이 글에서 그는 비영리단체가 조직을 지원하는 영리 목적의 벤처기업을 만들어 영리기업과 비슷하게 행동할 수 있다고 제안했다. 2001년 그가 스탠퍼드대학교에서 재직할 때 출판한 '사회적 기업가 정신의 의미'라는 제목의 논문은 이 분야에서 가장 널리 읽히는 문헌 가운데 하나가 됐고, 사회적 기업에 관심이 있는 사람들에게는 바이블로 불린다.

디스 교수는 듀크대학교에서 사회적기업가정신진흥센터를 공동 설립했다. 현재 소장을 맡고 있는 캐시 클라크(Cathy Clark)는 이 분야에서 가장 영향력 있는 학자로 꼽힌다. 또 다른 영향력 있는 인물로는 프린스턴대학교와 하버드대학교, 스탠퍼드대학교에 사회적기업가정신연구소를 설립한 고든 블룸(Gordon Bloom)과 옥스퍼드대학교에 (사회적 기업가 정신을 위한) 스콜센터를 세운 알렉스 니콜스(Alex Nicholls)와 피터 드로백(Peter Drobac)이 있다.

사회적 기업가 정신과 '체인지 메이커(change maker)'라고 불리는 사람들을 지원하는 비영리단체 아쇼카(Ashoka)도 있다. 아쇼카를 이끄는 제시카 랙스(Jessica Lax)는 최근 이 운동이 큰 인기를 얻고 있다고 밝혔다. 아쇼카에 따르면 2012년에 사회적 기업과 관련된 프로그램을 제공하는 대학은 1,200곳이 넘었다. 1994년에 18개였던 것과 비교해보면 엄청나게 증가한 것이다. 아쇼카는 1980년 빌 드레이튼(Bill Drayton)이 설립했다. 매킨지 컨설턴트와 연방 정부 관료로 일한 경력이 있는 그는 그레고리 디스와 함께 '사회적 기업가 정신의 대부'로 불린다. 이 조직은 현재 98개 국가에서 400명 이상의 활동가들과 일하고 있다.

대학교에서는 고용주의 요청뿐만 아니라 '학생들이 문을 두드리기' 때문에 프로그램을 추가하고 있다고 랙스는 말한다.

"그들은 현대 기업의 사회적 책임 상태에 만족하지 않고 전통적 비영리단체가 일하는 방식에도 만족하지 않습니다. 그들은 다른 방향을 추구하고 있습니다."

WIRPs: 선한 의도를 가진 부자들

이 운동의 지적 토대를 발전시킨 곳은 학계지만 '선한 의도를 가진 부자들'도 중요한 역할을 했다. 나는 그들을 말 그대로 'WIRP(well-intentioned rich people)'라고 부른다. 아마 빌 게이츠가 가장 잘 알려진 WIRP이겠지만 이런 사람들은 어디에나 있다. 다만 대부분이 누구나 알 만한 사람들은 아니다.

알렉스 니콜스와 그 밖의 석학들이 있는 옥스퍼드대학교의 사회적기업센터는 이베이로 큰돈을 번 제프 스콜(Jeff Skoll)이 세웠다. 2004년 스콜은 스콜재단을 만들고 사회적 기업가 정신에 관한 연례 세계포럼을 조직했으며, 매년 사회적 기업가 정신에 수여하는 스콜 어워드(Skoll Awards)를 제정했다. 또 다른 WIRP인 존 우드(John Wood)는 마이크로소프트에서 부자가 되어 세계에서 가장 규모가 크고 유명한 사회적 기업 중 하나이자 비영리단체인 룸투리드(Room to Read)를 운영한다. 이 단체는 지금까지 개발도상국에 1,000개의 학교와 1만 개의 도서관을 세웠다.

제이 코엔 길버트(Jay Coen Gilbert)는 혁명을 이끌 인물처럼 보이지는 않는다. 그는 1989년에 스탠퍼드대학교를 졸업하고 2년간 매킨지에서 일했다. 1993년에 운동화 판매 회사 앤드원(AND1)을 설립한 다음 2005년에 이 회사를 2억 5,000만 달러에 시원하게 매각했다. 길버트처럼 젊어서 갑자기 부자가 된 사람은 대개 두 가지 길 중하나를 선택한다. 일을 그만두고 돈 많은 사람이 하는 정신없는 행동을 따라 하거나, 아니면 또 다른 회사를 시작하여 수백만 달러를 수십억 달러로 바꾸거나. 길버트는 둘 중에서 선택하지 않고 비영리 단체를 시작했다.

이곳의 목표는 지난 반세기 동안 존재해왔고 자신에게 멋지게 보상준 자본주의의 형태를 부수고 새로운 형태로 대체하겠다는 것이다. 우리는 이제 '주주' 자본주의 대신 '이해관계자' 자본주의를 갖게 될 것이다. 회사가 오직 투자자만을 생각하는 대신 환경과 지역 사회, 그리고 무엇보다 직원들에게 관심을 기울이게 될 것이다.

두 명의 공동설립자와 함께 길버트는 일종의 착한 기업을 인증하는 프로그램을 개발하는 비랩(B Lab)이라는 조직을 세웠다. 세계적 안전 인증기관인 UL이 안전 기준을 충족하는 제품에 UL 마크를 찍는 것처럼, 비랩은 기업에 비코퍼레이션(B Corporation)이라는 인증을 부여한다. 인증을 받기 위해 기업들은 보상과 복지 혜택, 트레이닝, 건강과 안전, 유연성과 함께 직원 행복에 얼마나 기여하고 있는지에 대해 철저한 분석과 평가를 거쳐야 한다. 즉, 비코퍼레이션 인증을 받으려면 회사가 직원들을 얼마나 잘 대우하는지 증명해야 한다.

최고경영자들은 왜 이런 귀찮은 일에 신경을 쓸까? 비랩 설립 12년 만에 약 2,500개 회사가 비코퍼레이션 인증을 획득했다. 2009년에 205개였던 것과 비교되는 숫자다. 싸구려 식품을 판매하는 조합이나 대마 섬유로 옷을 만드는 가게들을 얘기하는 게 아니다. 파타고니아, 와비파커, 벤앤제리스(Ben & Jerry's), 애슬레타(Athleta) 같이 이름 있는 큰 기업을 말하는 것이다. 사회적 기업 인증을 받으면 좋은 이유가 있다. 먼저 채용에 도움이 된다. 또한 요즘 고객들은 제품에 관심을 갖는 것만큼 회사가 직원들을 잘 대우하는지도 살펴본다. 그래서 후광 효과를 노리고 이 인증에 참여하는 회사도 있다. 브랜드에 관한 소문을 만들어낼 수 있기 때문이다.

길버트는 우리가 역사적인 변곡점을 통과하는 중이기 때문에 비코퍼레이션 운동이 유행하고 있다고 말한다. 자본주의는 무너지는 것이 아니라 진화하고 있다. 세상은 조금씩 주주 자본주의가 막다른 골목에 도달했다는 것을 파악하고 이를 내다 버리고 있다. 지역 사회와 직원을 돌보는 일은 자선 활동이 아니라 오히려 현명한 이기심의 한 형태다. 한 세기 전에 헨리 포드는 공장 노동자들이 자동차를 살 만한 구매력을 갖추도록 시급 5달러를 지급했다. 비코퍼레이션 기업을 운영하는 사람들은 직원들을 잘 대우하는 것이 결국 자신이 혜택을 받는 길이고, 다수의 사람을 빈곤하게 만드는 형태의 자본주의는 누구에게도 의미가 없다고 생각한다. 비랩을 포함하여 사회적 기업 운동을 벌이는 단체들은 성공적인 기업의 의미를 다시 정의하고 있다.

이 새로운 형태의 자본주의는 직원과 지역 사회에는 훌륭하지만, 투자자에게는 그렇지 못할 것처럼 들린다. 하지만 많은 투자자가 이 운동에 동참하고 있으며, 투자자금이 좋은 행동을 유도하는 데 사용될 수 있다는 케이퍼 부부의 의견에 분명히 동의한다. 10년 전 록펠러재단이 재무적 수익과 함께 사회와 환경에 영향을 미치는 비즈니스 모델을 설명하기 위해 '임팩트 투자'라는 용어를 만들었을 때 이런 생각은 약간 이상해 보였다. 하지만 오늘날에는 많은 임팩트 투자자가 활동하고 있으며, 그들을 따르는 글로벌임팩트투자네트워크(GIIN)라는 조직이 존재한다. 더 주목할 것은 GIIN이 2만 명의 회원을 보유하고 있다는 점이다.

임팩트 투자의 정신적 조상은 그라민은행(Grameen Bank)으로, 2006년에 노벨상을 받은 무하마드 유누스(Muhammad Yunus)가 1983년 방글라데시에서 설립한 소액금융기관이다. 대부분의 임팩트 투자자는 앞서 소개한 케이퍼캐피털처럼 중소 규모의 투자 회사들이다. 하지만 지금은 골드만삭스나 JP모건 같은 월스트리트의 대형 투자은행들도 임팩트 투자 그룹을 운영한다.

이처럼 상황이 퍼즐 조각처럼 맞춰지고 있다. 우리에게는 학문적인 기반, 이상을 추구하는 청년 세대, 갈 곳을 찾는 많은 돈이 있다. 주주 자본주의에서 발생한 문제들이 너무 고통스럽고 명백하며 더는 무시할 수 없게 되면서 이 세 가지가 하나로 모였다. 사회적 기업이 새로운 젊은 세대의 관심을 사로잡은 것은 놀랄 일이 아니다. 아쇼카의 제시카 랙스는 이렇게 말했다.

"이 운동은 성장하고 있습니다. 점점 더 많은 사람이 세상을 더 좋은 곳으로 만들려고 합니다."

20~30년 전에는 이런 일이 평화봉사단에 들어가거나 비영리단체 또는 비정부기구에서 일하는 것을 의미했겠지만, 지금은 사업을 시작하는 일과 관련이 있다. 그리고 당신이 도우려는 사람들은 지구 반대편에 있는 것이 아니라 당신의 이웃일 수도 있다.

석탄 산업에서 사라진 일자리를 대신할 새로운 일자리를 창출하고자 여러 단체가 기업을 세우고자 했다. 그때 애팔래치아 지역은 사회적 기업 활동의 중심이 됐다. '지역경제발전을 위한 산악협회'라는 단체는 웨스트버지니아주의 트레이닝센터에 자금을 지원해왔다. 이 센터에서는 베이커리나 카페 같은 새로운 사업을 시작하거나 약물 중독 또는 수감 생활에서 일터로 돌아온 여성에게 트레이닝 기회를 제공하고 직장을 알선해준다. 뉴욕주 용커스의 베이커리 겸 재단인 그레이스톤(Greyston)은 '열린 채용' 정책을 만들었다. 이 정책은 배경에 상관없이 채용하는 것으로 수감자나 노숙자였던 사람에게 일자리를 제공한다. 이 회사는 홀푸드나 벤앤제리스 같은 고객사에 납품하기 위해 매일 1만 6,000킬로그램의 브라우니를 만들어낸다. 이 회사의 철학은 이것이다.

'우리는 브라우니를 굽기 위해 사람을 고용하지 않는다. 우리는 사람들을 고용하기 위해 브라우니를 굽는다.'

부자들의 사랑을 받는 값비싼 의류 브랜드조차 사회적 기업이 될 수 있다. 2015년 〈포브스〉는 파타고니아의 연매출을 7억 5,000만 달러로 추정했다. 혹자는 '파타구찌'라고도 부르는 이 고급 스포츠 의류의 연간 판매액은 현재 10억 달러에 육박한다. 또한 파타고니아는 비코퍼레이션 인증 기업이다. 회사가 직원을 잘 대우한다는 의미다.

파타고니아는 해변에서 몇 블록 떨어진 캘리포니아 벤투라에 본사가 있다. 탄력근무제로 유명한 이 기업은 직원들이 오후 시간에 서핑이나 하이킹을 즐기고, 하교 시간에 맞춰 아이들을 데리러 가도 된다. 더 큰 혜택으로는 직장 내 보육 시설이나 넉넉한 유급 출산 휴가 및 육아 휴직, 회사가 전액 부담하는 건강보험이 있다. 격주로 금요일마다 사무실을 닫기 때문에 직원들은 집에서 더 많은 시간을 보낼 수 있다.

파타고니아를 세운 억만장자 이본 쉬나드는 사실 사업가가 되고 싶지 않았다고 자주 말한다. 때로는 파타고니아의 존재 이유가 무엇인지 헷갈리기도 한다. 돈을 벌기 위해서일까. 아니면 아웃도어에 대한 애정을 공유하는 2,000명의 운 좋은 직원들에게 부러울 정도로 안락한 삶을 제공하기 위해서일까. 아마도 대답은 둘 다일 것이다.

쉬나드는 회고록 《파타고니아, 파도가 칠 때는 서핑을》의 첫 페이지에서 파타고니아가 실험이라고 말한다. 그 역시 일종의 미치광이 과학자처럼 실제 인간을 대상으로 조직 행동 이론을 실험하고 있다. 다만, 인간을 실험실의 쥐처럼 취급하는 곳들과는 방향이 다르다. 1973년에 파타고니아를 창립한 이래 그는 새로운 종류의 회사, 즉 새로운 종류의 자본주의를 발명하려고 노력해왔다. 주주를 중심으로 하는 구식 자본주의는 이제 한계에 부딪혔다. "우리는 끝없는 성장을 필요로 하는 자본주의 모델을 반드시 대체해야 한다"라고 그는 주장한다.

그렇다면 무엇이 그 자리를 차지해야 할까? 그는 모든 이해관계자, 즉 고객과 지역 사회와 직원들에게 가치를 분배하는, 도덕적이고 포용적인 형태의 자본주의를 상상한다. 이 시스템은 더욱 친절할 뿐 아니라 더욱 공정할 것이다. 또한 더욱 지속 가능할 것이다. 시애틀의 억만장자이자 아마존의 투자자인 닉 하나우어가 경고했던 '쇠스랑'이 등장할 일도 없을 것이다.

쉬나드의 큰 목표 중 하나는 다른 기업에 영향을 미치는 것이다. 이것을 실천하는 최선의 방법이 파타고니아를 세우고 자신의 모델이 작동한다는 것을 증명하는 것이었다. 파타고니아는 지금까지 45년 이상 사업을 해왔고, 아니나 다를까 사람들이 이 기업에 주목하기 시작했다. 물론 그들 가운데는 실리콘밸리 사람들도 있다.

얼룩말은 유니콘이 망친 것을
고칠 수 있을까?

흥미로운 사고실험을 하나 제안하겠다. 가장 최근에 실리콘밸리가 만들어낸, 크고 수익성이 걷잡을 수 없이 높은 회사는 어디일까? 미친 듯이 성장하면서 돈을 마구 찍어내듯이 벌어들이는 회사 말이다. 내가 아는 한 이 설명에 들어맞는 마지막 기술 회사는 페이스북이다. 2004년에 설립됐으니 어느덧 14년이 넘었다. 그 이후 실리콘밸리의 브로들과 벤처캐피털리스트들은 야심 차게 홈런을 날리려고 달려들었다가 삼진아웃을 당하기를 반복했다.

확실히 트위터(2006년 설립)는 최근 두 분기 동안 적은 수익을 내면서 간신히 버티고 있다. 하지만 이것은 몇 년 동안 누적된 수십억 달러의 손실 끝에 얻은 것이다. 징가(2007년 설립)와 그루폰(Groupon: 2008년 설립)은 2017년에 겨우 미미한 이익을 냈지만 이 또한 몇 년간의 엄청난 손실 뒤에 얻은 것이다. 음식 배달 회사 그럽허브(Grubhub)도 크지 않은 수익을 냈다. 하지만 그럽허브는 1999년과 2004년에 설립된 두 회사가 합병한 것이므로 사실 페이스북보다 더 오래됐다.

기술 산업은 항상 규모가 크고 돈을 쏟아내는 회사들을 만들어왔다. 하지만 지난 15년간은 뭔가 잘못됐다. 이 기간에 실리콘밸리는 유니콘 기업, 즉 미친 듯이 성장하고 10억 달러 이상의 기업가치를 가진 비상장 기업에 집착했다. 스타트업 용어인 '유니콘'은 2013년에 만들어졌다. 하지만 이런 기업사냥은 두 번째 닷컴 호황이 일어나던 2000년대 초에 이미 시작됐다.

경기도 호황인 데다 벤처캐피털리스트들은 이제 유니콘을 만드는 일에 능숙해졌다. 오늘날에는 수백 개의 유니콘 기업이 있다. 일부는 상장했고 일부는 아직 비상장 상태다. 많은 기업이 정말 훌륭한 서비스를 제공한다. 하지만 이렇게 놀라운 유니콘 기업도 할 수 없는 한 가지가 있다. 바로 수익 창출이다.

테슬라, 스포티파이, 드롭박스, 스냅챗, 스퀘어, 워크데이, 블루에이프런, 박스(Box), 클라우데라(Cloudera), 옥타(Okta), 로쿠(Roku), 몽고DB(MongoDB), 레드핀(Redfin), 익스트(Yext), 포스카우트(Forescout), 다큐사인(Docusign), 스마트시트(Smartsheet) 같은 기업은 모두 주식시장에서 거래되지만 하나같이 적자를 냈다. 이들 가운데 많은 기업이 상장한 뒤 오랫동안 손실을 보고 있다.

한편 우버나 리프트, 에어비앤비, 슬랙, 핀터레스트(Pinterest,) 위워크(WeWork), 바이스미디어(Vice Media), 매직리프(Magic Leap), 블룸에너지(Bloom Energy), 포스트메이츠(Postmates) 같은 유니콘 기업들은 비상장 기업이지만 여전히 수익을 내지 못하는 것으로 알려져 있다. 이 책을 쓰는 지금, 도모(Domo)라는 기술 스타트업이 상장을 준비하고 있다. 심지어 이 기업은 지난 2년 동안 3억 6,000만 달러의 손실을 냈는데 매출은 1억 8,300만 달러였다. 그러니까 1달러를 벌 때마다 2달러의 손해를 본 것이다.

이것은 미친 짓일 뿐 아니라 지속할 수도 없다. 그렇다면 다른 모델을 생각해보면 어떨까?

이 질문은 2017년 네 명의 여성 기술 기업가 제니퍼 브랜들(Jennifer Brandel), 아스트리드 슐츠(Astrid Scholz), 아니야 윌리엄스(Aniyia Williams), 마라 제페다(Mara Zepeda)가 제기한 것이기도 하다. 기술 업계가 비유를 좋아하는 것 같아 네 명의 여성도 새로운 비유를 제안했다. 유니콘 대신 얼룩말 같은 기업을 세우면 어떨까? 그들은 〈미디엄〉에 '유니콘이 망친 것을 얼룩말이 고친다'라는 제목으로 기고한 글에서 이 비유를 설명했다.

얼룩말은 무리 지어 생활하는 동물이고 서로 돕기 위해 연대한다. 얼룩말은 유니콘처럼 빨리 달릴 수 없을지 모르지만, 체력이 좋고 장거리에 적합하다. 얼룩말에 흑백 무늬가 있는 것처럼 얼룩말 기업은 두 가지 일을 동시에 할 수 있다. 수익을 창출하면서 사회를 개선한다. 네 명의 여성 기업가는 지브라유나이트(Zebras Unite)라는 단체를 출범하고 비슷한 생각을 가진 사람들을 초대했다.

물론 이 은유에는 약간 과장된 면이 있다. 하지만 아이디어는 얻을 수 있다. 제페다가 내게 설명했듯이, 이들이 세우길 바라는 회사는 지속 가능한 번영을 가져오는 곳이지, 빨리 성장하지만 손실을 보다가 흐지부지되는 현란한 스타트업이 아니다. 그들은 경쟁하기보다 협력하고 "사용자로부터 가치를 뽑아내기보다 사용자에게 가치를 전달하는" 기업을 세우고 싶다고 말했다.

믿을 수 없을 정도로 분별 있고 건전하게 들린다. 문제는 벤처캐피털리스트들이 이런 회사에 자금을 지원하지 않는다는 것이다. 그들은 여전히 유니콘과 빠른 성장을 원한다. 유니콘 모델은 지속 가능하고 건강한 회사를 만들 수 없지만, 투자자에게 가장 짧은 시간 안에 가장 많은 수익을 가져다준다. 실리콘밸리의 벤처캐피털리스트들은 좋은 회사보다 나쁜 회사를 만드는 데 사실 더 많은 인센티브를 지급한다. 만약 당신이 천천히 성장하지만 수익을 내고 지속 가능한 사업을 창출할 회사 설립 계획을 제안하는 여성 기업가라면, 샌드힐로드의 누구도 당신을 만나려 하지 않을 것이다.

지브라유나이트의 설립자들은 자신들이 만들고 싶은 회사에 자금을 댈 수 있는 새로운 방법을 찾기로 했다. 제페다는 나와의 인터뷰에서 말했다.

"우리에겐 새로운 기업 구조가 필요합니다."

그녀가 바라는 한 가지 모델은 주주들이 경영진이나 직원이 조직에 적극적으로 참여하는 '스튜어드 소유(steward-owned)' 기업이다. 이 사업 모델은 사실 오래된 것으로 보쉬(Bosch)나 자이스(Zeiss) 같은 기업이 개척했다. 지금은 독일의 퍼포스네트워크(Purpose Network)와 계열 투자그룹 퍼포스벤처스(Purpose Ventures)가 이 모델을 스타트업에 적용하고, '이익 대신 목적을 극대화'하는 회사를 세울 방법을 탐색하고 있다.

얼룩말에 관해서는 4,000명이 넘는 사람들이 지브라유나이트에 참여하려는 관심을 나타냈고 1,000명이 회원으로 활동하고 있다. 2017년 11월 지브라유나이트는 오리건주 포틀랜드에서 대즐콘(DazzleCon)이라는 콘퍼런스를 열어 200명의 참석자를 불러들였다 ['대즐(dazzle)'은 얼룩말 무리를 일컫는다]. 제페다는 지브라 운동이 확장되고 있고 지금은 20개 이상의 국제 지부가 있다고 말한다.

확실히 지브라팀은 유니콘팀과 비교하면 매우 작다. 미국 벤처캐피털협회에 따르면, 벤처캐피털 산업은 2017년 전 세계적으로 스타트업에 거의 1,500억 달러를 투자했고 2018년에는 투자를 더 늘리는 중이다. 거물 벤처캐피털리스트들은 지브라팀을 언급하면 대책 없이 순진하다고 말할 것이다. 그렇지만 지브라팀이 존재한다는 사실은 실리콘밸리가 긴 악몽에서 깨어나기 시작했다는 신호로 볼 수 있다.

한편 또 다른 사람들이 개혁을 추진하기 시작했다. 여기에는 큰 영향력을 지닌 몇몇 사람도 포함된다. 억만장자 헤지펀드 매니저 폴 튜더 존스(Paul Tudor Jones)는 대즐콘에 참석하지는 않았지만, 기업 세계가 심각한 위험에 처했고 대대적인 점검이 필요하다는 데에는 동의한다. 문제는 단지 기업을 조직하는 방식에만 있지 않다. 경제 시스템 전반을 다시 살펴야 한다. 2018년 6월 존스는 CNBC와의 인터뷰에서 이렇게 말했다.

"자본주의를 현대화할 필요가 있습니다."

반세기 동안 미국 경제계는 밀턴 프리드먼이 선언한 주주 자본주의라는 교리의 지배를 받았지만, 투자자 수익을 가장 우선시하는 이 모델은 연료가 고갈됐다고 존스는 말한다. 그는 저스트캐피털(Just Capital)이라는 재단을 운영하며 소셜 임팩트 투자에 집중하고 있으며, 투자 대상에 대해서는 이익뿐 아니라 직원 처우와 관련된 기업 가치를 측정한다.

하지만 중요한 것은 이것이다. 억만장자 헤지펀드 매니저가 소득 불평등에 대한 경종을 울리고 자본주의 자체를 개혁할 필요가 있다고 말하기 시작했다는 것이다. 우리는 더더욱 관심을 가져야 한다. 성공적인 기업이 더 나은 기업 시민이 되도록 촉구하는 것은 좋은 출발점이 될 것이다.

실리콘밸리의 마운틴뷰(구글 본사 소재지)와 쿠퍼티노(애플 본사 소재지)의 공무원들은 교통 혼잡과 주택 부족 문제를 완화하기 위해 대기업에 직원 수를 기준으로 세금을 부과할 계획이 있다고 말한다. 이 직원세는 시애틀시 공무원들에게 영감을 받은 것으로, 시애틀시는 증가하는 노숙자 문제를 해결하기 위해 대기업에 직원당 275달러의 세금을 부과하기로 했다. 하지만 안타깝게도 시애틀은 아마존을 비롯한 기업 고용주들의 반발이 이어지자 과세 계획을 취소했다(시애틀에서 가장 큰 고용주인 아마존은 직원세로 연간 1,200만 달러를 납부해야 했다. 하지만 이 회사가 해마다 수십억 달러의 이익을 창출한다는 사실과 최고경영자인 제프 베조스의 재산이 1,400억 달러에 이른다는 점을 고려하면 턱없이 적은 금액이다).

공무원이 기업에 도움을 강요할 수 없다면 직원들은 할 수 있을 것이다. 실리콘밸리의 노동자들은 노조 설립에 관한 의견을 내고, 기업들이 더 윤리적으로 행동하도록 압력을 가하고 있다. 테크솔리 대리티(Tech Solidarity)라는 사회활동 단체를 이끄는 마치에이 세글 로브스키(Maciej Ceglowski)는 2017년 〈쿼츠〉와의 인터뷰에서 이렇게 말했다.

"우리는 그들이 직원들의 정치 권력을 두려워하길 바랍니다."

2018년 4,000명의 구글 직원은 회사가 군사용 드론 개발에 참여한 것에 항의하고 10여 명이 사직했다. 구글은 관련 프로그램의 계약을 연장하지 않기로 했다. 또한 마이크로소프트와 아마존의 직원들은 고용주가 미국 이민세관단속국에 기술 제공을 중단할 것을 요구하며 반대 시위를 조직했다.

노동자 복지를 위한 희망적인 신호들도 있다. 프랑스에서는 프랑스텔레콤 전 CEO와 최고 경영진이 노동자들을 비인간적으로 대우하고 자살로 몰고 간 행동 때문에 재판을 받게 될 것이다. 최소한 이 재판은 학대와 착취를 일삼는 기업의 관행에 제동을 걸고, 노동자를 더 존중하고 제대로 대우하도록 촉구할 것이다. 캘리포니아에서는 테라노스(Theranos)의 창업자인 엘리자베스 홈즈(Elizabeth Holmes)가 혁신적인 혈액 검사 기술을 개발하는 데 실패해 사기 혐의로 기소됐다. 이 사건은 과대광고를 선호하고, 공격적으로 규칙을 변용하며, 부실을 간과하는 성향이 있는 유니콘 기업 문화에 뜨거운 경고를 날릴 수 있을 것이다.

회사를 더 좋은 곳으로 만들려는 노력은 실리콘밸리를 넘어 확산되고 있다. 뉴욕시에 있는 컨설팅 회사 루미나리랩(Luminary Labs)의 설립자 사라 홀로우벡(Sara Holoubek)은 '휴먼 컴퍼니 디자인(Human Company Design)'이라는 개념을 홍보한다. 오클랜드에서는 GPW의 컨설턴트들과 세계 곳곳에서 일하는 이 회사 동료들이 직원에게 투자하고 장기적으로 안정적이고 좋은 일자리를 제공할 때 얻는 이점을 계속 알리고 있다.

2018년 초 이 책을 막 준비하기 시작했을 때 GPW의 수석연구원인 에드 프라우엔하임과 대화를 나눴는데, 그가 매우 놀라운 이야기를 들려주었다. 듀크대학교의 심리학자이자 행동경제학자이며 《상식 밖의 경제학》을 비롯한 여러 권의 베스트셀러 작가이기도 한 댄 애리얼리가 GPW에 관심을 보이며 GPW의 데이터를 살펴볼 수 있을지 문의했다. GPW는 지난 20년간 해마다 수천 명의 직장인을 조사해온 산더미 같은 데이터를 보유하고 있었다.

GPW의 데이터는 직원 만족도의 다양한 측면을 파고든 것이었는데, 애리얼리는 이 데이터를 주식시장의 성과와 연결하고자 했다. 애리얼리는 매우 높은 주가 성과를 보인 기업에서 공통적인 정책이나 관행을 찾을 수 있을지 궁금해했다. 그럴 수 있다면 이론적으로 이 정보를 사용하여 주식시장에서 성공할 회사를 선택할 수 있을 것이다. 예컨대, X라는 행동을 하는 회사를 찾으면 그 회사 주식이 높은 수익을 가져다줄지 알 수 있으리라는 가정이다. 이 분석의 목표는 주가 성과와 관련된 직장 문화의 성배를 찾는 것이었다고 프라우엔하임은 말한다.

놀랍게도 애리얼리가 뭔가를 찾아냈다. 눈길을 끄는 한 가지 요인이 있었다. 하지만 좀 의외였다. 그 요인은 '안전성(safety)'이었다. 애리얼리의 분석에 따르면, 사람들이 직장에서 안정감을 느낀다고 지속해서 말해온 회사들이 주식시장 평균을 200퍼센트까지 웃도는 성과를 보였다.

이것은 신체적 안전에 적용됐다. 예컨대 부상이 자주 발생하지 않는 제조 기업에 해당한다는 얘기다. 하지만 더 큰 통찰은 이것이 '정서적' 안전에도 적용된다는 것이다. 안전하다고 느끼고 해고를 두려워할 필요가 없는 사람들은 정서적으로도 안정된다. 아무도 그들에게 '우리는 가족이 아니라 팀'이라고 말하지 않는다. 애리얼리가 발견한 높은 주가 성과와 상관관계가 있는 또 다른 요인은 직원들이 '환영받는 기분'을 강하게 느낀다고 말하는 회사였다.

2년 전 나는 직장이 어떻게 잘못되어왔고 왜 이토록 많은 사람이 비참한지를 탐구하는 여정을 시작했다. 간단한 대답은 반세기 동안 주주 자본주의가 회사 직원들을 형편없이 대우하도록 끌고 왔다는 것이다. 연기금을 도둑질하고, 급여를 삭감하고, 직원을 쓰고 버리는 소모품처럼 대우했다. 지난 25년 동안 인터넷 시대를 거치며 피해는 점점 더 커졌다. 실리콘밸리는 결함이 있는 경영 철학을 채택했고 새로운 극한으로 몰려갔다.

이제 시계의 추는 다른 방향으로 움직이기 시작할 것이다. 이 책을 통해 나는 추의 움직임에 작은 자극을 주길 희망한다. 나는 주주 자본주의와 새로운 협약에 반대하고, 파타고니아의 이본 쉬나드처럼 인터넷 시대에도 상식이 여전히 작동한다고 믿는 사람들이 이렇게 많다는 데 놀랐다. 그리고 반가웠다. 이런 사람이 소수이긴 하지만 분명히 존재한다. 이들이 새로운 회사를 시작하고 있다. 새로운 자본주의를 만들고 있다. 나는 이들이 계속 성장하고 위상이 높아지기를 기원한다.

감사의 글

이 책을 집필하면서 가장 만족스러웠던 점은 매력 넘치고 사려 깊은 사람들을 너무나 많이 만났다는 것이다. 나는 자신의 이야기를 공유하고 이 책에 신도록 허락해준 그분들께 빚을 졌다. 그들의 프라이버시를 지키기 위해 일부는 가명을 사용했다. 또한 많은 과학자와 연구자들에게도 빚을 졌다. 그레고리 번스, 게리 리스와 샐리 럼블스, 미첼 쿠지와 엘리자베스 홀로웨이를 비롯한 많은 분이 자신의 연구를 나에게 설명하기 위해 흔쾌히 시간을 내주었다.

스틸케이스 본사에서는 믿을 수 없을 정도로 재미있는 열 명의 직원과 대화를 나누며 하루를 보냈다. 그들은 내가 이 책에 담을 수 있는 것보다 훨씬 많은 양의 정보를 알려주었다. 여기서는 고작 겉만 다룬 것 같아 아쉽지만, 또 다른 기회에 그 이야기를 담을 수 있기를 기대한다. 이 책에 담지 못했지만 많은 이야기를 들려준 분들께도 감사한다. 그들의 관점은 내 연구와 보도, 그리고 집필에 영향을 미쳤다.

아내 사샤는 특히 내가 사무실에 틀어박혀 지내던 여러 달 동안 정신적으로 지지해주고 용기를 주었다. 딸 소냐는 참고문헌을 모으는데 도움을 주었고, 덕분에 처음으로 전문 출판 크레딧에 이름을 올리게 됐다. 아들 폴은 내가 온전한 정신을 회복하기 위해 절실히 필요했던 스키와 산악자전거를 함께 타주었고, 아빠의 도움이 필요한 숙제를 도와주지 못한 것에 대해서는 한마디도 불평하지 않았다. 너무 자주 떠나 있어서 미안하고, 가족의 사랑과 지지에 영원히 감사한다.

정말 훌륭한 편집자와 함께 일하는 것은 작가에게 최고의 선물이다. 전작과 마찬가지로 이 책도 내가 아는 한 최고의 편집자와 함께하는 행운을 얻었다. 바로, 똑똑하고 사려 깊으며 열정적이고 관대한 폴 위틀래치(Paul Whitlatch)다. 아셰트(Hachette) 출판그룹의 훌륭한 직원들과 함께 일할 수 있어 행복했다. 마우로 디프레타(Mauro DiPreta), 미셸 에이엘리(Michelle Aielli), 로렌 험멜(Lauren Hummel), 사라 팰터(Sarah Falter), 미셸 바르스(Michael Barrs), 오데트 플레밍(Odette Fleming) 그리고 표지를 디자인한 아트 디렉터 맨디 케인(Mandy Kain)에게 감사한다. 제작 편집자 멜라니 골드(Melanie Gold)와 카피 편집자 로리 팩시매디스(Lori Paximadis)는 원고를 훌륭하게 다듬어주었다. 그리고 엘리사 리블린(Elisa Rivlin)은 이번에도 원고를 읽고 날카로운 법률적 검토와 현명한 제안을 해주었다. 아셰트 기술그룹의 게리 모건(Gary Morgen)은 저자 포털 개발을 총괄했고 그가 보스턴에 찾아왔을 때 우리는 친구가 됐다. 데이비드 램(David Lamb)은 맡은 일 외에 표지 기획도 담당해주었다. 참고문헌을 정리해준 에밀리 도널드슨(Emily Donaldson)에게도 감사한다.

나의 에이전트이자 비교 대상이 없는 크리스티 플레처(Christy Fletcher)와 플레처앤컴퍼니(Fletcher & Co.)의 직원 사라 푸엔테(Sarah Fuentes), 에린 맥패든(Erin McFadden)에게 깊은 감사와 애정을 전한다. 직장의 비참함과 역기능에 대한 이 책을 쓰는 동안, 나는 최고로 훌륭하고 친절한 동료들로 구성된 회사와 일했다. 나는 그들과의 우정을 소중히 여긴다.

마지막으로 독자 한 사람, 한 사람 모두에게 고마운 마음을 전한다.

왜 일할수록 우리는 힘들어지는가
실험실의 쥐 LAB RATS

제1판 1쇄 인쇄 | 2020년 5월 25일
제1판 1쇄 발행 | 2020년 5월 30일

지은이 | 댄 라이언스
옮긴이 | 이윤진
펴낸이 | 손희식
펴낸곳 | 한국경제신문 한경BP
책임편집 | 이혜영
교정교열 | 공순례
저작권 | 백상아
홍보 | 서은실 · 이여진 · 박도현
마케팅 | 배한일 · 김규형
디자인 | 지소영
본문디자인 | 디자인 현

주소 | 서울특별시 중구 청파로 463
기획출판팀 | 02-3604-553~6
영업마케팅팀 | 02-3604-595, 583   FAX | 02-3604-599
H | http://bp.hankyung.com   E | bp@hankyung.com
F | www.facebook.com/hankyungbp
등록 | 제 2-315(1967. 5. 15)

ISBN 978-89-475-4585-3 03300